'대방광불화엄경' 염송 수행을 시작했다. 안양암 3년 정진 중 얻은 바가 있어, 장안사 지장암에서 손혜정 선생과 함께 근대 최초의 수행공동체 운동을 전개하며 회중수도會衆修道를 시작했다. 조국 독립을 기도하고, '대방광불화엄경'을 염송하면서 7년여 동안 500여 명의 제자를 지도했다. 1938년(41세) 4월, 지장암 수도 중에 불령선인不逞鮮人으로 지목되어 경남 의령경찰서로 연행, 50여 일간 취조받다가 석방되었으나, 일제의 압력으로 하산하게 되었다.

이후 서울 돈암동과 치악산 상원사 동굴에서 정진 수도하다가, 1945년 해방이 되자 애국단체인 중앙공작대를 조직하고 민중 계몽운동을 시작했다. 상해임시정부 시절 인연이 있던 이승만 박사를 중심으로 한 건국운동에 참여했으며, 1950년(53세) 제4대 내무부장관, 1951년 한국광업진흥주식회사 사장에 취임했다. 1953년 7월, 부산 피난 중 동국대학교 제2대 총장에 취임했으며, 이후 5·16 군사정변으로 동국대학교에서 물러나게 된 1961년 7월까지 중구 필동에 대학교 교사를 건립하고 시설·학사·교수 등 다방면에 걸쳐 동국대 중흥의 기틀을 마련했다. 《금강삼매경론》《화엄경》'인류 문화사' 등을 강의했으며, 《고려대장경》영인 작업에 착수, 총 48권의 현대식 영인본을 출간하기도 했다.

1962년, 65세에 경기도 부천군 소사읍 소사리의 야트막한 산을 개간, '백성목장白性牧場'을 경영하면서 《금강경》을 쉽게 강의하고, 인연 있는 후학을 지도했다. 1981년 8월 19일(음력), 출생일과 같은 날, 84세를 일기로 입적했다. 후학들이 금강경독송회, 청우불교원 금강경독송회, 바른법연구원, 백성욱 박사 교육문화재단, 백성욱연구원, 여시관如是觀 등을 세워 가르침을 잇고 있다.

응작여시관

백성욱 박사 전기

백성욱 박사 전집 6

백성욱 박사 전기

응작여시관

고세규 지음

김영사

차례

1. 이 책은 《분별이 반가울 때가 해탈이다: 백성욱 박사 법문집》과 《백성욱 박사의 금강경 강화》, 《불법으로 본 인류 문화사 강의》, 《백성욱 박사 문집》, 백성욱과 인연 있는 명사와 지인, 학인들의 회고문을 묶은 《금강산 호랑이: 내가 만난 백성욱 박사》, 그리고 백성욱 박사 문하 학인인 김강유, 이광옥, 김원수 등의 인터뷰를 기초로 하여 엮어 쓴 것이다.

2. 이 책 내용과 연관된 보다 상세한 글을 확인할 수 있도록 별도로 주를 달아, 해당 내용과 연결되는 《백성욱 박사 전집 1~5》의 각 도서명 그리고 해당하는 위치의 쪽수를 밝혀두었다.

3. 전체적으로 시간 흐름에 따라 작성하였으나, 보다 입체적으로 내용을 전개하기 위해 일부 혼재시키거나 변화를 주었다.

4. 백성욱 박사의 말씀이나 글 등을 직접 인용하는 경우, 내용의 이해를 돕기 위해 본래 뜻을 유지하는 범위 안에서 최소한으로 윤문하거나 변화를 주었다. 기타 인용된 글도 독자의 이해를 돕기 위해 같은 기준으로 교정하고 윤문하였으며, 현대적인 표현으로 바꾸었다.

5. 원고의 기초 구성과 취재, 초고 일부의 작성은 전기작가 이충렬과 시인 장용철을 통해 이루어졌다.

6. 본문에 나오는 인물의 나이는 모두 만滿 나이를 기준으로 삼았다.

7. 일부 배경은 역사적 사실에 맞추어 자료와 취재를 통해 보강한 것이다.

8. 경전이나 책 제목은 《 》로, 문서나 장 제목은 〈 〉로 묶어 표기했다.

백성욱 박사의 전기를 엮으며

독립운동가이자 한국인 최초의 독일 철학박사, 금강산의 수행자이자 도인이고, 초대 내무부장관을 지낸 정치 지도자, 동국대학교의 기틀을 세운 총장이었고, 말년에는 초야에서 목장을 운영하며 인연 있는 후학을 지도한 시대의 활불이자 선지식…, 백성욱 박사를 일컫는 말들은 다양하고 특별하다. 그와 만났던 이들을 통해 몇몇 일화와 말씀이 전해지고 있고, 직접 찾아가 법을 청했던 이들이 기록한 법문집과 그가 쉽게 풀어 강설한 《금강경 강화》 등이 있지만, 저마다 제각각의 단면들로 존재할 뿐 백성욱 박사가 어떤 인물인지 전체적으로 조망된 적이 없어 알기가 어려웠다.*

  그를 찾아 밝게 사는 법을 구하고자 했던 인연들을 모아

---

*   앞서 백성욱 박사의 일대기를 발굴하고 연구한 성과로는, 경기향토문화연구소 양경직 연구위원의 〈부천의 독립운동가 백성욱〉(2013)이 있다.

《백성욱 박사 전집》을 출판하기로 하면서, 시리즈 안에 그의 삶 전체를 한눈에 볼 수 있는 책도 한 종 포함하면 좋겠다는 바람이 있었지만, 접근해볼 엄두를 내지 못하고 있었다. 그러다가 전기작가 이충렬을 만나게 되어 그동안 깜깜했던 일제 강점기와 독일 유학 시절, 금강산 수행 당시의 삶에 조금이나마 다가갈 수 있게 되었다. 아울러 그의 일생을 어떻게 구성하면 좋을지 제법 밑그림도 그릴 수 있게 되었다. 이것을 기반으로 다시 학인들의 증언과 사료, 언론의 보도 기사와 문집의 글 등을 덧붙이고 종합하여 마침내 한 권의 전기로 엮어 쓸 수 있게 되었다.

백성욱 박사의 삶을 정리해보려는 시도를 했다지만, 또 다른 허상 하나를 세워놓는 일이게 마련임을 독자 제현께서는 이미 알고 있을 것이다. 본래 성립 불가능한 일에 뛰어든 무모함은 질타받아 마땅하나, 그럼에도 불구하고 이 작업을 통해 백성욱 박사의 연보나마 추가로 발굴하고 나름 짜 맞추는 데 성공하였음을 다행스럽게 여긴다. 접근 가능한 정보를 최대한 동원해 보았고, 수집한 자료를 비교, 대조, 통합하였다. 또한 백성욱 박사의 법문과 문집의 원고, 인연 있던 명사와 학인들의 글을 적정 위치에 인용 배치하고, 관련된 글들에 주를 달아 연결하여 백성욱 박사를 입체적으로 읽는 기회를 제시할 수 있게 된 점에 대해서도 기쁘고 감사하게 생각한다.

"무슨 일을 바라볼 때면, 내 안에 백 선생님이 들어앉아 계심을 느낀다. 백 선생님께서는 무슨 일을 두고 '왜'라는 말을 쓰지 않으셨다. '너는 왜…?' 하면, 그건 시비是非(옳음과 그름)를 가리는 말이 될 텐데, 그러지 않으시고 '너는 그렇게 해야 했더냐? 그게 좋아 보이더냐?' 이렇게 말씀하셨다. 선생님께서는 시비 경계를 짓는 말씀을 하지 않으신 것이다. 이런 데서, 백 선생님의 법문을 듣고 공부하거나 백 선생님의 말씀을 책으로 읽어 공부한 사람하고, 백 선생님의 체취를 곁에서 느끼며 공부한 사람하고 차이가 난다. 물론 간접적으로나마 공부를 많이 하면 그런 것까지 느끼게 되겠지만, 이런 점에서 도인을 직접 모시고 공부를 하는 것과 차이가 나는 것이다. 곁에서 모시고 공부하면 스승이 그대로 딱 들어오기 때문이다."(김강유)

20대에 백 박사를 찾아가 그의 음성과 발걸음 하나하나까지 내면에 새기는 공부를 한 이의 회고가 이와 같을진대 백성욱 박사의 삶을 자료로써 그려내는 작업, 그의 가르침을 글로써 전하는 방식은 아쉬움이 있게 마련이다. 또한 백성욱 박사의 생애와 세계에 접근해보겠다는 것 또한 분별과 궁리, 이 작업을 하는 과정 하나하나도 망상의 연속일 수밖에 없다. 다만 그 분별 궁리 망상이 허망함을 깨쳐 본래 자리에 돌려놓는 것이, 밝은 선지식 백성욱 박사의 전기를 내어놓는 반가운 의미가 아닐까.

분별 망상이라 하지만 근본은 모두 실체가 없는 무상한 것들이다. 모두 인연 지어 일어난 텅 빈 것들이니, "보면 없다"라고 하셨다. "응작여시관應作如是觀", 이와 같이 여겨야 실수가 없을 것이다. 그때그때, 본래 부처인 세상 만물의 실상을 "여시관"하여 깜깜했던 마음이 다시 부처 되게 하는 것, 지금지금 바쳐서 지금지금 "견여래見如來"해가는 일이 공부라고 하셨다.

　"생각이라 할 것은 모두 컴컴하니", 미륵존여래불 하고 바치며, 있지 않은 자리에 있지 않은 이의 있지 않은 이야기를 내어놓는다. 선생님, 고맙습니다. 미륵존여래불 미륵존여래불 미륵존여래불

2021년 9월

고세규

이인理人을

꿈꾸며

———

———

1

"생으로 하여금 오늘 생명이 있게 하는 힘은 산중에서 획득한 불경의 선문禪文이었나이다. 나의 진실한 신앙은 외부의 환경이 험할수록 견고해지더이다. '만반萬般에서 샤키아무니가 탁견을 가졌었거니!' 하는 생각이 저의 정신과 육체를 불세계佛世界에 있게 합니다."

한용운의 부름
1

1919년 2월 28일 밤, 젊은 승려 셋이 창경궁과 창덕궁 담을 지났다. 명륜동 불교중앙학림佛教中央學林°에서 공부하는 학승學僧들이었다. 연장자인 신상완申尙玩(1891~1951)이 앞장섰고 백성욱과 김법린金法麟(1899~1964)이 가끔 뒤를 확인하며 발걸음을 재촉했다. 창덕궁을 지난 세 명은 다시 한번 뒤돌아보더니 계동 골목으로 올라갔다. 얼마 뒤 다른 학승 네 명이 두런두런 이야기 나누며 같은 길을 걷다가 창덕궁 앞에서 뒤를 흘끗 보고는 골목길로 들어섰다. 통도사 박민오 스님과 오택언 스님은 안국동에서 가회동을 지나 계동 골목으로 올라갔다. 만해 한용운 선사로부터 밤 10시까지 자신의 집으로 오라고 연락받은 승려들이었다.

• 1915년부터 1922년까지 서울 종로구 명륜동에 있었던 불교고등교육기관으로 동국대학교의 전신이다.

한용운은 창덕궁 옆 골목에 있는 계동 43번지에 기거하면서 지난해까지 불교 성향의 청년 계몽잡지 〈유심惟心〉을 발행했다. 중앙학림에 출강하고 있던 그는 불심이 깊은 학생들을 모아 '유심회'를 만들어 지도하고 있었다. 이날 모인 학승들은 유심회의 핵심 구성원이었다. 신상완 스님이 모임의 회장을 맡고 있었다.

참석자들은 한동안 연락이 없던 그가 무슨 일로 급히 불렀는지조차 몰랐다. 다만 무언가 중대한 일이 있을 거라고는 느끼고 있었다. 방 안에는 긴장감이 감돌았다. 한용운은 눈매가 준엄했으며, 날카롭게 느껴질 만큼 눈빛이 형형하게 살아 있었다. 그가 학승들을 향해 입을 열었다.

"여러 달 동안 연락하지 않아 내 동정이 어떠한지 궁금하였을 것이다. 혹여나 비밀이 누설될까 하여 그동안 침묵을 지키고 있었다. 나는 지난 몇 달 동안 조선의 독립을 위해 활동해왔고, 오늘 밤 제군들에게 통쾌한 소식을 전하기 위해 모이라고 했다."

'독립'이라는 단어가 나오자 참석자 모두 놀란 표정을 지었다. 한용운은 좌중을 둘러본 뒤 거침없이 말을 이어갔다.

"왜적의 혹독한 강압정책으로 말미암아 국내에서 활동하던 정치단체는 끝장났다. 나는 이제 독립운동의 주체로는 종교단체밖에 없다는 사실을 간파하고, 동학의 혁명적 전통을 지닌 천도교 영수들과 독립운동 방법과 전개를 협의했다. 나

잡지 《유심》 창간호(1918년 9월 1일) 표지(좌)와 본문(우).

는 그들에게 천도교인과 불교인들뿐 아니라 야소교(예수교) 쪽도 가입시키자고 했다. 그 결과 천도교 측에서는 손병희, 최린, 오세창 등 열다섯 명, 야소교 쪽에서는 이승훈, 길선주, 이갑성 등 열여섯 명 그리고 불교계에서는 나와 백용성白龍城 (1863~1940) 스님*이 독립선언서에 서명하였다. 우리 불교는 호남 방면의 박한영, 전진응, 도진호 그리고 영남의 오성월 스님과 교섭하려 했으나 교통사정이 나쁘고 정탐이 뒤따라 면

---

*   속명은 백상규白相奎. 본관은 수원, 법명法名은 진종震鍾이며, 용성龍成은 법호法號이다. 16세에 해인사에 들어가 화월 스님을 은사로 모시고, 20세에 통도사에서 선곡율사로부터 비구계를 받았다. 그 후 해인사 조실祖室을 역임한 후 1911년 서울 종로구 봉익동에 대각사를 창건했다. 1919년 2월 27일 한용운에게서 3·1운동 계획을 전해 들은 뒤 독립선언서에 서명하고 민족대표 33인 중 한 사람이 되었다. 그 결과 1년 6개월의 옥고를 치렀다.

담치 못하고, 백용성 스님의 승인만 얻게 되었다. 임진왜란 때도 국사에 분주奔走하신 서산과 사명, 양 대사의 법손法孫으로서 우리가 소수로 참가하게 된 것은 유감으로 여기는 바이다."

참석자들은 '독립선언서'라는 소리에 전율하였다. 그들은 이어질 말을 기다리며 한용운의 얼굴을 바라보았다. 한용운은 머리에 총탄을 맞은 후유증으로 고개를 전후좌우로 움직이면서도 허리를 곧추세운 채 결연한 표정으로 다시 입을 열었다.

"유구한 역사와 찬란한 문화를 가진 우리 민족이 자주독립을 내외에 선언함은 당연한 일이다. 조국 광복을 위하여 결연히 나선 우리에게는 아무 장애도 없고 두려움도 없다. 제군들은 왜적에 맞서 싸운 서산대사와 사명대사의 법손임을

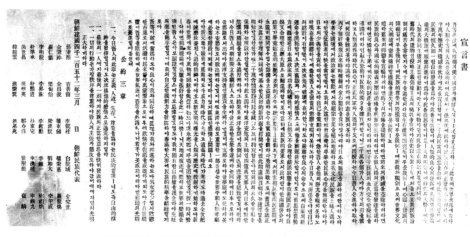

1919년 3월 1일 만세항쟁 당시 선포된 기미독립선언서.

굳게 기억하여 불교 청년의 역량을 유감없이 발휘하라. 제군들은 우리의 뜻을 동포 제위에게 널리 알려 독립 완성에 매진하라."

한용운의 말에 참석자 모두 주먹을 불끈 쥐었다. 한용운은 이날 오후 천도교에서 운영하던 인쇄소인 보성사普成社에서 찾아온 독립선언서를 나눠주며 다음 날 정오까지 탑골공원으로 오라고 전했다.

한용운이 보성사 사장 이종일에게서 건네받은 독립선언서는 3,000장이었다. 보성사에서 인쇄한 수량은 모두 3만 장. 민족대표 33인 중 불교계 참여 인사는 두 명으로 다른 종교 단체에 비해 적은 편이었다. 그러나 3,000장도 적은 부피가 아니어서 한용운은 지게꾼을 불러야 했다. 독립선언서를 나눠주고 한용운은 당부를 덧붙였다.

"이제 헤어지면 언제 만날지 기약하기 어렵다. 허나 조선의 독립과 광복을 위해 두려워하지 말라. 오로지 부처님의 혜명慧命을 받들어 정진하라."

한용운이 자리에서 일어나자 신상완 스님이 근처 인사동에 있는 범어사 불교 포교당으로 자리를 옮겨 구체적인 방안을 논의하자고 했다. 참석자들은 독립선언 뭉치를 가슴에 품고서 두세 명씩 짝지어 한용운의 거처를 나섰다. 계동에서 곧바로 내려가면 가까울 테지만, 그 길에 종로경찰서가 있어서 북촌을 가로지르는 쪽을 택했다.

포교당에 모인 참석자들은 독립선언서를 배포할 구체적인 계획을 논의했다. 유심회 회장인 신상완 스님이 책임자로 추대되었고, 중앙학림의 백성욱과 통도사의 박민오 스님이 참모 격으로 서울에 남아 중앙학림 학생들과 서울에 있는 스님들을 규합해서 오후 2시까지 탑골공원으로 가기로 했다. 나머지 학생들과 통도사 오택언 스님은 연고가 있는 곳으로 가서 '독립선언식'을 거행하고 독립선언서를 나눠주면서 만세운동을 주도할 것을 결의했다.*

3월 1일 오전 11시경, 백성욱은 신상완 스님과 함께 중앙학림에서 학생들을 인솔해 탑골공원으로 갔다. 전날 한용운이 극히 중대한 비밀이니 누설하지 말라고 신신당부했기에 학생들에게는 가보면 안다는 말로만 대신했다. 정오가 조금 안 된 시간, 탑골공원에는 까만 교복을 입은 전문학교, 중학교 학생들이 모여들었다. 그는 학생들에게 한용운 선사가 나타날 때까지 여기에서 기다리자며 주변을 살폈다. 계획에 따르면 그때쯤 민족대표들이 나와 독립선언서를 읽어야 했다. 거사가

---

* 김순석, 《불법으로 나라를 구하고자 한 불교인 김법린》, 역사공간, 2018년, 21쪽. "전국 교계를 총궐기하게 하자면 중앙에 지도 연락 기관이 필요한 것이므로, 우리 일행은 엄숙한 선서 밑에서 전 운동의 중추체中樞體가 되고자 하였다. 기관의 명칭도 부서도 없었다. …일행 중 연장이실 뿐만 아니라 경험, 식견 등으로 보아 신상완 씨가 우리의 총참모로 추대되었고 백성욱, 박민오 양兩 씨는 참모 격으로, 신상완 씨가 중앙에 남아 있고, 기타는 전부 지방으로 파견되었다."(김법린, 〈삼일운동과 불교〉, 《신생》 창간호, 1946년, 15~16쪽. 고영섭, 〈무호 백준(성욱)의 학문과 사상〉, 《한국불교사연구》 제14호, 2018년, 44쪽 재인용)

발각되어 모두 잡혀간 것 아닐까 하고 걱정하는데, 김법린 스님이 와서 민족대표들이 태화관에 모였다가 감금되었다는 이야기가 떠돈다고 전했다. 고등계 형사들이 태화관 입구를 둘러싸고 출입을 금하고 있다는 소리도 주변에서 들려왔다. 모인 학생들이 우왕좌왕하며 웅성대기 시작할 무렵 팔각정 부근에서 누군가가 독립선언서를 낭독하기 시작했다.

"吾等(오등)은 兹(자)에 我(아) 朝鮮(조선)의 獨立國(독립국)임과 朝鮮人(조선인)의 自主民(자주민)임을 宣言(선언)하노라. 此(차)로써 世界萬邦(세계만방)에 告(고)하야 人類平等(인류평등)의 大義(대의)를 克明(극명)하며, 此(차)로써 子孫萬代(자손만대)에 誥(고)하야 民族自存(민족자존)의 正權(정권)을 永有(영유)케 하노라…."

신상완을 필두로 백성욱과 김법린이 가슴에 품고 있던 독립선언서를 꺼내 중앙학림 학생들과 주변에 모인 이들에게 나눠주기 시작했다. 그때 선언서 낭독이 끝났고, 누군가의 선창으로 "대한독립만세" 소리가 군중 속에서 터져 나왔다. 이때부터 만세를 외치는 소리가 공원을 뒤덮었다. 군중은 너나 할 것 없이 종로 거리로 몰려나가며 대한독립만세를 외쳤다. 신상완 스님과 백성욱, 김법린 스님은 중앙학림 학생들을 이끌고 탑골공원에서 나와 오른쪽 대로를 따라 걸으며 만세를 외쳤다. 독립선언서가 여기저기 뿌려졌다. 태극기는 없었지만 모두 당당하게 손을 높이 들고 대한독립만세를 외쳤다. "왜놈 물러가라"라는 구호까지 터져 나오며 종로 일대는 순식간에 인파로 메워졌다.

군중이 늘어나자 신상완은 종각에서 좌회전하여 숭례문으로 향했다. 거리에 있던 시민들도 앞다투어 대열에 합류하여 대한독립만세를 외쳤다. 중앙학림 학생들은 남대문에서 오른쪽 방향으로 돌아 대한문大漢門으로 향했다. 외국 공사관들이 있는 정동으로 가기 위해서였다. 그때 말을 탄 일본 경찰들이 나타나 시위대를 향해 기다란 칼을 휘두르기 시작했다. 비명과 함께 피가 튀고, 군중들이 흩어지기 시작했다. 신상완과 백성욱, 김법린은 다급히 중앙학림 학생들에게 몸을 피하라고 외쳤다.

날이 어두워지면서 일경들은 총에 착검까지 하고 시내 곳곳에서 시위대를 잡아들였다. 검거를 피한 백성욱과 김법린은 다시 선학원에 모여 신상완을 만났다. 김법린은 다음 날 아침 경부선 첫 기차를 타고 범어사로 가서 지방 학림 학생들과 만세운동을 준비하기로 했다. 독립운동을 서울에서만 할 것이 아니라 각 지방으로 파급시키는 일이 중요하다고 판단했다. 고향이 지방인 다른 학생들도 모두 귀향하기로 했다. 정병언은 전남 화엄사, 오택언은 경남 통도사, 김대현은 경북 고운사, 김상헌과 김법린은 경남 범어사, 김봉신은 경남 해인사, 김규헌은 강원 건봉사로 떠났다. 백성욱과 신상완은 계속 선학원에 남아 만세운동이 어떻게 전개되는지 이후 상황을 지켜보기로 했다. 3월 3일이 고종황제의 인산因山(장례일)이라 사람이 많이 모일 테지만, 장례의식은 엄숙하게 치르는 전통이 있는 만큼 군중심리가 어떻게 드러날지, 또 일경의 경계가 얼마나 삼엄할지 알 수 없었다.

3월 5일이 되었다. 백성욱은 승복을 입고 아침 일찍 남대문으로 나갔다. 전날 저녁 기독교계 연희전문학교 학생들로부터 다음 날 아침 9시 서울역에서 집결하기로 했다는 소식을 전달받은 그는 중앙학림 학생들에게도 연락해서 참석을 독려하였다. 학생복을 입으면 체포되기 쉬우니 승복을 입고 오라고 전했다. 남대문 부근에서는 연희전문학교 학생들뿐 아니라 여러 학교 학생들이 등사해 온 독립선언서를 나눠주고 있었다. 선두의 학생들은 인력거 위에 태극기를 꽂고 서울역을 향해 달려가며 대한독립만세를 외쳤다. 대나무에 매단 태극기가 곳곳에서 휘날렸다. 망국 후 보지 못했던 태극기가 휘날리자 학생들은 우레와 같은 함성을 지르며 서울역 광장으로 달려 나갔다. 보도에 있던 학생과 시민도 합세했다. 하지만 얼마 지나지 않아 말을 탄 일경들이 나타나 칼을 휘두르며 시위 군중을 갈랐고, 거리에는 유혈이 낭자했다. 무수한 희생자를 남기고 시위대는 뿔뿔이 흩어졌다. 상점은 문을 닫았고, 그날 저녁부터 각 학교 일대에서는 대대적인 검문과 체포가 시작되었다.˙

신상완 스님은 백성욱에게 일단 몸을 피한 뒤 상황이 잠잠해지면 마포에 있는 진관사 포교당인 극락암으로 오라고 했다. 마포 포교당은 중앙학림 강사이자 불광동 진관사의 주석인 백초월白初月(1878~1944) 스님이 있는 곳이었다. 백성욱은 정릉에 있는 봉국사奉國寺로 피신했다. '나라를 받든다'는 뜻의 봉국사는 1395년(태조 4)에 무학대사無學大師가 조선의 무궁한 발전을 기원하기 위하여 창건하였다. 백성욱이 열세 살 때인 1910년 7월, 최하옹崔荷翁(생몰년 미상) 대선사를 은사 스님으로 출가했던 곳이다.

• 2019년 3월 1일, KBS는 〈3·1운동 100년〉 특별방송을 통해 "조선총독부가 만든 '3·1운동 계보도' 단독 발굴" 내용을 보도하였다. 화면에 소개된 계보도에는 한용운 선사의 지시로 독립선언서를 배포한 "중앙학림 생도"들의 이름(오른쪽부터 왼쪽으로 "정병헌, 오태언, 김대용, 김상헌, 김법린, 김봉신, 신상완, 김규현, 백성욱")이 죽 기록되어 있고, 옆에는 "한용운의 명을 받고 독립선언서를 경성 시내와 지방에 배포한 자들"이라는, 일제가 작성한 설명이 적혀 있다. 3.1운동 주도자들을 중심으로 모두 140명의 이름이 적혀 있는 이 역사 자료는 "조선총독부 경무총감부가 3.1운동 직후인 1919년 3월 22일 작성한 계보도"이며, 우리 역사에서 알려지지 않은 독립운동의 주역들을 찾고자 노력한 결과물 가운데 하나라고 보도하였다.
https://news.kbs.co.kr/news/view.do?ncd=4148894

지혜는 곧 생명력
2

백성욱은 대한제국이 세워진 1897년(광무 원년) 음력 8월 19일 종로구 연건동蓮建洞(종로구 원남동과 충신동 부근)에서 수원 백씨인 백윤기百潤基의 장남으로 태어났다. '연화방蓮花坊'이라 불리는 그곳이다. 백성욱은 태어날 때부터 양 눈썹 사이에 커다란 점이 있었다. 누가 보아도 부처님의 '미간백호眉間白毫' 형상을 닮은 얼굴이었다. 백성욱의 집안은 대대로 무관武官을·지냈다. 연건동은 훈련원이 가까워 무반가가 많이 사는 동네이기도 했다. 아버지는 성욱이 무반가의 자손답게 튼실하다고 흐뭇해하면서, 성욱의 아명兒名을 '남산'이라 지었다. 남산처럼 오래 살라는 뜻이었다.

백성욱이 세 살 되던 해인 1900년, 아버지가 갑자기 세상을 떠났다. 어린 성욱은 아버지의 부재不在가 무엇을 뜻하는지 알지 못했지만, 할머니와 어머니의 슬픔은 컸다. 청상이된 어머니는 어린 성욱을 등에 업고 멀지 않은 곳에 있는 배오개 장터에서 좌판을 벌여 생계를 이었다. 어린 성욱과 시어머니를 부양하려면 다른 방법이 없었다. 배오개 장터에는 일찍부터 자리 잡고 장사하는 훈련원 무관 집안사람이 많았다. 그들 중 일부는 같은 동네에 살고 있어서 물건을 받아 좌판을 벌이는 건 어렵지 않았다.

백성욱은 어려서 많이 울었다. 어머니는 가슴앓이가 있어 아기를 제대로 업어줄 수 없었고, 동네 친구의 아이들이 방 밖에 와서 "그 아기를 좀 내주십시오" 하면 문을 살짝 열고 우는 아기를 내주었다. 아이들은 백성욱을 한참씩 업어서 달래주곤 하였다.

어린 성욱은 할머니 손에서 컸다. 어머니가 장사를 나가면 할머니는 손자를 데리고 동네를 거닐었다. 무반직에서 물러난 동네 할아버지들은 성욱을 만날 때마다 장군감이라고 추켜세우며 어르거나 업어주었다. 체격이 튼실한 성욱을 어깨에 올려놓고 "남산아, 저기 남산이 보이느냐?" 하고 묻기도 했다.

1903년, 백성욱이 여섯 살 되던 해였다. 이해 3월, 원남동에 신식 사립학교인 호동壺洞학교가 생겼다. 호동학교에서는 학생들을 모집하기 위해 학교 부근 동네를 다니며 산수, 도화, 창가, 외국어, 만국지리 등 과학과 실용 지식을 함께 가르친다는 전단을 돌렸다. 당시 원남동과 성욱이 살던 연건동에는 무반가뿐 아니라 상궁이나 나인 일가도 많이 살고 있어서 나라 돌아가는 소식이 어느 곳보다 빨리 전달되었다. 신분사회에서 양반 아닌 신분으로 살아가던 중인들 사이에서는 신식 교육을 받아야 나날이 변화하는 세상에서 살아갈 수 있다는 믿음이 퍼지고 있었다. 이들은 외국어와 신기술을 중요하게 여겼고, 이런 이유로 호동학교도 생겨났다. 설립자인 김영욱金永昱은 훈련원 낭청郎廳을 거쳐 함경도 청암靑巖 역참의 종6품 찰방察訪을 역임한 무반 출신 중인이었다.

성욱의 어머니도 귀동냥으로 세상 돌아가는 소식을 듣고 있었다. 어머니는 기울어가는 나라에서 무반으로는 집안을 일으켜 세울 가망이 없다고 생각하고, 성욱을 학비가 비싼 신식 학교에 입학시켰다.

입학식 날, 어머니는 흰 두루마기를 입고 머리를 길게 땋은 성욱의 손을 잡고 호동학교 운동장으로 갔다. 성욱은 또래 아이들에 비해 키가 크고 의젓했다. 어머니는 흐뭇한 눈으로 아들을 바라보다 손수건을 꺼내 눈물을 닦았다. 설립자인 김영욱 교장이 단상에 올라섰다. 오늘 입학한 학생들이 앞으로 커서 나라를 이끌어가는 일꾼이 되도록 가르치기 위해 자신의 전 재산을 바쳐 학교를 세웠다며 신식 교육의 필요성을 강조했다. 학부모들은 자기 자식이 이미 선각자가 되고 나라의 일꾼이 된 것 같은 기분에 우레와 같은 박수를 보냈다. 성욱의 어머니와 할머니도 여자들 자리에서 서로 손을 꼭 잡았다. 신식 학교였지만 남녀가 유별하여 학생들을 사이에 두고 따로 서 있던 시절이었다.

백성욱은 호동학교에서 새로운 문명을 접하기 시작했다.

어린 가슴에 새 세상이 들어왔다. 어머니는 성욱의 학비를 벌기 위해 더 열심히 장사했다. 아비 없는 자식 소리를 듣지 않게 하려고 집에서도 엄하게 키웠다. 어느 날 할머니는 손자를 데리고 1년 전(1902) 창신동에 창건된 원흥사(종로구 창신동 128-32)에 가서 성욱의 앞날을 위해 발원했다. 원흥사는 전국 사찰을 관리하려고 세워진 '대법산국내수사찰大法山國內首寺刹'이라 큰스님이 많았다. 성욱은 가끔 할머니와 함께 무슨 뜻인지도 모르면서 큰스님들의 법문을 들었다. 스님들은 그런 성욱을 귀여워하며 그의 머리를 쓰다듬었다.

어린 성욱이 시간만 나면 달려가던 곳이 있었다. 바로 창덕궁 앞에 있는 작은 서점이다. 중국에서 들여온 책을 파는 서점으로, 성욱은 이곳에 한번 들어왔다 하면 시간 가는 줄 모르고 몇 시간씩 머물렀다. 집에 돌아올 때 책을 한두 권씩 빌려와 종류를 가리지 않고 읽기 시작해 어느덧 더는 읽을 책이 없는 데까지 이르렀다. 이런 성욱을 대견하고 예쁘게 보던 서점 주인은 새 책이 들어올 때마다 성욱에게 따로 소식을 전해주었다.

창덕궁을 돌아 서점으로 가는 길은 숲이 우거져 낮에도 컴컴하고 으슥하기까지 하였다. 하루는 서점에 다녀오는 길에 어머니 심부름으로 특별히 고기를 사 들고 있었다. 어스름한 길을 지나는데 갑자기 커다란 까마귀가 덤벼들더니 고기를 통째로 낚아채갔다. 성욱은 크게 놀랐다. 순식간에 일어난 일인 데다 어린아이인지라 고스란히 당할 수밖에 없었다. 이후 얼마간은 그 길을 가려면 마음이 떨렸지만, 그 떨림은 금세 새로운 책에 대한 기대로 뒤바뀌었다. 늘 단숨에 내달리던, 신나는 경험을 떠올리게 하는 길이었다. 성욱은 후에 소년 시절의 이상과 포부를 이렇게 회상하였다.

"어렸을 적에 항상 생각하기를 지혜는 곧 힘(생명력)이라고 생각했던 것이니, 그때 어른들이 늘 말하기를, 이인理人은 힘이 세고 지혜가 많다고 일러주었다. 그래서 그 이인이라는 것이 무엇인가 궁금했고, 그런 이인이 되려면 꼭 무엇인가를 해야겠다는 생각이 들면서부터, 방심했던 학문을 존중히 여기게 되었다. 학문하는 길밖에는 이인이 될 딴 도리가 없다고 생각하였기 때문이었다."•

성욱이 아홉 살 되던 1906년, 시름시름 앓던 어머니가 세상을 떠났다. 성욱은 믿고 의지하던 어머니의 죽음 앞에서 대성통곡했다. 본래 말이 많지 않던 성욱은 더욱 과묵해졌다. 이따금 할머니를 따라 원홍사에 가서 부모님의 극락왕생을 기원했다. 세 살 때 아버지를 여읜 데 이어 어머니마저 떠나보내고 나니 이루 말할 수 없이 쓸쓸하고 허무했다.

할머니에게는 경제적 능력이 없었기에 성욱은 더이상 호

•   백성욱, 〈나를 발견하는 길〉, 정종 편,《나의 청춘 나의 이상:60인사의 인생
      역정》, 실학사, 1965년, 81쪽.

동학교에 다닐 수 없었다. 그때 원흥사에 불교학교가 세워졌다는 소리가 어린 성욱의 귀에 들렸다. 근대적인 불교 연구 모임인 불교연구회가 홍월초洪月初 스님을 발기인 대표로 하여 원흥사 안에 명진明進학교*를 설립한 것이다.

"큰스님, 저도 절에 있는 학교에 다닐 수 있을까요?"

할머니를 따라 원흥사에 갔던 성욱이 법문을 마치고 나오는 큰스님을 붙잡고 물었다.

"네 이름이 뭐냐?"

"수원 백가이고 성품 성性에 성할 욱郁이옵니다."

"몇 살이냐?"

"정유丁酉(1897)생이옵니다."

큰스님은 성욱을 한참 바라보다 물었다.

"부모님은 무얼 하시느냐?"

"세 살 때 아버지를 여의었고, 얼마 전에 어머니까지 돌아가셔서 할머니와 살고 있습니다."

"나무관세음보살."

성욱의 답변에 큰스님은 합장으로 답했다. 불문佛門에 들수기受記 재목임을 직감한 것이다.

"명진학교는 너 같은 어린아이가 다닐 수 있는 학교가 아니

---

*   1906년 불교연구회에 의해 설립된 명진학교는 불교사범학교(1910)-불교 고등강숙(1914)-불교중앙학림(1915)-불교전수학교(1928)-중앙불교전문학교(1930)-혜화전문학교(1940)-동국대학(1946)을 거쳐 현재의 동국대학교(1953)로 이어진다.

동대문 밖에 건립된 원흥사(원흥사 창건 기념 법회. 1902년 추정).
1906년 5월 명진학교를 개교하였다. 《한국불교 100년》(민족사) 41쪽에서.

다. 출가한 스님들이 다니는 학교다."

"그럼 저도 출가하면 다닐 수 있나요?"

"네가 무척이나 학교에 가고 싶은 모양이구나."

"예, 큰스님. 얼마 전까지 원남동에 있는 호동학교에 다녔는데 더이상 다닐 수 없어서…."

성욱은 말을 잇지 못했다.

"그렇구나. 하지만 출가하려면 적어도 열두 살은 되어야 한다. 그 전에는 인연 있는 스님을 찾아가 3년쯤 행자로 지내다 그 스님을 은사로 출가할 수 있을 것이다. 그러나 출가했다고 하여 승려가 되는 건 아니다. 그다음 단계인 사미계沙彌戒를 받아야 예비 승려라 할 수 있는 사미승沙彌僧이 되고, 마지막으로 비구계比丘戒까지 받아야 온전한 승려가 된다. 그런데 불교학교는 출가하면 다닐 수 있으니, 그 전까지는 열심히 절에 다니며 인연이 닿아 좋은 스님을 만날 수 있도록 원을 세워야 할 것이다. 나무관세음보살⋯."

큰스님은 성욱의 머리를 쓰다듬고는 대웅전으로 발길을 돌렸다. 성욱은 큰스님이 멀어질 때까지 그 자리에 그대로 서 있었다.

백성욱은 할머니가 자신 때문에 동네 잔칫집에서 허드렛일을 하고 음식을 얻어 오는 게 마음에 걸렸다. 저녁마다 어두운 방에서 삯바느질하는 모습을 볼 때도 가슴 아팠다. 성욱은 어린 나이지만 어떻게 혼자서 살아갈 수 있을지 곰곰이 생각하였다. 다시 원흥사를 찾았다. 지난번에 만난 큰스님을 뵙기 위해서였다.

"큰스님, 소인이 행자 생활을 할 수 있는 절이 있을까요?"

큰스님은 말없이 성욱을 바라보다 손을 잡았다. 성욱의 손이 아이답지 않게 크다고 생각하며 잠시 눈을 감았다.

'이 아이의 불연佛緣은 무엇일꼬⋯.'

잠시 생각에 잠겼던 큰스님이 물었다.

"성욱이라 했더냐?"

"예, 큰스님."

"정릉貞陵에 가면 봉국사라는 절이 있다. 거기 가서 하옹 스님을 찾아 원흥사에서 왔다고 하거라."

"고맙습니다!"

성욱은 인사를 올리고 집으로 돌아왔다. 할머니는 무슨 소리냐며 펄쩍 뛰었지만, 성욱은 고집을 꺾지 않았다. 며칠 뒤 성욱은 연화방을 떠났다. 나이 아홉이었다.

연건동에서 정릉 골짜기 북동쪽 산등 너머에 자리하고 있는 봉국사까지는 그리 먼 길이 아니었다. 그러나 어린 성욱이었기에 반나절을 걸어서야 도착할 수 있었다. 봉국사는 조선왕조 최초의 왕비를 위한 원찰願刹답게 웅장하면서도 엄숙했다. 성욱은 마침내 하옹 스님을 만났다.

"내가 하옹이다."

"원홍사 큰스님께서 보내서 왔습니다."

하옹 스님은 더 묻지 않고 상좌上佐를 불러 큰방으로 데려가라고 했다. 다음 날 아침 하옹 스님은 다시 성욱을 불렀다. 방 한가운데에는 물이 담긴 놋대야와 함께 가지런히 접은 흰 광목 수건 위에 놓인 날 선 칼 하나가 있었다. 그 옆으로는 행자복 한 벌이 놓여 있었다.

"너 중노릇 잘할 수 있겠느냐?"

"예, 스님."

긴장한 채 칼을 바라보던 성욱은 대답을 마치자마자 입을 굳게 다물었다. 하옹 스님은 성욱에게 합장한 뒤 삭발하고 행자복을 입혔다. 잘려나간 검은 머리카락이 세숫대야에 수북했다. 하옹 스님이 한 말씀 하였다.

"이런저런 생각일랑 말고, 사형 스님이 시키는 대로 부지런히 절 살림 하는 법을 따라서 배우거라."

성욱은 이렇게 아홉 살에 동진童眞 출가하여 불문에 인연을 맺었다. 전생부터 지어온 누겁다생累劫多生의 인연이 아니라면 어린 나이에는 감당하기 힘든 운명일 수도 있었다. 하나 성욱은 머리를 깎고 행자복을 입는 순간 가슴이 후련하고 몸이 가벼워지는 듯했다. 낯선 절 생활에도 이상하리만치 담담하게 잘 적응해나갔다. 새벽 2시 30분에 일어나 밤 9시까지 온갖 일을 했다. 졸린 눈으로 도량석을 돌고 새벽예불을 드린 후 절 뒤 약수터에 가서 물을 길어 가마솥에 채우고 승방僧房에 군불을 땠다. 때로는 공양주 보살을 도와 대중의 공양상을 차리기도 하고, 설거지는 물론 빨래와 다듬이질도 했다.

봉국사에는 대웅전이 없다. 만월보전滿月寶殿에 약사여래를 모셔 대웅전을 대신하고 있다. 원찰답게 대중포교보다는 왕실의 안위를 비는 사찰이었기 때문이다. 성욱은 힘들 때면 홀로 약사전 법당에 나가 약사여래 부처님을 향하여 서원하였다. 돌아가신 어머니와 연건동 할머니가 떠오르면 어느새 눈물이 흘러내렸다.

"부처님! 모든 중생을 아픔에서 구제해주십시오. 이 행자, 부처님께 귀의하여 정진하겠습니다"라고 기도하면 약사여래 부처님은 빙그레 웃으며 어머니의 눈길처럼 따뜻하게 성욱을 어루만져주었다. 성욱은 허드렛일만 하는 것이 아니라 상좌 스님을 시봉하며 열심히 공부도 따라 했다. 《초발심자경문》을 익히고, 목탁 치는 법과 제 올리는 법 등 불교의식도 하나하나 익혔다. 그렇게 3년, 성욱의 경 읽는 소리와 목탁 치는 소리가 무르익었다. 절 생활에도 익숙해졌다. 새벽 2시 30분에 일어나던 이때의 습관은 평생 이어졌다.

나이 열세 살이 되던 1910년 7월, 성욱은 처음 머리를 깎아 준 하옹 스님을 은사 스님으로 사미계를 받아 정식 출가했다.• 하옹 스님은 성욱에게 출가 사문의 길에 들어섰으니 사미계를 받을 준비를 하겠느냐고 물었다. 승단의 정식 구성원이 되기에 앞서 출가수행자가 지켜야 할 각종 습의와 수행법 등을 익히기 위한 예비단계였다.

"네, 스님. 저는 부처님과 부처님의 법과 스님께 의지하여 공부하고 싶습니다."

하옹 스님은 고개를 끄덕였다.

"학승도 길이다. 경전에도 길이 있고, 마음에도 길이 있다.

• "내(백성욱)가 다섯 살 때였나 보다. 호동학교라는 데를 수료한 뒤 열세 살까지 천자문으로부터 사서삼경을 다 배우도록, 학문이란 싱겁고 배우잘 것이 없다고 경멸하다가, 열네 살 되던 해에 돌연 집안에 무슨 피하지 못할 사정이 생기게 되어 가족들은 뿔뿔이 피신을 하면서, 아직 어린 나는 봉국사라는 절간에다가 의탁하게 되지 않으면 안 되었던 것이다. 그래서 나는 부득이 절에 매인 몸이 되고 따라서 최하용 대선사 밑에서 학문을 닦을 수밖에 없었으니, 여기서 비로소 학문의 이치를 깨닫게 된 것이었다. 그로부터 얼마를 지나서 칸트의 전기를 읽다가 내가 도통할 자신이 생기기도 하였다."(백성욱, 〈나를 발견하는 길〉, 정종 편, 《나의 청춘 나의 이상:60인사의 인생역정》, 실학사, 1965년, 82쪽). 호동학교는 성욱의 나이 여섯 살인 1903년 설립.

경전 속의 길도 걷고, 마음의 길도 걸어라. 경전 속의 등불을 나침반 삼아, 마음에 진리의 등불을 켜라. '자등명 법등명自燈明 法燈明'*하라. 그러면 비로소 수행의 바퀴가 굴러가기 시작할 것이다. 떠나거라."

성욱은 은사 스님에게 삼배를 올리고 일어섰다. 바랑을 메고 봉국사를 떠나 명진학교가 있는 원흥사로 갔다. 3년 만의 걸음이었다. 원흥사는 변해 있었다. 지난해 11월, 일제는 전국의 사찰을 통제하려는 목적으로 이곳에 원종圓宗 종무원을 설립하여 친일 승려 이회광을 종정으로, 일본 불교계의 극우 인사 다케다 한시[武田範之]를 고문으로 추대하여 한국불교를 일본불교에 종속시키기 위한 사전 작업을 펼치고 있었다.

성욱이 망연자실하자 한 스님이 여기 말고도 합천 해인사, 양산 통도사, 공주 동학사, 동래 범어사, 금강산 유점사, 문경 김룡사, 안변 석왕사, 고성의 건봉사 등 각 지방의 큰 사찰에 불교전문강원佛敎專門講院이 있다며, 김룡사에서 강석講席을 열고 있는 권상로權相老(1879~1965) 스님에게 소개 편지를 써주었다. 권상로 스님은 1896년 김룡사에서 서진瑞眞을 은사로 승려가 되었다. 그 뒤 10년 동안 김룡사 불교전문강원에서 불교학을 연구하여 1903년 선사 영안永安의 인가를 받고 김룡사에서 강석을 열고 있었다. 훗날 잡지《불교》를 창간 발행

---

* "자신을 등불로 삼고 자신에게 의지하라. 또한 법(바른 가르침)을 등불로 삼고 법에 의지하라. 이 밖에 다른 것은 의지하지 마라"라는 부처님의 마지막 설법.

하며 독일에서 유학하던 백성욱에게 후원금을 보내준 인연 깊은 그 스님이다.

성욱은 그 길로 김룡사를 찾아갔다. 김룡사는 신라 때 창건된 고찰로 전각만 해도 50여 채에 이르는 큰 절이다. 절 입구 쪽에 경흥강원慶興講院이라는 편액이 걸린 강원은 300명을 수용할 수 있었던 국내 최대의 온돌방으로, 자연 지층을 그대로 살려 지은 건물이다. 강원에는 권상로 스님 등 강사뿐 아니라 많은 학인이 운집하여 공부하고 있었다. 정릉 봉국사에서 혼자 공부했다면 여기서는 많은 학인 스님과 함께 공동체 생활을 하며 공부하니, 그 생활 또한 여간 재미있는 게 아니었다.

성욱은 불교철학의 묘미에 빠져들었다. 대나무밭에서 대나무들이 서로 경쟁하며 자라듯 공부 또한 상대가 있으니 더 잘되는 듯했다. 이 대숲에 마디 굵은 맹종죽 하나가 무럭무럭 크고 있었으니, 권상로 스님은 그것을 알아보았다. 성욱은 점점 어엿한 청년으로 자라났다. 사문으로서의 공부도 날로 성장하고 있었다.*

성욱은 김룡사 강원에서 8년 동안 공부했다. 사집과四集科·사교과四教科·대교과大教科를 이수하면서《대방광불화엄경大方廣佛華嚴經(약칭 화엄경)》과《대방광원각수다라요의경大方廣圓覺修多羅了義經(약칭 원각경)》《능단금강반야바라밀다경能斷金剛般若波羅密多經(약칭《금강경》)》 등의 경전을 공부했다.《화엄경》은

우리나라 화엄종華嚴宗의 근본경전이자 불교전문강원佛敎專門
講院의 대교과大敎科 과정에서 공부한 불교 최고의 경전이다.
《원각경》은 한국불교에서 널리 독송讀誦되는 불경 중 하나로
불교 수행의 길라잡이가 될 정도로 훌륭한 이론과 실천을 담
고 있는 경전이다. 《금강경》은 금강석(다이아몬드)과 같이 가
장 견고한 지혜의 말씀을 담고 있는 수행의 으뜸 경전이다.
이 경전들은 한 권을 공부하는 데 대략 1~2년 정도 소요되었
다. 성욱은 이외에도 8년에 걸쳐 《능엄경楞嚴經》《기신론起信
論》《인명론因明論》 등을 공부했다.

1917년, 스무 살의 청년 백성욱은 서울로 올라와 숭인동 동
관왕묘東關王廟** 터에 세운 불교중앙학림佛敎中央學林(약칭 중앙
학림)에 입학했다. 명진학교의 뒤를 이어오던 불교고등강숙

이 폐교되자, 전국 30본사本寺에서 발의하여 1915년 11월에 다시 설립한 불교 고등교육기관이 중앙학림이었다. 입학 자격은 전국의 불교전문강원을 졸업한 승려에게 주어졌다. 전국에서 내로라하는 불교계 인재들이 모여들었으나, 정원이 120명으로 그 수가 많지 않았다. 백성욱은 사미계를 받지 않았지만 봉국사 하웅 스님을 은사로 출가한 학인 스님의 위치에 있었고 강원 과정을 모두 마쳤기에 입학 자격에 문제가 없었다. 중앙학림의 초대 학장은 30본산 연합사무소 위원장인 강대련姜大蓮, 학감은 김하산金河山, 강사는 명진학교 교장을 역임한 진관사 백초월 선사와 한용운 선사 등이었다. 수업 연한은 예과 1년, 본과 3년이었다.

백성욱이 중앙학림에 입학한 이유는 본격적으로 불교를 더 깊이 공부하기 위해서였다. 명진학교 1회 졸업생으로서 불교 근대화의 선두에 있던 한용운이 불교 교리 연구를 위해 유심회를 조직하자 거기에도 가입했다. 한용운은 백담사에서 불교의 기초를 세우고 세상의 이치가 어떠한지를 배웠지만, 문명세계에 대한 호기심으로 세계일주를 떠나기도 했다. 비록 그의 세계일주는 완성되지 못하고 시베리아에서 중단되어야 했으나, 1908년에 다시 일본 유학을 단행함으로써 당시 일본으로 밀려든 신문명을 직접 체험하였다. 그리고 1910년, 한국불교가 새로운 문명세계에 적응할 수 있는 개혁 방안을 제시하는 기념비적인 책《조선불교 유신론朝鮮佛教維新論》을 백담사에서 탈고했다. 1914년에는 고려대장경의 핵심을 축약한《불교대전》을 간행했고, 서른일곱 살이던 1915년에는 내장사·화엄사·해인사·통도사·송광사·범어사·쌍계사·백양사·선암사 등을 순례하며 강연회를 열었다.

그 후 한용운은 중앙학림에 출강하면서 유심회를 조직했고, 백성욱은 신상완·김법린·김상헌·정경헌·김대용·오택언·김봉배 등과 함께 회원이 되었다. 이때부터 백성욱은 한용운 선사 가까이에서 공부하며, 그가 여행과 다양한 책을 통해 깨달은 불교사상을 현대에 맞게 접목하려는 모습에 감명과 자극을 받았다. 백성욱은 〈유심〉지에서 '조선청년이 갖추어야 할 지식이나 정신적 태도'의 중요성을 강조하는 글

김법린의 중앙학림 졸업증서(1920. 3. 30.). 동대신문사 자료.

들을 읽으면서 생각이 깊어졌다. 시간이 흐를수록 불교를 넓고 깊게 공부하겠다고 마음먹으며 '불교순전철학佛敎純全哲學, Buddhistishe Metaphysik(불교 형이상학)'의 바탕이자 훗날 독일에서 박사학위 논문으로 쓴 '불교란 무엇인가'라는 주제에 매달렸다. 그러던 중 한용운의 부름을 받으면서 독립운동의 길로 들어서게 된 것이다.

상해임시정부를 오가며
3

백성욱은 봉국사를 향해 산언덕을 올랐다. 아홉 살 때 옷 몇 가지를 싼 보따리를 등에 메고 이 언덕을 오르던 기억이 떠올랐다. 어디서 그런 용기가 났을까? 그는 푸르름이 오르기 시작하는 나뭇잎을 바라보며 심호흡했다. 하옹 스님은 아직 봉국사에 계셨다. 스님에게 삼배를 올렸다. 스님은 반갑고 밝은 얼굴로 백성욱을 맞았지만 말씀은 많지 않으셨다. 열흘쯤 지났을 무렵 하옹 스님은 지나가는 말로 "피가 멈췄다더라"라며 바깥소식을 전해주었다. 백성욱은 신상완 스님이 있는 마포 극락암으로 갔다. 진관사 포교당인 그곳이다.

극락암에서 백초월 선사와 신상완 스님을 만나 반갑게 인사한 뒤 그동안의 일들을 전해 들었다. 서울은 워낙 일경의 검문과 체포가 심해 조용하지만, 지방에서는 아직도 만세운동이 간헐적으로 벌어지고 있다고 했다. 지방 사찰 중 지방학림이 있는 곳에서는 중앙학림의 학승들과 연락이 이뤄진

곳이 많다며 김법린이 내려간 범어사를 비롯해 해인사, 통도사, 표충사에서는 학인 스님들이 결사대를 조직해 산문山門에서 내려가 만세운동에 앞장섰다고 했다. 그러나 일경에 체포된 스님과 백성이 많아 그들이 겪을 고초를 걱정해야 했다.

마포에 있는 진관사 포교당은 백초월 선사가 해외 독립운동가들과 접촉하기 위해 만든 일종의 '연락본부'였다. 마포는 인천으로 들어오는 외국 선박에서 내려 배를 타고 접근할 수 있는 곳이었고, 지방에서 남한강으로 올라오는 물자가 모이는 곳이라 선박 출입이 잦고 혼잡했다. 덕분에 일경의 눈을 피하기에도 수월했다. 그래서인지 극락암에는 가끔 낯선 이들이 찾아와 백초월 선사를 만난 뒤 바람처럼 사라졌다. 아무도 그들이 누구인지, 어디서 왔는지, 왜 왔는지 묻지 않았다.

백초월 선사는 1876년 진주에서 태어나 1890년 지리산 영원사에서 출가하였다. 불심이 깊고 민족정신도 투철했다. 그는 중앙학림에 강사로 출강하면서 마포에 진관사 포교당의 문을 열고 해외 독립지사들과 연계하여 미국과 중국에서의 활동 소식을 국내에 공유했다. 법명은 동조東照였지만 백최승白最勝, 백의수白義洙 등의 이름을 사용하면서 은밀하게 활동하기도 했다.

3월 말이 되자 범어사로 내려갔던 김법린이 올라왔고, 이어 해인사로 갔던 김대용金大鎔도 도착했다. 이때부터 신상완은 백초월 선사를 모시고 앞으로의 활동 방안을 토의하곤 하였다. 상황은 만만치 않았다. 민족대표가 모두 잡혀갔고 일경이 눈에 불을 켜고 시내를 이 잡듯 뒤지고 있었다. 그때 중국 상하이[上海]에 임시정부가 수립되었다는 소식이 들렸다. 백초월 선사는 신상완, 백성욱, 김법린, 김대용에게 임시정부를 찾아가면 할 일이 있을 거라며 밀항을 주선해줬다. 네 스님은 마포에서 배를 타고 인천으로 간 다음 중국으로 가는 배에 숨어 황해를 건넜다.

5월 10일, 백성욱과 일행은 랴오닝성[遼寧省] 남부에 있는 잉커우[營口]항에 도착했다. 상하이에 도착한 백성욱과 일행은 임시정부를 찾아갔다. 수립한 지 얼마 안 되어 일손이 부족하던 임시정부에서는 불교계의 합류를 크게 반겼다.* 할 일이 하나둘이 아니었지만 가장 시급한 일은 임시정부의 활동 소

---

* "삼월 중순경 지방에 파견되었던 동지들은 혹은 검거되고 혹은 상경하였다. 또한 지방에서 파견된 새 동지들도 서울로 운집되었다. 신상완 씨 댁을 본부로 삼고 동지의 집합은 빈번하였다. 일방으로 지방 운동의 정세를 종합하여 연락 지도하는 동시에 다소의 자금도 준비되었으므로 해외와의 연락을 신상완, 백성욱 양 씨가 중심이 되어 획책하였다. 사월 하순에 이르자 상해에 우리 임시정부가 성립되었다는 정보를 듣고 신상완, 백성욱, 김대용, 김법린 네 명이 안동현安東縣 이륜양행二輪洋行의 알선으로 상해에 밀행하였다. 불조계佛租界 하비로에 있는 임시정부를 배방拜訪하고 제諸 요인을 배알하고 마침 안도산安島山 선생이 미국으로부터 돌아왔으므로 그 열렬한 애국 강연을 배청拜聽하였다. 북만北滿으로부터 오신 이동휘 선생도 배알하여 많은 격려를 받았다. 신한청년당에서 발간하던 《독립신문》도 애독하였다. 신申, 백白 양 씨의 영도 하에 정부의 국내 파견원으로 불교계의 운동을 지도하기로 결정하고 오월 중순경 귀국하였다." (김법린, 〈삼일운동과 불교〉, 《신생》 창간호, 18쪽. 고영섭, 〈무호 백준(성욱)의 학문과 사상〉, 《한국불교사연구》 제14호, 2018년 12월, 46~47쪽 재인용)

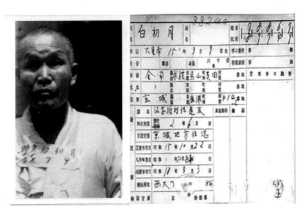

백초월 선사의 옥중 사진.

식을 국내 불교계뿐 아니라 각 민족단체에 알리는 것이었다. 활동 자금을 마련하는 일도 시급했다. 임시정부 관계자들의 설명을 들은 백성욱 일행은 귀국해서, 이 같은 과제를 백초월 선사와 함께 구체적으로 상의하기로 결정했다.

5월 말, 백성욱과 일행은 기차를 타고 만주 봉천으로 갔다. 만주로 가는 기차 안에서 백성욱은 온갖 사람들에게 아무 이유도 없이 매를 맞는 등 수모를 겪었다. '이 빌어먹을 놈들이 왜 이러나?' 하고 의아해하며 겨우 만주에 도착하니 누군가 이렇게 일러주었다.

"얘, 네가 쿠리coolie*복을 입고 있으니 그렇지."

도중에 쿠리복을 사 입은 것이 화근이었다. 쿠리처럼 보여

* 중국과 인도에서 19~20세기 초 미국으로 넘어온 노동자들을 비하하여 부르던 말. 당시 중국에서도 낮은 임금을 받는 막노동자를 쿠리라 불렀다.

서 구타와 멸시를 당하고, 심지어 뱉은 침까지 맞은 것이었다.* 어렵사리 도착했지만, 국내에서 떠나올 때 신분증 없이 밀항했기 때문에 봉천에서 서울행 기차를 탈 수 있는 형편이 못되었다. 신상완은 허름한 탁발승으로, 백성욱은 목에 목판을 맨 엿장수로, 김법린은 노동자로 변장해서 경성행 화물열차를 타고 국경을 넘었다.

신상완과 백성욱, 김법린의 설명을 들은 백초월 선사는 며칠 동안 논의한 끝에 몇 가지 방안을 제시했다. 항일의식을 고양할 수 있도록 인쇄물이나 지하신문 간행을 준비하는 게 좋겠으며, 상해임시정부에서 필요로 하는 독립운동 자금은 자신과 친분 깊은 스님들이 있는 범어사, 천은사, 화엄사 등을 중심으로 하여 각처의 사찰을 통해 모금하자고 하였다. 그리고 세 사람에게 자신이 쓴 편지를 전해주면서 지방의 사찰로 내려가라고 했다.

이때부터 백성욱은 신상완의 거처와 임시정부를 오가며 독립운동 자금을 운반했다. 김법린은 임시정부에서 준비하는 사료 편찬을 위해 국내 자료들을 운반하는 역할을 맡았다.

"한토韓土의 수천 승려는 이천만 동포 급及 세계에 대하야 절대로 한토에 재在한 일본의 통치를 배척하고 대한민국의

---

* 이광옥, 〈'미륵존여래불' 하느니라〉,《금강산 호랑이:내가 만난 백성욱 박사》, 김영사, 2021년, 459쪽

독립을 주장함을 자茲에 선언하노라.

평등과 자비는 불법佛法의 종지宗旨니 평소 차此에 위반하는 자者는 불법의 적이라 그러하거늘 일본은 표면 불법을 숭崇한다 칭稱하면서 전세기前世紀의 유물遺物인 침략주의 군국주의에 탐닉耽溺하야 자조 무명의 사師를 기起하야 인류의 평화를 교란攪亂하며… 일본은 도로혀 더욱 포학暴虐을 사행肆行하야 수만數萬의 무고無辜한 남녀를 학살虐殺하니 일본의 죄악이 사斯에 극한지라 아등我等은 이믜 더 침묵하고 더 방관할 수 없도다. … 이제 아등我等은 더 인견忍見할 수 업도다.

(중략)

이에 아등我等은 기起하였노라. 대한의 국민으로서 대한국가의 자유와 독립을 완성하기 위하야 이천년 영광스러운 역사를 가진 대한불교를 일본화와 멸절에서 구하기 위하야 아我칠천의 대한승니大韓僧尼는 결속하고 기起하였노니 시사보국矢死報國의 이 발원과 중의경생重義輕生의 이 의기義氣를 뉘 막으며 무엇이 막으리오 한 번 결속하고 분기한 아등은 대원大願을 성취하기까지 오직 전진하고 혈전血戰할 뿐인뎌."

大韓僧侶聯合會 代表 오만광嗚卍光, 이법인李法印, 김취산金鷲山, 강풍담姜楓潭, 최경파崔鯨波, 박법림朴法林, 안호산安湖山, 오동일嗚東一, 지경산池擎山, 정운몽鄭雲夢, 배상우裵相祐, 김동호金東昊.

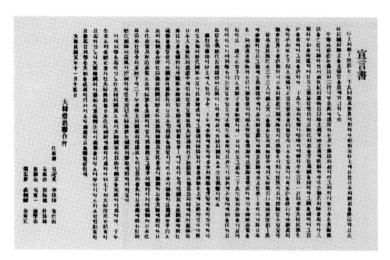

대한승려연합회 선언서, 독립기념관 소장.

11월 15일, 임시정부 기관지인 《독립신문》에 스님 열두 명의
이름으로 '대한승려연합회 선언서''가 발표되었다. 이것은 불
교계의 '독립선언서'로, 열두 스님의 이름은 모두 가명이었
다.** 선언서는 임시정부와 국내 불교계가 어느 정도 연결되
었음을 의미했다. 백초월, 신상완, 백성욱, 김법린이 그 중간

- 한글·한문·영문으로 발표된 대한승려연합회 선언서는 대한민국 임시정
  부가 파리위원회를 통해 파리강화회의에 제출한 다른 탄원서들과 함께 프
  랑스 파리법과대학 도서관에 보관되어 있다가, 1970년 국사편찬위원회에
  의해 발굴되어 세상에 알려졌다.
- 1970년 3월 8일 자 《대한불교》는 "지금 살아 계신 스님들의 증언을 통해
  알 수 있는 것은 오만광(오성월, 범어사 주지), 이법인(이회광, 해인사 주지), 김취산
  (김구하, 통도사 주지), 지경산(김경산, 범어사 고승) 스님"이라고 보도했다.

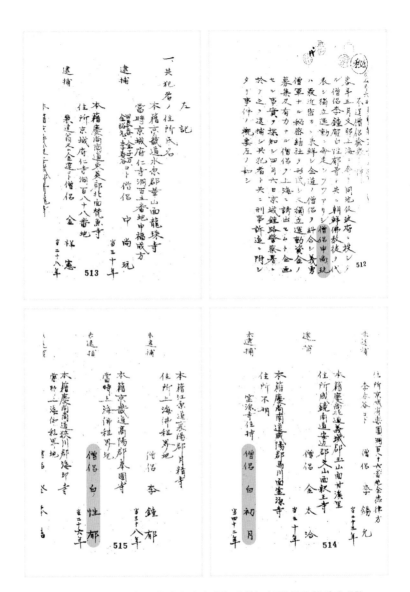

1920년 5월 작성된 '중앙학림의 만세 시위, 대한승려연합회의 활동'에 대한
'불령승려 검거의 건'이라는 제목의 조선총독부 비밀문서 중 일부 내용.
내용 가운데 승려 백성욱, 백초월, 신상완 등의 이름이 보인다.

역할을 수행했다.* 불교계는 선언서 발표에 그치지 않고, 임진왜란 때 승군僧軍을 조직하여 일본의 침략에 맞섰듯 대일 항쟁을 위한 결사체인 '의용승군義勇僧軍'을 모집해 임시정부 산하 조직으로 활동할 계획을 세웠다.**

대한승려연합회가 결성되고 선언서가 발표될 무렵, 일경은 임시정부 내 밀정을 통해 연합회 조직과 의용승군에 대한 구체적인 내용까지 파악하고 승려들을 대대적으로 검거하기 시작했다. 의용승군 계획은 난관에 봉착하게 되었고 해인사의 김봉률, 박달준과 해남 대흥사의 박영희 등은 1919년 5월 만주 지린성[吉林省]에 설립된 신흥무관학교에 입교했다.

이듬해인 1920년 봄, 국내에 잠입했던 신상완이 체포되었다는 소식이 들려왔다. 그나마 다행으로 백초월 선사 체포 소식까지는 들리지 않았다. 백성욱과 김법린은 더이상 활동을 이어갈 수 없다고 판단했다. 김법린은 범어사의 후원으로 유학을 준비하기 위해 미국 감리교에서 설립한 난징[南京]의 진령[金陵]대학으로 떠났다. 임시정부의 여운형, 김원봉, 김마리아 등이 공부한 학교여서 추천을 받아 갔다. 후원받을 상

---

* 김창수, 〈일제하 불교계의 항일민족운동〉,《가산 이지관 스님 화갑기념논총-한국불교문화사상사》(하), 가산문고, 1992년, 81~89쪽 참고. 백성욱은 대한승려연합회 설립 경험을 살려 1928년 12월에 발기되는 조선불교승려대회에도 깊숙이 관여해 일경에 체포되기도 했다.

** 일제가 작성한 '고경高警 제12574호'에 의하면, '임시의용승군헌제臨時義勇僧軍憲制'는 전국 단위와 각 도, 군, 산의 지방 단위 조직체계 및 승군의 행동 수칙까지 준비하고 있었다.

황이 안 되는 백성욱은 임시정부에서 《독립신문》 만드는 일을 도왔다.* 백성욱은 훗날 인터뷰에서 당시 상황을 이렇게 회고하였다.

"경성 중앙불교학림이란 학교를 졸업하자마자, 기미년 독립운동에 참가하게 되었으니, 이는 내가 평소에 기리던 지혜에 도달하고자 한 첩경의 길이 된 것이었다. 국내에서 활동하다가 눈을 피해서 대뜸 상해로 몸을 달려 임시정부에서 일하는 중, 국내와의 통신 역할을 맡아 무려 8, 9회를 내왕하면서 젊음의 약동을 구사驅使했었거니와, 내 인생에서 가장 중요한 일은 독립운동 바로 그것이었고, 우리나라 독립만이 유일한 내 이상이었다. 그 후 1930년에 이르러서야 우리나라가 장차 꼭 독립될 것임을 확신했고, 또 그렇게 되기를 평생 염원해 왔었다."**

백성욱은 임시정부가 있던 상하이의 프랑스 조계지租界地***에

• 1920년 2월 말 당시 일제가 조사한 독립신문사 관여자는 백성욱을 비롯해 이광수·주요한·이영렬·조동호·옥관빈·박현환 등이었다. 최기영, 〈독립신문 해제〉, 《대한민국 임시정부 자료집》 별책 1, 91권, 국사편찬위원회, 2011년.

•• 백성욱, 〈나를 발견하는 길〉, 정종 편, 《나의 청춘 나의 이상:60인사의 인생역정》, 실학사, 1965, 81~82쪽.

••• 19세기 후반 프랑스, 영국, 미국 등 열강이 중국을 침략하는 근거지로 삼았던, 개항 도시의 외국인 통치 특별구역. 상하이에서는 프랑스, 영국, 미국이 조계지를 나눠 행정권·경찰권 등 치외법권을 행사했다.

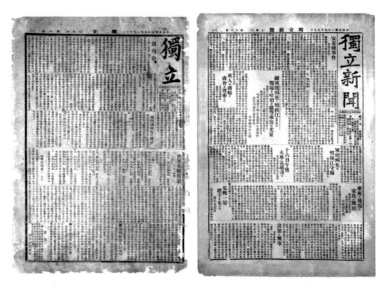

상해 임시정부에서 발간한 《독립신문》 창간호(좌, 1919년 8월 21일)와 백성욱이
상해 임시정부에서 활동할 당시 발간된 《독립신문》(우, 1920년 5월 29일).

서 격변기 중국사회와 서구문화 그리고 새로운 지식을 접했
다. 치외법권 지역이었지만 일제의 감시는 이곳에서도 예외
가 아니었다. 열강들의 쟁탈전 속에서 식민지 백성이 된 백
성욱은 울분을 참을 길이 없었다. 반면 서구에서 몰려드는
지식과 학문에는 새롭고 흥미로운 것이 많아 눈과 마음을 끌
었다. 그는 '자신의 길'에 대한 생각이 깊어졌다. 그럴수록 불
교사상과 서양철학을 비교해 공부하고 싶다는 생각에 빠져
들었다. 그들의 철학과 종교는 자신이 알고 있는 불교와 어
떻게 같고 또 어떻게 다른지 탐구하고 싶어 가슴이 점점 뜨
거워졌다.

그때 백초월 선사가 인편으로 보낸 편지가 백성욱에게 도착했다. 백초월 선사는 마포 극락암을 떠나 불광동 골짜기에 있는 진관사에 머물면서 전국 사찰에서 모은 독립운동 자금을 임시정부로 보내고, 임시정부에서 보내온 지하신문을 불교계에 배포했다. 백초월 선사는 편지에서, 을사늑약 체결에 반대하며 자결한 충정공忠正公 민영환閔泳煥의 노모가 '아비 없는 자식'이 된 두 손자를 프랑스로 유학을 보내고 싶은데 함께 가서 돌봐줄 사람이 있는지 알아봐달라고 했다며 백성욱의 의향을 물었다. 비용은 걱정하지 말라는 내용도 있었다. 민충정공의 큰아들 범식閔範植(1896~?)은 백성욱보다 한 살 많았고, 둘째 아들 장식閔章植(1898경~?)은 한 살 어렸으니 어린 나이는 아니었다. 그러나 갑오개혁(1894) 때 신분제도가 철폐되었다 해도 지체 높은 가문이라 양반 의식이 있어서 두 아들의 심부름을 하며 거들어줄 집사執事를 구한 것이다.

민충정공의 노모가 손자들의 유학지로 프랑스를 생각한 이유는 미국에 감정이 좋지 않던 둘째 아들 민영찬의 추천 때문이었다. 민영찬은 대한제국 시절인 1902년부터 외교권을 잃은 을사늑약 때까지 프랑스 주재 특명전권공사로 있다가 을사늑약 후 고종의 밀서를 가지고 대서양을 건너 미국에 가서 루트Elihu Root 국무장관을 만났다. 그는 "을사늑약은 강압으로 체결되었으므로 무효"라는 밀서를 전하며 조선의 상황을 설명했다. 그러나 미국은 일본과 1905년 11월 17일 "일본은 미국의 필리핀 지배권을 인정하고, 미국은 일본의 한반도에 대한 종주권suzerainty을 인정한다"는 내용의 '가쓰라-태프트' 밀약을 맺었기 때문에 민영찬을 냉대했다. 루트 국무장관은 "황제의 서신은 비공식 경로로 접수되었으므로 미국 정부는 아무런 행동도 할 수 없다"라며 오히려 고종의 밀서 사본을 주미 일본공사에게 보냈다. 이렇다 보니 조카들의 유학지를 미국보다 조선에 우호적인 프랑스로 추천한 것이다.

편지를 읽은 백성욱은 새로운 길에 대한 기대로 가슴이 들떴다. 임시정부를 통해 프랑스 유학의 가능성을 알아봤다. 당시 중국 정부는 인재를 양성하기 위해 프랑스 정부와 협의하여 젊은 동량들을 프랑스로 유학 보내는 '유법검학회留法儉學會'• 프로그램을 시행 중이었다. 정부 장학생인 '공비생公費生'도 뽑고 자비 유학생도 뽑아, 충칭[重慶] 예비학교에서 1년 동안 프랑스어를 가르쳐 1919년부터 매해 100~200명씩 프랑스로 보냈다. 훗날 중국의 지도자가 된 저우언라이[周恩來]와 덩샤오핑[鄧小平]이 1차 '검학회' 출신이었고, 임시정부의 추천을 받은 조선인들도 중국인 유학생들과 함께 프랑스로 유학을 가게 되었다. 임시정부에서는 백초월 선사의 부탁인 데다 그동안 헌신하여 일을 돕던 백성욱과 나라를 위해 순국한 민충정공 아들의 일이기에 흔쾌히 협조를 약속했다. 백성욱

• 유법검학회留法儉學會의 '법法'은 프랑스의 중국식 표기인 '법국法國'의 약자이다. 일하며 공부한다는 의미에서 '근공검학勤工儉學 운동'이라고도 불린다.

은 인편을 통해 백초월 선사에게 이 같은 내용을 담아 답신을 보냈다.

이해 늦여름, 민충정공의 첫째 아들 범식과 둘째 아들 장식이 임시정부에 도착했다. 임시정부에서는 대한제국 황실의 외척外戚이자 애국지사의 아들인 두 사람을 정중히 맞았다. 민충정공은 명성황후의 13촌 조카였다. 이때부터 백성욱은 민범식과 장식의 집사 역할을 했다. 두 사람을 프랑스에 있는 임시정부 외교위원부까지 데려다주고 나면, 그때부터는 독립하여 일하면서 대학에 다닐 수 있다는 희망에 어떤 불편도 개의치 않았다.

백성욱은 임시정부의 추천서를 갖고 유법검학회를 담당하는 장시성[江西省] 교육부와 상하이 프랑스 조계에 있는 화법교육회華法教育會를 오가며 프랑스 유학을 위한 비자와 배편을 알아봤다. 당시 임시정부에서는 여권을 발급할 수 없었다. 임시정부는 중국 정부에 부탁하여 모든 유학생을 중국인으로 위장해 중국 여권을 발급받았다. 백성욱은 두 형제와 양복점에 들렀다가 민범식의 호의로 난생처음 양복이란 것을 맞춰 입었다.

10월이 되자, 범어사 후원으로 유학을 준비하던 김법린이 프랑스로 떠났다. 백성욱은 중앙학림 동창이자 만세운동 후 함께 국경을 넘나들며 동고동락했던 김법린을 배웅하며 프랑스에서 만날 것을 기약했다.

독일 철학박사가 되다
4

1921년 1월 15일, 백성욱은 민범식·장식 형제와 함께 프랑스 우편선인 앙드레 르봉André Lebon호에 승선했다. 다른 유학생들은 비용을 아끼기 위해 화물창고와 같은 4등석 칸에 탔고, 한 달이 넘는 긴 여행의 식비를 해결하기 위해 증기선 석탄 창고에서 일하기도 했다. 백성욱은 민씨 형제 덕분에 3등석을 배정받았다. 길고 긴 바닷길 여정, 끝없이 이어지는 망망대해를 바라보며 청년 백성욱은 깊은 상념에 젖어들었다.

그는 지난 몇 달 동안 두 형제를 따라 중법교육회에서 법어(프랑스어)를 배우기는 했지만 아직 발음조차 서툴렀다. '과연 내가 유학생활을 잘해낼 수 있을까? 법국(프랑스) 사람들도 불교에 대해 알고 있을까? 그들이 믿는다는 야소(예수)는 어떤 인물일까? 우리는 언제 독립할 수 있을까?' 밀려드는 상념은 하얀 포말이 되어 부서졌다. 홍콩, 사이공, 싱가포르, 수에즈 운하를 거쳐 증기선이 프랑스 마르세유 항구에 도착한 것은 출발한 지 40일 만인 2월 25일이었다. 세 사람이 배에서 내리자 임시정부 파리위원부의 서기장 황기환黃玘煥(?~1923)이 반갑게 일행을 맞았다.

백성욱은 마르세유 항구 주변에 늘어선 고풍스러운 건물을 바라보며 드디어 자신이 낯설고도 새로운 세상에 도착해 있음을 실감했다. 기대해 마지않던 이곳에 발을 디디고 설 수 있게 해준 부처님과 모든 인연에 감사하는 마음을 올렸다. 바람이 제법 거세게 불었지만, 2월인데도 날씨가 온화해 춥다는 느낌은 거의 들지 않았다. 황기환은 중앙역까지 걸어가려면 30분 정도면 되지만 짐이 있으니 택시를 타자며 항구 밖으로 나왔다. 백성욱은 황기환을 따라 생애 처음으로 자동차를 탔다. 중앙역에서 내린 그는 기차를 타고 파리로 향하는 내내 어떻게 하면 꿈꿔왔던 공부를 잘해낼 수 있을지 골똘히 생각했다. 비자 수속을 도와주던 중법교육회에서는 프랑스에 가면 일자리를 구해 일하면서 학교에 다닐 수 있다고 했다. 실제로 덩샤오핑은 제철소에서 철강 압연공으로 일당 12~14프랑을 받으며 일했고, 백성욱보다 두 달 먼저 떠난 김법린은 부잣집의 하인 일, 프랑스에서 만나 친구가 된 정석해는 약국에서 잡일을 하며 학비를 벌었다. 아직 이런 상황까지는 알지 못하던 백성욱은 그저 부처님께 감사의 마음을 회향하면서 부처님의 가피加被를 발원할 뿐이었다.

백성욱은 1년 동안 민범식·장식 형제와 프랑스 북부 보베 Beauvais시에 있는 고등학교에서 프랑스어와 독일어, 라틴어를 공부했다. 이때 만나 친구가 된 정석해가 어학 공부를 마치고 독일의 남중부 바이에른주에 있는 뷔르츠부르크 대학교 정치경제학부에 입학(1923년에는 베를린 대학교로 갔다)한 뒤 편지를 보내왔다. 뷔르츠부르크는 한적한 도시라 생활비와 물가가 프랑스보다 싸고, 뷔르츠부르크 대학교가 천주교 학교라 철학과가 유명하다고 했다. 자신의 입학을 도와준 경성의대 출신 이미륵이 신학대 학장과 친하니 불교와 유럽 철학에 관심 있는 백성욱이 오면 철학과에서 공부할 수 있도록 도움받을 수 있다는 내용이었다.

어학연수를 어느 정도 마친 백성욱이 민범식에게 자신은 독일로 가는 게 좋겠다고 하면서 이 같은 소식을 전하자 범식도 독일로 가겠다고 했다. 동생 장식은 파리로 가서 대학을 다니겠다고 했다.

1922년, 보베에서 1년 과정을 마치고 난 뒤 방학이 되자 백성욱은 민범식과 함께 기차를 타고 뷔르츠부르크로 향했다. 두 사람은 역에 도착해 택시를 타고 정석해가 가르쳐준 주소로 갔다. 정석해는 두 사람을 반갑게 맞이하고, 다음 날 이미륵을 소개했다.

이미륵은 1917년 경성의학전문학교(이하 경성의전)에 입학한 수재였다. 당시 경성의전은 조선에서 손꼽히는 고등교육기관으로 경성전수학교, 경성공업전문학교와 함께 조선을

뷔르츠부르크대학교 안의 옛 건물.

대표하는 3대 전문학교 가운데 하나였다. 세 학교 모두 관립이어서 학비는 면제였으나 총독부 관할하에 철저하게 일제 군대식으로 운영되었다. 학생들은 강의와 실습 시간을 자유롭게 선택할 수 없었고, 7월 방학 전에는 강의를 단 한 시간도 빼먹어서는 안 되었다.

이렇게 의사 공부에 전념하던 이미륵의 운명이 바뀐 건 3·1 만세운동에 참여하면서부터였다. 그는 백성욱처럼 2월 말 전문학교 학생조직을 통해 만세운동에 참여할 것을 권유받고 경성의전 학생 10여 명과 함께 3월 1일 탑골공원에서 독립선언서를 뿌렸다. 그리고 5월에 설립된 비밀단체인 '청년외교단'에 가입해 기관지 〈외교시보〉를 펴내는 일에 참여하다 조직이 일제경무국에 발각되면서 고향인 황해도 해주로 돌아가 어머니를 만난 뒤 압록강을 건너 독일로 왔다.* 그리고 1921년 뷔르츠부르크 대학교 의대에 입학해 공부하고 있었다. 이미륵은 백성욱과 며칠 동안 이야기를 나누며 3·1 운동 참가자로서의 동지애를 느꼈다.

백성욱은 뷔르츠부르크 대학교 신학대 학장과 친분이 있는 이미륵의 도움으로 철학과 한스 마이어Hans Meyer(1884~1966) 교수를 찾아갔다. 그는 가톨릭 신학자로 1922년 뷔르츠부르크 대학교와 동 대학원 철학 교수로 부임해 고대 및 중세 철학을 강의했다. 보수적인 대학의 교수였지만 정치 문제에 관심이 깊어 중도 우파인 바이에른 인민당 당원이기도 했다. 다른 교수들처럼 엄격하지도 않았다.

마이어 교수는 백성욱에게 왜 철학을 공부하려 하는지 물었다. 백성욱은 자신이 승려 출신이며 불교와 서양철학을 비교하여 연구하고 싶다고 대답했다. 조선에서 독립운동을 하다 중국으로 몸을 피한 뒤 프랑스를 거쳐 독일까지 오게 된 이야기도 덧붙였다. 마이어 교수는 백성욱이 승려 출신이라는 데 호기심을 느끼며 "불교는 어떤 것인가" "당신들의 사상

• 　 이미륵 지음, 박균 옮김, 《압록강은 흐른다》, 살림, 2016년, 213~215쪽.

계는 어떠한가" "동양철학도 희랍철학을 토대로 삼는 사상인
가" 등을 질문했다.

마이어 교수는 백성욱이 사찰에서 8년을 공부하고 대학에
서도 2년을 공부한 사실을 알게 되었다. 서투른 독일어였지
만 백성욱의 사고력과 불교 지식, 세계에 대한 인식 능력이
이미 대학생 수준을 넘어서 있다고 판단했다. 백성욱이 10년
동안 불교를 공부했으니 독일어 수업을 들을 능력이 된다면
바로 대학원에서 공부하는 게 좋겠다고 마이어 교수는 결론
지었다.

그는 백성욱에게 만약 어학시험에 통과하면 자신이 그의
학력을 보증하고 대학원 지도교수Doktor Vater가 되어주겠다고
했다. 그는 마이어 교수에게 합장하며 고마움을 표했다. 그때
부터 백성욱은 독일어 시험 준비에 전념했고, 몇 달 뒤 어학
시험을 통과했다.

1922년 9월, 백성욱은 마이어 교수의 주선으로 뷔르츠부르
크 대학교 대학원 철학과에 입학했다. 학비는 함께 독일에 온
민장식의 도움을 받았다. 뷔르츠부르크 대학교의 정식 이름
은 '율리우스 막시밀리안스 뷔르츠부르크 대학교Julius-Maxi-
milians-Universität Würzburg'이다. 한 차례 폐교되었다가 1582년
뷔르츠부르크 주교 율리우스 에히터 폰 메스펠브룬이 다
시 연 대학답게 신학과 철학 연구가 활발했다. 그러나 동
양 불교를 본격 연구한 교수는 없었다. 백성욱은 라틴어[古

希臘語] · 독일신화사獨逸神話史 및 문명사文明史 · 가톨릭 의식意識 연구 등의 강의를 들었다. 틈나는 대로 도서관에 가서 유럽 최초의 불교학자라 할 수 있는 외젠 뷔누프Eugène Burnouf (1801~1852)의 '법화경 연구', 인도불교사로 유명한 헨드릭 케른Hendrik Kern(1833~1917), 티베트학 개척자 헤르만 벡Hermann Beckh(1875~1937), 팔리어학자 빌헬름 가이거Wilhelm Geiger(1865~1943) 등 유럽에서 불교를 연구한 학자들의 논문과 서적들을 살폈다.

백성욱은 존재론, 인식론, 논리학, 서양철학사 등의 강의를 들었다. 그러나 겨우 어학시험에 통과한 독일어 실력으로는 강의를 제대로 이해하기 힘들었다. 부족한 언어 실력을 극복하기 위해 도서관에서 밤을 새우며 어학사전과 씨름했다. 그렇게 반년을 공부하자 귀가 뚫리고 입도 열렸다. 그때부터 강의가 더욱 재미있어졌다.

시간이 흐를수록 백성욱은 '동양에서 온 불교인'으로 인식되었다. 교수나 같은 학과 학생 중 동양철학에 관심 있는 이들과 대화하며 서양인들이 불교를 '철학'으로 이해하고 있음을 느꼈다. 백성욱은 서양인들에게 불교를 이해시킬 수 있는 논문을 쓰고 싶다는 원을 세웠다. 그때부터 지방 학림과 중앙학림 시절 공부했던 《화엄경》과 《능엄경》을 비롯하여 《원오불과선사어록》《대혜보각선사어록》과 같은 선종전적이나 '화엄회현기' 같은 화엄전적에 나오는 내용을 정리하기 시작했다. 박사학위 논문인 〈불교순전철학〉을 향한 여정의 시작이었다.

1923년 봄, 함께 도서관에서 만나 공부하던 이미륵과 정석해가 하이델베르크 대학교로 옮겼다. 뷔르츠부르크 대학교의 엄격함이 맞지 않아서였다. 가톨릭 학교인 뷔르츠부르크 대학교에는 규칙이 많았다. 강의가 시작되면 교실 문을 닫아 지각한 학생은 수업을 들을 수 없게 하는 등 다른 대학에 비해 지켜야 할 점이 많았다. 그러나 서양인들에게 불교를 이해시킬 수 있는 논문을 쓰고 싶다는 뚜렷한 목표를 갖고 있던 백성욱은 흔들리지 않았다.

백성욱은 특히 인식론 강의에 관심이 컸다. 불교사상을 서양의 형이상학 이론에 연결시키기 위한 장치로, 인식론의 기본 형식인 '주관'과 '객관'의 관점을 생각했다. 불교의 연기緣起를 서양인이 이해하고 있는 철학적 관점에서 접근해보기 위해서였다. 서양의 인식론에서 말하는 주관적 관점에서 불교를 바라보면서 선종에서 말하는 깨달음과 서양 사유의 차이점이 무엇인지를 참구하였다.

1923년 여름, 함께 지내던 민장식도 독일이 자신과 맞지 않는다며 프랑스로 떠났다. 그의 '집사' 일을 보며 경제적으로 도움받던 백성욱에게는 큰 타격이었다. 가을 학기 등록금은 물론이고 당장 거처할 집과 생활비부터 문제였다. 이러한 형편은 훗날 권상로 스님에게 보낸 그의 편지에 잘 나타나 있다.

생이 독일에서 공부할 수 있었던 것은, 반은 친구의 도움이었지만, 다른 반은 독일의 경제공황으로 물가가 저렴해진 덕분이지요. 또 프랑스에서 지낸 1년과 동양에서 유럽으로 오는 노자는 친구의 도움이었나이다. 그러나 그 도와주던 친구는 현재 귀국하고, 이 유럽에 있지 않습니다. 그러므로 이제 와서는 호소할 곳이 없게 되어버렸지요. 또 독일의 통화가 정돈되어 작년 10월부터 금화金貨가 통용되므로, 매월 식비로만 200마르크를 요구하나이다. 일화日貨로 환산하면 현재 환율로 약 120여 엔이겠나이다. 이와 같은 처지에서 매일 한 끼의 식사로 지내오기는 올해 3월부터올시다.•

백성욱은 이 같은 상황을 극복하기 위해 지인에게 도움을 받아 방학 때 독일 서부 자를란트Saarland주 탄광에 가서 일했다. 막장에 들어가 석탄을 캐는 광부 일은 대단히 고단하고 위험했다. 반면 몸이 힘든 만큼 임금이 많았다. 훗날 그는 이때의 경험을 통해 "세상의 고즙苦汁을 톡톡히 알게 되었다"라고 회고했다.

전에 자를란트 탄광에서 일하는 중에 올린 편지는 받아보셨으리라 믿습니다. 아마 작년 12월은 생으로 하여금 극도

• 1924년 11월 22일 뷔르츠부르크에서 권상로 스님에게 쓴 편지 일부.
   백성욱,《백성욱 박사 문집》, 김영사, 2021년, 551쪽.

極度로 세미世味(사람이 세상을 살아가며 겪는 온갖 경험)를 알게 하였습니다. 2주일간의 탄광 생활은 현대 하급 노동자들과 접하는 기회를 얻었지만, 동시에 과도한 노동으로 인하여 병을 얻었으므로, 현재는 이곳 독일의 친한 지인의 집에서 양병養病(병을 잘 다스려 낫게 함) 겸 섭양攝養(병의 조리를 잘하여 회복을 꾀함)을 하는 중이올시다. 신체의 불건강은 장래를 암흑하게 만듭니다. 그러나 의사의 말에 의하면, 정신과 육체의 건강 상실인 즉 모두 과도한 노동에서 나온 것이라 하나이다. 그러므로 몇 달 후에는 회복이 가능하다 합니다. 즉 삼보에 귀의한 몸이라 큰 변이 없기를 바라지요!*

탄광에서 일한 돈으로 등록금은 겨우 해결했으나 생활비가 문제였다. 식비와 방세를 내지 못해 감옥생활을 할 뻔한 위기를 대학교수들의 도움으로 간신히 면한 적도 있었다.** 백성욱은 마이어 교수에게 자신의 상황을 설명하면서 공부를 지속할 방법이 있을지 상의했다. 백성욱이 독일에서 안정적으로 공부할 경제적 여건이 되지 못하는 현실을 마이어 교수는 안타까워하였다. 그러고 며칠 뒤, 마이어 교수는 뜻밖의 제안을 했다. 자신의 연구실에서 지내면서 불교순전철학을

* 1925년 1월 1일 베를린에서 권상로 스님에게 쓴 편지 일부. 백성욱, 《백성욱 박사 문집》, 김영사, 2021년, 555쪽.

** 백성욱, 앞의 책, 553쪽.

논제로 박사 논문을 준비해보라는 것이었다. 당시 독일의 박사학위 과정은 미국처럼 코스 워크를 밟고 논문을 쓰는 방식이 아니었다. 지도교수의 책임 아래 학생을 일대일로 가르치는 도제식 교육徒弟式敎育이었다. 지도교수는 연구 계획을 지도하고, 공부는 개인에게 맡겼다. 학생은 논문을 쓰면서 일주일에 한두 번 교수를 찾아가 의견을 나누거나 지도를 받는 방식이었다. 백성욱은 마이어 교수에게 다시 한 번 두 손을 모으고 머리를 깊이 숙여 고마움을 표시했다. 그리고 이때부터 그가 생각하고 있던 '불교순전철학'이라는 논제로 박사 논문을 작성하는 데 매진했다.*

　1924년 5월, 독일어로 번역된 불교경전과 씨름하던 백성욱은 박사학위 논문 〈불교순전철학〉을 완성했다. 논문은 '역사적 개념과 불교순전철학' '관념' '논리'로 구성하였다. 백성욱은 유럽의 불교학 연구 성과를 인용하면서 불교를 서양철학의 개념 속에서 설명하려고 시도했다. 초기경전을 인용할 때는 적합한 단어가 없어 지방 학림 시절 배운 팔리어 발음으로 표기했다. 대승경전(《금강경》《반야심경》《법화경》《화엄경》등)을

---

* "논제인 불교순전철학에서 '순전純全'은 '순수하고 온전하다'의 의미이며, 일본에서는 이것을 서양철학의 '형이상학'에 대응시키고 있다. …무호(백성욱)는 불교순전철학을 범어로는 '아비달마'로 번역했고, 독일어로는 '부디스티쉐 메타피지크Buddhistishe Metaphysik'라고 번역하였다. 서양철학에서는 형이상학을 '온톨로지'ontology 즉 '존재론' 혹은 '본체론'이라고 한다. 이 같은 존재론에 대응하는 불교의 존재론은 아비달마 즉 '존재[法]에 대한 [對] 분석'이 된다. 무호는 이것을 정확히 이해하고 옮긴 것이다."(고영섭, 〈무호 백준(성욱)의 학문과 사상〉, 《한국불교사연구》제14호, 2018년 12월, 53쪽)

인용할 때는 범어梵語(산스크리트어) 발음으로도 표기했다.

　백성욱은 논문에서 서양 사유를 뛰어넘는 불교사상의 깊이를 소개하면서, 궁극적으로 동양적 우수성과 불교의 탁월함을 강조했다. 내용이 어렵고 전문용어가 많아 일반인은 이해하기 쉽지 않은 논문이었다. 한 달에 몇 번씩 논문 진행 상황을 확인하고, 주요 내용과 방향에 대해 토론하던 마이어 교수도 그의 논리와 해박한 불교 지식에 감탄했다. 같은 해 9월, 마이어 교수는 백성욱의 〈불교순전철학〉을 검토하고 박사학위 논문으로 충분하다며 인준했다. 지도교수의 인준은 박사학위 논문 통과를 의미했다.

　상하이와 프랑스, 독일에서 보낸 만 4년의 세월이 주마등처럼 백성욱의 눈앞을 스쳤다. 타국 생활은 쉽지 않았으나 마이어 교수와 여러 인연의 도움과 인내로 새로운 공부를 깊고 체계적으로 할 수 있었다. 서양철학과 다양한 문화적 경험을 통해 불교에 대한 시야와 사고의 폭도 넓힐 수 있었다.

　백성욱은 자신이 조선을 떠날 때 문경 대승사 주지로 있던 권상로 스님에게 편지를 보내, 자신이 품고 있는 희망과 공부의 현황 그리고 경제적인 어려움을 전하며 도움을 요청했다. 권상로 스님은 1923년부터 불교사 사장으로 취임하여 《불교》지를 발간하고 있었다. 불교사의 재정은 어려웠다. 권상로 스님은 그에게 원고료를 주는 도움 외에는 달리 방법이 없다며 지면을 마련해주었다. 그리고 3·1 운동 후 폐교된 중

白氏哲學博士

백림대학에서 동양철학을전공

日本密偵을 銃殺한

독립단맹덩, 의주서에피차

앙학림을 재건하기 위해 노력하고 있으니 공부를 마치는 대로 조선에 돌아와 함께 일하자고 덧붙였다.

백성욱은 권상로 스님의 배려와 다시 조국에 돌아가 할 수 있는 일이 생겼다는 소식에 마음 깊이 감사의 인사를 올렸다. 다시 조국에서 중앙학림 스님들과 조선불교를 더 넓고 깊게 공부할 날이 다가오고 있었다.

권상로 스님은 유럽에서 처음으로 조선인 불교 박사가 배출되었다며 《동아일보》에 그 소식을 알렸다. 《동아일보》는 10월 7일 자 신문에 그의 박사학위 소식을 게재했다. 권상로 스님은 백성욱의 논문 〈불교순전철학〉의 번역이 도착하는 대로 차례차례 정리해《불교》지 1925년 1월호부터 연재하기 시작했다.《동아일보》는 1월 4일 자 3면에 그의 박사논문 초록을 소개했다.

백성욱은 독일어로 쓴 자신의 박사논문 초역抄譯의 서언에서 다음과 같이 말했다. 담담하고 명료하게 쓴 글에서 연구의 배경과 취지를 읽을 수 있다.

1924년 2월 이곳 철학 교수 마이어 박사로부터 '불교순전철학'**이라는 논제를 받아서 그해 5월 2일에 완성한 후 이곳 철학과에 제출하여 박사 논문을 인증받은 것은 무슨, 박사나 하고자 하는 마음에서 종사하였다기보다, 이곳 유럽인이 늘 묻는, "불교는 어떠합니까?" "당신들의 사상계는 어떠합니까?" "동양철학 역시 그리스철학을 토대 삼는 사상입니까?"와 같은 질문에 졸지猝地에 응답하기 어려웠다는

- 《동아일보》1924년 10월 7일 자 기사. "백씨 철학박사 // 동양철학을 전공 / 백림대학에서 // 고양군 숭인면 돈암리에 사는 백성욱 씨는 일찍이 불교중앙학림을 졸업하고 상해로 가서 독립운동에 종사하다가 오 년 전에 '불란서'로 가서 공부를 하다가 '베린(白林, 베를린)'으로 전학하여 동양철학을 전공한 결과 철학박사의 학위를 얻었다는 통지가 그의 집에 왔다는데 금년 28세의 유망한 청년이라더라."

- 독일어 원문은 'Buddhistische Metaphysik(불교 형이상학)'으로, 산스크리트어 '아비다르마abhidharma'를 의역한 말이다. 아비다르마는 붓다의 가르침에 대한 다양한 해석 혹은 이해방식을 정리한 것으로, 경장 및 율장의 해설서나 주석서를 비롯한 여러 논서를 가리키며, 불교의 경·율·론 삼장三藏 중 논장論藏에 해당한다. 통상 아비달마阿毗達磨로 표기한다.

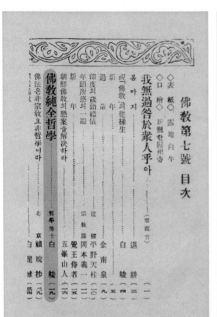

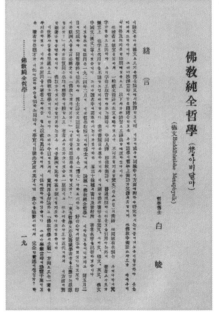

백성욱의 박사학위 논문 〈불교순전철학〉이 처음 연재된
《불교》지 제7호(1925년 1월) 표지와 목차, 처음 2쪽 부분.
〈불교순전철학〉은 제7호부터 제11호, 제13호부터 제14호까지
총 7회에 걸쳐 연재되었다. 서울역사아카이브 자료.

것이 제일원인第一原因이었습니다. 또 우리 스스로가 근대에
와서 이 방면에 대한 새로운 저서를 내놓지 못했을 뿐만 아
니라, 불교가 무엇인지를 알지 못하는 것은 이들 유럽인에
비해 그다지 다를 바 없다고 느끼기도 했습니다.

세계인들은 보통 불교가 철학이거니 합니다. 그러나 오늘날
동서양을 막론하고 '불교철학의 주관主觀' 방향으로는 한 권
의 책을 두지 못하였습니다. 이와 같은 현황들은 저자로 하
여금 없는 능력과 용기를 내어서 소임을 맡게 하였습니다.
그러나 붓을 들 당시 공구천만恐懼千萬(몹시 두려워함이 이를 데
없음)이었던 것은 졸재拙才가 소임을 맡음에 의하였지만, 이
것이 훗날 이 방면의 영재에게 염심念心(일념으로 원하는 마음)
을 증장增長시켜서 완전한 저술을 탄생시키지 않을까 하는
희망이 이 논문을 쓰게 하였습니다.

1924년 7월 15일

남독일 뷔르츠부르크 대학연구실에서*

1921년(24세)부터 1924년(27세)이라는 짧은 기간 동안 극도
로 열악한 조건에서 프랑스어, 독일어는 물론 라틴어와 희랍
어를 익히고 서양철학과 유럽의 불교 연구를 탐구하여 독일
어로 박사학위 논문을 써낸 백성욱의 힘은 어디에서 나왔을

• 　백성욱, 〈불교순전철학〉, 《백성욱 박사 문집》, 김영사, 2021년, 13~15쪽.

까. 이에 대한 답은 그가 1924년 11월 22일 권상로 스님에게
보낸 편지에서 유추해볼 수 있다.

> 올해 2월부터 7월까지는 박사논문을 준비하느라고 모든 것
> 을 부채로 살아왔지요. 이와 같이 생활을 계속하는 중에 어
> 디 무엇이 없었으리까? 즉 생으로 하여금 오늘 생명이 있게
> 하는 힘은 산중에서 획득한 불경의 선문禪文이었나이다. 나
> 의 진실한 신앙은 외부의 환경이 험할수록 견고해지더이다.*

백성욱에게 역경의 경험은 오히려 유럽인들에 대한 이해를
높이고 그들에게 내재되어 있는 선진적인 가치와 문화를 배
우는 기회가 되었다. 동양의 우월함에 빠지지도 않고 서구에
대한 열등감에 사로잡히는 바도 없이 열린 눈과 가슴으로 부
처님께서 기뻐하실 만한 삶이 무엇일지 탐색하던 이방인 백
성욱. 그는 자신에게 주어진 고난이, 고난 그 자체가 아니라
반대편의 또 다른 가치가 내재되어 있는 일임을 체득한 수도
자였기에 현실의 어려움에 빠져 허우적거리지 않고 고난을
바탕으로 새로운 가능성의 길을 열어낼 수 있었다. 당시 그
가 쓴 편지에서 이 같은 생각과 상황을 읽을 수 있다.

---

* 　1924년 11월 22일 뷔르츠부르크에서 권상로 스님에게 보낸 편지 일부.
　백성욱,《백성욱 박사 문집》, 김영사, 2021년, 551쪽.

이곳 지식 계급들의 생각인즉 벌써 '인류'라는 관념하에서 행동합니다. 즉 지식 계급 간에 상조相助라는 개념 속에는 국경이나 인종이라는 관념은 없습니다. 그들은 항상 저에게 "유럽 생활을 하라"고 권합니다. "부분적 문화에 종사하지 말고 세계적으로 하라"고 권하기를 마지 아니합니다.

종교야 무엇을 믿든 세계 건설에 같은 견지를 가지고 또 능력 있는 것을 보면, 그들이 친형제와 같이 주선해주는 것은 시방 마땅하고 또 그들은 저의 장래 생계에 대하여 생각하고자 한다고 합니다. 이것은 다른 것이 아니라, 지식을 서로 이용하고자 하는 견지에서 나온 것이올시다.

현재에 저의 고생스러운 형편은 그들의 진면목을 알게 해주는 기회를 줍니다. 이것으로 보아서는 이번 이러한 형편도 역시 가치가 없지 아니한 줄 압니다. '만반萬般에서 샤키아무니('석가모니'의 산스크리트 이름)가 탁견卓見(뛰어난 견해)을 가졌었거니!' 하는 생각이 저의 정신과 육체를 불세계佛世界에 있게 합니다.*

1925년 늦은 봄, 권상로 스님이 원고료로 보내준 돈이 도착했다. 더이상 어찌할 도리라고는 없을 만큼 식비와 방세가 밀리고, 하루 한 끼도 안 되는 식사로 연명하면서 제대로 된

---

*   1924년 12월 10일 자를란트 탄광에서 권상로 스님에게 보낸 편지 일부.
    백성욱, 앞의 책, 553~554쪽.

신발조차 없이 도서관에서 책을 보며 버티던 백성욱은 안도의 한숨을 내쉬었다.*

이후의 시간을 어떻게 하면 가장 의미 있게 쓸 수 있을지 생각한 그는 기차를 타고 프랑크푸르트, 베를린을 비롯해 독일 여러 도시를 다니며 유럽 문화와 유럽인들의 삶을 살폈다. 중간에 내리는 도시에서 식당 일이나 허드렛일을 하여 경비를 감당하였다. 이 여행은 그의 경험뿐 아니라 세계관까지 넓히는 의미 있는 체험이 되었다. 6개월을 그렇게 여행하던 백성욱은 늦은 여름, 베를린역에서 시베리아 횡단 열차를 타고 귀국길에 올랐다.

---

* 스물넷에 시작된 4년여 유학 시절의 과정과 의미에 대해 백성욱은 훗날 이렇게 기록하였다.
"프랑스와 독일에서의 유학은 쉽지 아니하였습니다. 그러나 부처님의 가호를 믿고 있는 나에게는 모든 고행을 인내해갈 힘이 있었습니다. 역시 유럽 유학도 부처님께서 보살펴주신 은혜로 무사히 마칠 수 있었습니다. 이러한 모든 고행은 나의 지식을 위한 것도 아니고, 어떤 공명功名을 얻고자 함도 아니었습니다. 다만 모든 것을 부처님께 바치려는 수행의 과정이었고, 구도의 행각이었습니다." (백성욱, 〈모든 것을 부처님께 바쳐라:지상설법〉,《법시》 제112호, 법시사, 1974년 8월, 18쪽)

금강산의 수행자

2

"이번 길에 내가 다시 살아온다면 무슨 짓을 하거나 무슨 행동으로 세상을 대하거나, 그는 결코 시방 적멸보궁을 찾아가는 빈약하고 더러운 위선자인, 좋은 동기면서도 죄악의 결과만을 가져오는 무호산방은 아닐 것이다. 그는 적어도 부처님의 사명으로 중생을 제도하고자 오는 환주장엄幻住莊嚴의 인물일 것이다. 무호산방은 그의 죄악을 참회하고 그의 환구幻軀를 해탈하였으리라. 또 반드시 그리 해야 할 것이다."

갈팡질팡하누나
5

1925년 9월 9일, 백성욱은 서울에 도착했다. 스물네 살 유학
길에 올라 5년 만에 철학박사가 되어 조국에 돌아왔다. 그는
외조모가 있는 돈암동 집으로 들어갔다.* 아홉 살 때 어머니
를 여의고 봉국사로 출가하기 전까지 조모에게 극진히 보살
핌 받았으나 세월이 흘러 조모마저 돌아가고, 이제 외조모만
이 살아 있는 유일한 혈육이었다. 외조모는 불심이 깊은 분

• "동양철학박사 백성욱 씨 귀국 // 구일 아침에 귀국 // 지금으로부터 다섯
해 전인 신유년 1월 15일(음력)에 독일로 간 후 즉시 남독일 '뷀쓰북' 시市 대
학에서 공부를 하다가 작년 5월에 〈불교순전철학〉이란 논문으로 동양철학
박사의 학위를 받은 백성욱 씨는 그간 독일 각지를 만유하다가 이 주일 전
에 독일을 떠나 구일 아침 6시에 입경하여 방금 씨의 자택인 시외 돈암리
에 있다더라."(《동아일보》 1925년 9월 11일 기사)
"25년 초두에 학위를 받고 8월(음력)에 한국에 돌아와선 돈암동 집에서 양
계를 하며 불전佛專 강사로 나갔다가 30년경에 금강산 지장암에 들어갔
지."(〈동문을 찾아서:은거의 백성욱 박사〉, 《동국》 6호, 동국대학교, 1970년, 98쪽. 김광식, 〈백
성욱의 금강산 수행 공동체 역사와 성격〉, 《민족사상》 제15권 제1호, 2021년, 103쪽 재인용)

이었다. 출가 사문인 외손자 성욱의 뒷바라지에 성심을 다하였다. 10여 년 전, 어린 성욱이 출가했다는 소식을 접한 뒤부터 그가 머무는 절이면 어디든 드러나지 않게 시주물을 보내왔다. 훗날 성욱이 큰일을 할 때 조금이라도 도움이 될 수 있도록 가산을 따로 정리해 모아두기도 하였다.

백성욱의 귀국 소식은 곧 장안에 퍼져나갔다. 9월 14일, 조선불교중앙교무원에서는 '백성욱 귀국 환영회'가 열렸다. 고국의 환대에도 백성욱은 한국인 최초의 '유럽 유학파 불교철학박사'라는 수식어가 장차 여러 활동을 펼치는 데 장애가 될 수도 있음을 알았다. 그래서 신분을 숨기기 위해 백준白峻, 무호無號, 무호산방無號山房 등의 필명을 사용하고 있었다. 기대했던 중앙학림을 불교전문학교로 재건하는 문제는 난항이 거듭되었다. 민족 세력인 조선불교 중앙총무원과 조선총독부의 후원을 받는 조선불교 중앙교무원이 대립하면서 학교 설립 허가가 나지 않고 있었다. 불교학자의 길을 가고 싶었지만 가르칠 학교가 없었다. 백성욱은 이런 상황에서 자신이 할 수 있는 일이 무엇일지 곰곰이 생각했다. 할 수 있다면 좀더 공부하고 싶었지만 생활비부터 문제였다. 조선인 최초로 유럽에서 불교철학 박사학위를 받고 귀국했다는 자부심에 가슴이 벅찼으나, 식민지 조국의 현실 조건들은 녹록하지 않았다.

백성욱은 여독이 미처 풀리지 않은 채 자신의 귀국을 누구보다 기다린 《불교》지 발행인 권상로 스님을 찾아갔다. 독일

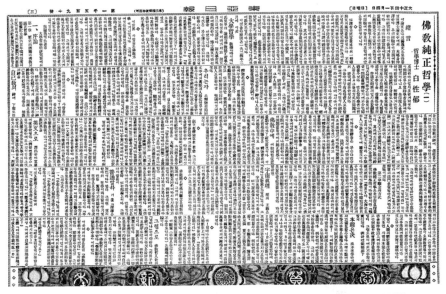

1925년 1월 4일 《동아일보》에 연재된 백성욱 박사의 철학박사 학위 논문 〈불교순전철학〉.
제목에서 "순전純全철학"이 "순정純正철학"으로 잘못 표기되었다.

에 있을 때부터 자신의 박사학위 논문을 《불교》지에 연재해
주면서 생활비 후원차 고료를 보내준 은인이었다. 논문뿐 아
니라 〈백준 군의 서신 몇 절〉 등 산문 여러 편과 시편을 연초
부터 '백준' 또는 '무호'라는 필명으로 《불교》지 매호에 게재
해주고 있었다.

　백성욱은 중앙학림이 다시 개교하기를 기다리면서 《불교》
지에 〈평수잡조萍水雜調〉라는 이름으로 게재되고 있던 문학작
품들과 독일에서 함께 투고했던 논문들을 챙기고 교정하며
시간을 보냈다. 틈틈이 자신을 부르는 곳이면 어디든 달려가
신진 강백講伯으로서 강연하기도 하였다.

무한한 공간

작은 유한 무한이

쌓고 또 쌓아

좋은 일감 감추니

조화는 시기猜忌

애꿎은 내 정신에

임을 못 보고

갈팡질팡하누나!

해는 뫼 넘어

제 몸 숨기고

달은 벽공碧空에

새 낯 보일 때!

벽공의 기러기는

무심히 울고 가네!

— 〈느낌〉, 1925년《불교》제15호 *

〈평수잡조〉는 여섯 해 전 상해임시정부를 찾아가며 썼던 시 편과 일기 형식으로 쓴 수상隨想을 정리한 것이다. 이 밖에 독일 생활담인 〈백림불교원 방문기〉 등의 산문과 불교 관련 논문 수 편을《불교》지에 발표했다. 대부분 작품은 이미 독일에서 권상로에게 부탁받고 투고한 것들로 서언과 총 31편의 글

* 　백성욱,《백성욱 박사 문집》, 김영사, 2021년, 403~404쪽.

이 《불교》지에 수록되었다. 〈평수잡조〉는 그의 말대로 "평탄한 경우는 물론, 비상한 시기, 비상한 사정"에 처했을 때 인간 백성욱으로서 "오직 망망한 무변해양無邊海洋에서 오르내림을 완전히 운명에다가 맡기고 써 내려간 것"*들이었다. 겉으로는 "단순 유학생, 종교가, 철학가, 문학가같이 보이기도" 했지만 안으로는 "미치광이, 거짓말쟁이, 시인, 일용 노동자, 광부, 항구 노동자, 세탁업자, 주방장 같은" 삶의 치열함이 녹아 있었다. 백성욱은 "어떤 때는 많은 희망도 가졌지만, 동시에 낙망으로 자살을 생각한 적도 있었다"**라고 고백했다.

백성욱은 신분을 숨기기 위해 대부분 필명으로 작품을 발표하였다. 《불교》지에 문학작품을 발표할 때는 주로 '무호산방'이라는 필명을 썼다. '무호', '호가 없다'는 뜻의 호이다. '호'를 쓰면서 '호가 없다'는 호를 쓴 백성욱. 있는 것도 아니고 없는 것도 아닌 세상 만물의 실상, 실체 없이 허망 무상한 제법의 참모습에 대한 그의 관점을 드러낸 필명이라 할 수 있다.

백성욱이 문학작품 창작에 매달린 것은 "스스로가 참담한 때를 기억할 때마다 자기의 소력所歷을 객관화하여 스스로 위로하기 위함"***이었다.

---

* 　백성욱, 앞의 책, 401쪽.

** 　백성욱, 앞의 책, 401쪽.

백성욱의 〈평수잡조〉는 그가 귀국한 해 9월부터 이듬해 12월까지 1년 넘게 《불교》지에 연재 형식으로 발표되었다. 〈불교순전철학〉 박사학위 논문도 계속해서 연재하여 〈인도인의 동물 숭배와 반도 불교〉 〈느낌〉 〈낙조〉 〈추천귀안〉 〈명월의 유영留影〉 〈자연의 경景景〉 〈현 네팔에는 무엇이 있나〉 등이 함께 게재되었으며, 이듬해 봄까지 〈맹서〉 〈빼앗기 어려워라〉 〈우화寓話〉 등의 작품을 계속 발표하였다. 백성욱의 작품에는 불교철학의 관점이 시대의 아픔과 함께 담겨 있었다.

이 무렵 《불교》지의 기획에 동참하면서 문학활동을 같이한 이에는 일본 유학생인 김태흡金泰洽(1899~1989)과 이영재李英宰(1900~1927) 등도 있었다. 지식인들은 시대의 혼란 속에서 가야 할 방향을 찾지 못하고 방황하였다. 불교와 같은 근본 진리에 기반했든, 아니면 개인적인 가치관에 기반했든 그들은 저마다 제대로 잘 살고자 몸부림쳤다. 삶의 방향을 나름대로 잡았다고 해서 삶이 그 방향으로 곧이곧대로 흘러가는 것도 아니었다. 시대가 길을 잃었으므로 젊은 지식인들도 길을 찾지 못하고 함께 헤매고 있었다.

••• 1925년 7월 1일 '무호산방'이라는 필명으로 발표된 〈평수잡조〉 서언 중 일부. 백성욱, 앞의 책, 401~402쪽.

숙세의 인연, 일엽을 만나다
6

1926년. 해가 바뀌면서 백성욱의 몸은 더욱 분주해졌다. 왕성하게 학문 연구에 몰두하여 《동아일보》에 1월부터 2월까지 〈대입소大入小의 일리一理〉, 〈일모단현실왕찰一毛端現實王刹〉 등 불교 관련 논문을 발표했다. 2월 하순부터는 9회에 걸쳐 〈석가여래와 그 후계자〉라는 작품을 《조선일보》에 연재하였다. 5월과 6월에는 잡지 〈동광〉에 〈나란 무엇일까〉를 연재하였다.

'나'란 무엇일까? 이것을 가지고 나는 기회 있을 때마다 물어보고 또 해석하였지마는, 이 말을 듣는 이들은 시원하게 대답하지 아니할 뿐 아니라 도리어 나를 미친 사람으로 만들어서 핀잔만 주는 통에 나의 사색은 점점 오리무중에 방황하게 되었다. 그러므로 나는 할 수 없이 모든 책자 중에서 해답을 구하여보고자 하였지마는, 그것도 만족을 주지 못하므로 한때는 그냥 지나친 적도 있었다. 나의 기억 중에 낙사진落謝塵(과거에 5가지 감각의 대상이었던 것, 현재 의식의 대상이 된 것의 의미. 이미 경험한 것의 그림자를 뜻함)이 된 이 의문은 결국 오늘에 와서 좀 다잡아서 생각하여볼 필요를 느낀다.

대관절 누가 밥을 먹고, 누가 이야기를 하고, 누가 칭찬을 하면 좋아하였는가? 모든 것은 나이지. 그래 내가 칭찬을 들으면 좋아하지. 그러면 나는 누구란 말인가? '나'란 것은 무엇을 가리켜서 한 말인가?…*

또한 1925년에 이어 매월 《불교》지에 다양한 글을 발표하였다. '평수잡조萍水雜俎'라는 고정 코너를 통해 짧은 시나 에세이를 연재하는 한편, 〈나의 신앙과 느낌〉, 〈현대적 불교를 건설하려면〉, 〈곤륜산 절정에는 무엇이 있나〉 등을 기고하였다.

이즈음 백성욱은 몸과 마음이 시들어가고 있다고 느꼈다. 온갖 주목을 받으며 다망하게 여러 일에 참여하면서도 몸에 맞지 않는 옷을 입은 듯 불편하기 이를 데 없었다.

극도의 부자연한 생활을 계속하던 여독이라면, 역시 극도의 한적이라야 해독 혹은 조화를 할 수 있는 것이다. 그러므로 무슨 일에 있어서나 요행이나 우연은 없는 것이다. 자아의 혜두慧頭(지혜의 머리)가 그다지 명확치 못하였을 때에 일

---

* 백성욱, 〈'나'란 무엇일까〉, 《백성욱 박사 문집》, 김영사, 2021년, 227~228쪽.

정한 사물에 대하여 원인을 모르고 행하는 것은 가정에 불과하다. 이것이 우리 인생의 고식姑息 혹은 자위自慰라 할 것이다. 이 방식이 원인이 되어서 결과가 생길 때에는 대략 불행하였다. 유사 이래에 기록이란 전부 그런 것이었기에, 그 원인을 확청廓淸(지저분하고 더러운 물건이나 폐단 따위를 없애서 깨끗하게 함)하여 좋은 결과가 오도록 하여 모든 방황에서 떠나 사람다운 생활을 하게 해준 것이 옛 성인의 타이름이었고 우리가 배우고자 하는 것이다.

나는 너무나 부자연함에 썩고 시들었으므로 자연경을 찾아서 쉬고자 하는 것도 사실이었기에…·

《불교》제47·48호에 연재한 이 글과 같이 백성욱은 부자연한 삶을 해독하기 위해 북쪽으로 길을 떠났다. 1927년(30세) 2월, 따로 목적지를 정한 바 없이 "북으로 가고자 하였지만, 도중에 만난 석왕사釋王寺 해은海隱 스님의 권고로 선원 생활을" 하게 되었다.

4월 12일, 온정리溫井里(강원도 고성군)를 거쳐 금강산 산길에 접어드니 참으로 자연의 품속에 든 듯하였다. 얼마 안 되어 장안사長安寺 동구에 들어서니 울창한 소나무 숲속으로 지나가는 맛이 일품이었다. 만천교를 건너 선원의 강중講衆에게 이곳에 찾아온 뜻을 말씀드리고 보덕굴普德窟에서 여름을 보

·   백성욱, 〈10년 후에 다시 자연경을 찾아서〉, 앞의 책, 476쪽.

2. 금강산의 수행자 **83**

내는 수도승이 되고 나니 몇 년 만에 다시 안정지지_{安靜之地}를 얻은 듯하였다.

그런데 호사다마_{好事多魔}인지, 병이 나서 다시 장안사로 돌아오게 된 백성욱은 자연스럽게 선원 청중의 일원이 되었다. 새벽 3시에 기상하여 오후 10시까지 사분정진_{四分精進}(세 시간씩 하루 4회, 모두 열두 시간 정진)을 하는데, 근성과 기량이 미숙하여 알기 어렵고 버티기 힘들었지만, 어른 스님들의 보살핌과 희유한 마음 덕분에 꾸준히 수행에 동참하게 되었다. 때때로 감당하기 어려울 때에는 장안사와 인근의 불교 유적들과 자연을 찾아 참배하였다. 이전에 비해 특수한 생활을 하게 되니 지루할 틈이 없었다. 외식제연_{外息諸緣}(밖으로는 모든 인연을 끊음)은 그나마 해가는 중인 듯했으나, 내심무천_{內心無喘}(안으로는 뭔가를 하지 못해 헐떡거리지 않음)은 참으로 어렵게 느껴졌다.

백성욱이 이곳에 머무는 이유는 그간 고단하게 지내며 온몸과 마음에 쌓인 독을 풀고자 함이 첫째였다. 아울러 좌선의 맛도 함께 경험해보고자 함도 있었다. 그런데 다른 사람들은 그 속도 모르고 출중한 인물로만 생각하여 이것저것 많이 물었다. 심지어 백성욱을 불가사의하게 보는 이도 많았다.[*]

---

[*] "이것도 생각하면 억울하기 비할 데 없는 것이다. 그런즉 매사가 자기만의 경계에서 실상 빈약하지만, 겉치레는 항상 좋아지는 것이다. 그들의 생각을 나는 결코 그르다 하지 아니한다. 다른 사람이 나와 같은 사정으로 이러한 곳에 있고, 내가 그 사람을 관찰한다면 그들이 나에게 갖는 판단을 나도 갖게 되는 것이다." 백성욱, 〈10년 후에 다시 자연경을 찾아서〉, 앞의 책, 486쪽.

선원 해제 후 오대산으로 방향을 정하고 다시 순례자의 모습으로 길을 떠난 백성욱은 고성 신계사神溪寺에서 오랜 친구를 만난 뒤, 9월에 다시 비로봉을 넘어서 장안사로 돌아왔다. 호젓하고 쓸쓸한 가을바람 속에서 월동을 준비하게 되었으니, 공허한 금강산 지장암地藏庵에서 홀로 겨울을 나고자 하기는 이때가 처음이었다.

이듬해(1928년, 31세) 백성욱은 조선과 불교의 미래를 되살리는 길은 청년불자들의 각성과 성장에 있다고 보고 김상호 등과 함께 불교청년회의 중흥을 도모하였다. 불교청년운동은 1920년 조선불교청년회, 조선불교유신회 창립과 함께 공식적인 행보를 시작하여 식민지 불교체제 극복, 불교 대중화 활동을 힘있게 추진하며 불교계에 큰 영향을 주었다. 그러나 보수적인 주지住持층 및 조선총독부와의 갈등, 취약한 재정 기반 탓에 1924년 무렵에는 간판만 달린 상태로 전락하였다. 그러다 1928년 초에 이르러 재기를 도모하였고, 이때 백성욱이 운동의 주역으로 활동했다. 재기한 불교청년회는 교단 문제에도 관심을 기울였다.

1928년 4월, 일제에 의해 강제 폐교(1922년)되었던 불교중앙학림이 불교전수학교로 다시 개교하였다. 백성욱은 개교와 함께 철학과 강사로 임명되었다.* 백성욱의 중요한 일정

---

* 같은 해 9월 사직하였다.

가운데 하나는 강의뿐 아니라 여러 단체가 주관하는 행사에 토론자로 나서는 일이었다. 특히 각황사覺皇寺•에 자주 법사로 나가 신진학자로서 불교 교리를 강의하였다.

같은 해 5월, 백성욱은 당시 대표적인 불교잡지였던《불교》지를 발행하는 불교사에 논설위원으로 정식 입사하였다. 이 무렵《불교》지에 종종 문학작품을 발표한 김원주金元周라는 젊은 여성과 자주 접하게 되었다.•• 그러던 어느 순간 그 여성이 가까이 다가왔다. 김원주, 그녀가 바로 일엽一葉(1896~1971)이다.

김일엽은 이화학당을 졸업한 뒤 일본 유학을 마치고 돌아와 장안에 화제를 뿌리던 '신여성'이었다. 일찍이 1920년 2월 나혜석, 김활란, 이광수 등을 참여시켜《신여자》라는 잡지를 만들고 주간을 맡았으나 재정난으로 채 1년이 못 되어 총 4권으로 폐간하였다. 세인의 이목을 끌던 잡지《신여자》는 등장하자마자 사라졌지만 '신여성'이라는 신조어는 계속 유행하였다.

• 1910년 서울 사대문 안에 최초로 건립되어 대중포교의 중요한 구심점 역할을 했던 사찰. 1938년 태고사로 명명되었다가 1954년 오늘의 조계종 조계사로 바뀌었다.

•• 《불교》지는 46·47호(1928.5.)에 백성욱, 김태흡, 유엽(시인), 방인근(소설가)이 기자 및 직원으로 입사하고, 48호(1928.6.)에 김일엽이 기자로 입사하여 새로운 편집진을 갖춘 이후 문예지로, 대중지로, 문화담론지로 잡지의 편폭을 확장해 나갔다." (김종진, "《불교》지 문학 지면의 연대기적 고찰",《한국문학연구 51권》, 한국문학연구소, 2016년, 205~236쪽 참조)

잡지 발간 일을 접은 뒤 일엽은 다시 일본으로 건너가 유학생이던 시인 노월 임장화를 만나 동거하였다. 이 때문에 남편 이노익과 이혼하게 되었다. 일엽은 다시 일본 규슈제국대학 법대생 오타 세이조를 만나 결혼을 약속했으나 양가의 반대로 뜻을 이루지 못했다. 그때 일엽은 세이조의 아이를 임신한 상태였다. 그녀는 세이조의 친구 집에서 아이를 낳았다. 그 아이가 북종화의 대가 김태신 화백이다. 김태신 화백은 세 살 때 한국으로 들어와 남의 집 문간방을 전전하다 김은호 화백의 양아들로 입적하여 김씨 성을 가지고 살았다.

열네 살 되던 1935년, 중학생 김태신은 출생의 비밀을 알고 수덕사修德寺로 어머니를 찾아갔으나 이미 출가 사문으로 비구니가 된 어머니 김원주는 먼 길을 찾아온 피붙이를 만나주지 않았다. 며칠을 기다려 어렵사리 마주하는 자리가 마련되긴 했으나, 비구니 일엽은 자신을 어머니가 아닌 '스님'이라 부르라고 하였다. 더이상 자신을 찾아오지 말라고도 하였다.

숙세宿世의 인연이었을까. 한국문학 1세대 여성작가이자 신정조론新貞操論을 주창한 여성해방운동의 선구자, 자유연애론 등 숱한 유행을 창조하며 장안의 화제를 낳은 그 여성이 1928년 봄, 백성욱 앞에 나타났다. 자신의 여성관과 결혼관을 거리낌 없이 합리화하는 글들을 발표하며 세인의 입에 오르내린 신여성이 경성 한복판, 짙은 두 눈썹 사이에 부처님처럼 큰 점이 있는 사내, 백성욱 곁에 다가왔다.

백성욱을 만난 김일엽은 쇠붙이가 자석에 끌리듯 그의 곁으로 파고들었다. 각황사 법전에서 백성욱이 신도들을 향해 법문할 때면 그녀는 어김없이 대중 속에 앉아 있었다. 불교 교리를 쩌렁쩌렁 자신에 찬 목소리로 쉽고 논리정연하게 설하는 감로 법문에 취했고, 헌헌장부의 눈매에서 분출하는 알 수 없는 기운에 사로잡혔다. 그녀는 강의가 끝나면 사람들의 눈길도 의식하지 않은 채 백성욱의 팔을 끼고 행선지를 이끌었다.

김원주, 그녀는 춘원 이광수가 지어주었다는 아호雅號 일엽과 같이 늘 한 장 '잎새'처럼 떨리는 삶을 살며 비바람에 항로를 맡겨왔다. 인생의 서른 구비를 막 돌아서다 백성욱이라는 굵은 줄기를 만난 그녀는 온 힘을 다해 한 장의 잎새로 매달려 있었다.

김일엽은 1896년 평안남도 용강에서 목사인 아버지 김용겸과 어머니 이마대 사이에서 장녀로 태어났다. 기독교 가정에서 자라 미션스쿨을 다닌 김일엽은 종종 《불교》지에 문학작품을 발표하고 사무실에 드나들며 사원들과 교유하기는 했지만 처음부터 불교에 흥미를 느끼지는 않았다. 백성욱을 알게 된 뒤 각황사에서 그의 법문을 듣고 불교 세계관을 접하면서 마음에 변화가 일기 시작했다. 신여성 김일엽은 이렇게 인간 백성욱과 그의 불교사상에 경도되기 시작했다.

김일엽은 1928년에 백성욱을 만난 이후 그를 향한 연모의 마음을 〈당신은 나에게 무엇이 되었삽기에〉와 〈향심向心〉이라는 시로 썼다.

당신은 나에게 무엇이 되었삽기에
살아서 이 몸도 죽어서 이 혼까지도
그만 다 바치고 싶어질까요

보고 듣고 생각하는 온갖 좋은 건
모두 다 드려야만 하옵니까
내 것 네 것 가려질 길 없고
조건이나 대가가 따져질 새 어딨겠어요

혼마져 합쳐진 한 몸이건만

그래도 그래도
그지없는 아쉬움
그저 남아요

당신은 나에게 무엇이 되었삽기에
— 〈당신은 나에게 무엇이 되었삽기에〉*

못 겨눌 사랑불이

* 　　김일엽,《청춘을 불사르고》, 김영사, 2002년, 16쪽.

1926년 자유연애 대강연회 연단에 선 김일엽(좌). 젊은 시절의 김일엽(우).
초판본 《청춘을 불사르고》(문선각, 1962)에 실린 사진. 일엽문화재단 자료.

몸과 맘을 다 태우네
타고 남은 찬 재 남아
님 향한 삼매불三昧火 더욱 밝아
님의 앞을 비치리*
— 〈향심〉

이 시들은 발표되지 않고 있다가 1962년 《청춘을 불사르고》
라는 김일엽의 자전적 수필집이 출판되면서 세상에 나왔다.
백성욱을 향한 절절한 연모의 마음을 보여주는 시편이다.

---

* 　 김일엽, 《청춘을 불사르고》, 김영사, 2002년, 65쪽.

신정조론을 주창할 정도로 선진 의식을 지닌 당찬 여성이었지만, 김일엽이 그 이름처럼 의지하고 위로받을 데 없는 외로운 사람이라는 것을 백성욱은 알았다. 김일엽은 백성욱을 만나기 전까지 여러 번의 만남과 이별, 그리고 결혼과 이혼을 경험했다. 채울 수 없는 허전함과 외로움이 일엽을 늘 사랑의 미망에 빠지게 하였다. 그러나 막상 자기가 찾던 진실한 사랑이 아니라고 느낄 때는 단호하게 빠져나왔다. 이 같은 삶이 세상 사람들 눈에는 자유분방해 보였고, 사랑과 연애를 둘러싼 행적은 비난 대상이 되기도 하였다.

백성욱은 자신을 향한 일엽의 갈애渴愛가 스스로의 실상을 깨닫고 나서야 비로소 자유로워질 수 있는 사랑임을 알았다. 백성욱은 일엽이 자신을 향한 스스로의 집착에 빠져 미혹에 머물기를 원하지 않았다. 이 여인도 불연이 깊은 사람이었기에, 인연 조건이 되면 필경 진정한 구도의 길로 나아갈 것이라 믿었다.

1928년 9월, 서울에서는 조선불교대회를 개최하기 위한 활동이 시작되고 있었다. 이 대회는 한국불교와 일본불교의 친선을 표방했으나 식민지 불교정책과 무관하지 않았다. 그래서 청년들은 이 대회보다 먼저 한국 측 대회를 개최하고, 이를 계기로 그동안 한국불교의 모순으로 인식되어온 통일된 불교기관의 부재를 타개하고자 하였다.

이런 구도 속에서 1929년 1월 초, 각황사에서 '조선불교 선교양종 승려대회'가 열렸다. 전국의 사찰 대표 107명이 참가한 가운데 한국불교 운영의 기본 틀인 종헌宗憲이 제정되었다. 이 종헌에 근거하여 종법을 마련, 종회와 교무원이 출범하고, 불교를 대표하는 7인의 고승이 교정으로 추대되었다. 백성욱이 한용운 등의 지원을 받아 발기한 이 승려대회는 민족불교의 자주성을 확립하고 불교계 통일 운동의 기초를 정립한 역사적인 대회로 평가되었다. 백성욱은 이 대회의 준비부터 종헌 제정 등 주목할 성과물의 도출까지 행사의 주역으로서 다양한 노력을 기울였다. 이 대회에서 백성욱이 설명한 개최의 취지는 다음과 같다.

"금번 대회의 근본 목적은 종헌 기타 법규를 제정하여 지리산만한 현하 교계를 통일 쇄신하여 그 장래 발전을 획책하려 함이다. 종래도 조선 승려에게 도덕적 규율이 없었던 것은 아니나, 새 시대에 적응할 만한 조직적 헌장이 없었으며, 국가의 공재 보관상 사찰에 대한 법령은 있었으나 승려 자체를 대동단결하는 내규가 없었으므로 원대한 이상을 실현치 못했던 것이다. 이에 제정할 법규는 교주석존教主釋尊의 대정신을 발휘하겠다는 불전서약佛前誓約이라 하겠다."

그러나 모처럼 불을 댕긴 이러한 뜻 있는 움직임도 총독부의 탄압과 어용기관으로 타락한 교무원 측이나 보수세력의 농간으로 결실을 얻기 어려웠다.

• 《경향신문》1974년 8월 6일.

조선불교 선교양종 승려대회에 참가한 불교계 대표들의 기념 사진(1929년 1월).
오른쪽 나무가 현재 조계사 앞마당 회화나무이다. 《한국불교 100년》(민족사) 124쪽에서.

두세 달 동안 조선불교승려대회를 준비하느라 정신과 육체
가 극도로 쇠약해진 백성욱은 한적한 곳에 가서 휴양하지 않
으면 안 되겠다는 생각이 들었다. 개인적으로 불쾌한 풍문까
지 더해져 한시바삐 경성을 떠나고 싶다는 생각이 간절했다.
그러던 차에 통도사에서 초대받아 경남지역으로 내려가게
되었다.

　자신의 박복함을 슬퍼하며 열차에 몸을 실은 백성욱은 진

주를 거쳐 마산에서 신간회가 주최한 집회의 연단에 나섰다. 시대가 요구하는 불교의 변화 방향이 무엇인지, 불교 진흥의 길은 어디에 있는지 설파한 백성욱의 강연은 통영과 창원 집회로 이어졌다. 이어 설을 쇠려 통도사에 도착한 백성욱은 강원講院 집회에서 조선불교의 유래와 지난 조선불교승려대회의 사명에 대해 이야기하였다. 청중들의 우정 어린 지지가 이어졌다. 백성욱은 이날 이곳에서 경봉鏡峰(1892~1982) 스님과도 조우하였다.

보광전 구하九河(1872~1965) 화상의 방에서 경봉 화상을 만나니, 참으로 말세에 드문 일인 만큼 선열禪悅(선정에 들어 느끼는 기쁨)을 맛보는 그였다. 이것이 십여 년 전만 하여도 그다지 귀한 것이 아니었겠지만, 오늘 다시 근래 발심으로 이만한 용맹력勇猛力을 얻으니, 이것이 어찌 숙혜宿慧(전생에 닦은 지혜, 타고난 지혜)가 아니며, 암흑한 현재에서 대덕大德들의 회적晦跡(종적을 감춤)을 싫어하는 무리들에게 경성警醒(정신을 차려 그릇된 행동을 하지 않도록 타일러 깨우침)이 아니며, 파계한 무리들로 인한 낙망 속에서 다시 여구두연如救頭燃(머리에 붙은 불을 끄듯이 깨달음을 구하라)하도록 정진하라는 훈계가 아니겠는가?•

• 　백성욱, 〈남순南巡하였던 이야기〉,《백성욱 박사 문집》, 김영사, 2021년, 498쪽.

백성욱은 다시 길을 떠나 울산에 갔다가 양산으로 돌아와 집회를 마치고, 이튿날 밀양으로 가려 하였으나 경찰이 불허하여 대구로 직행하게 되었다. 대구 동화사桐華寺 포교당에서 집회를 마친 백성욱은 대구역에서 돌아오는 차에 몸을 실었다.

경남지역을 돌아보며 잠시나마 서울을 떠나고자 했던 바람을 이룬 백성욱은 이 여행을 두고 "처음으로 하게 된 말쟁이 여행"이라고 이름 붙였다. 가는 곳마다 연단에 올라서야 했던 연유에서다. 백성욱에게는 직접 불교계의 포교 상황과 신도들의 요구, 그리고 보편적인 조선 대중이 불교계에 원하는 것이 무엇인지를 파악하는 계기가 되었다.˙

• 　　백성욱, 〈남순南巡하였던 이야기〉, 앞의 책, 498~499쪽.

나는 가서 없어져야 한다
7

나는 여러 번 금강산을 보았지만, 볼 때마다 대수롭지 않은 인상을 준다. 미적 가치에서 생각해본다면, 산의 모체가 높지도 않고 작지도 않으므로 앙당하다(모양이 어울리지 않게 작다) 하겠지만, 굴곡의 선미線美에서 보면 웅장하기보다 주밀周密(세밀함)하므로 거대의 미美라 하기보다 차라리 수학적 미라 함이 족하겠다. 사암寺庵(사찰과 암자를 아울러 이름)의 건축 역시 산에 맞게 지은 것이라, 취미를 상하지 아니하는 한에서 그 고유한 미를 자랑하는 것이 특색이고, 동시에 잊지 못할 것은 조물造物의 기능이 물론 장구한 세월에서 대성한 것이겠지만, 모든 것에 주도周到(주의가 두루 미쳐서 빈틈없이 찬찬함)하였던 것은 무엇보다 사실일 것이요, 그의 자연적 기술을 상하게 하는 것은 유람객들의 제명題名(명승지에 이름을 기록함)일 것이다.

거대의 미에는 인공과 천연이 있으니, 이 산의 내금강으로

하면 마하연摩訶衍에서 비로봉昆盧峯으로 가는 길에 있는 묘
길상妙吉祥 조각이니, 이만한 산에다가 이만한 조각이 아니
면 조화할 수 없을 것이다.

내금강의 건축인즉 오직 이 묘길상을 기다려서 대성한 것
이요, 묘길상은 내금강의 모든 설비가 아니었더라면 그 웅
대함을 자랑할 수 없었을 것이다. 혹 설에 의하면, 태상동太
上洞, 만폭동萬瀑洞 등의 글자를 보아서 고선도古仙道(도교)의
점령지였던 것을 불교가 빼앗았다 하나, 선가적 시설이 인
몰湮沒(자취 없이 모두 사라짐)되었다 할지라도, 현재에서 본다
면 이 금강산은 불교도의 손을 거쳐 대성하였다 아니할 수
없다. 여하간 자연물에 색채를 더하고, 천연天然의 느낌에
미를 더하게 함에는 상당한 지식을 요구하게 되나니, 여하
간 그들의 포부와 그들의 지식적 안목은 아니 칭찬할 수 없
다. (중략)

이제부터는 다시 외금강을 구경하게 되니, 십여 년의 회고
가 다시 마음을 어지럽게 한다. 외금강의 미인, 즉 내금강에
비하여 그다지 말할 여지가 없지만, 거대의 미로는 구룡연
九龍淵일 것이다. 내금강에서는 묘길상이 거대의 미를 자랑
한다면 외금강에서는 이것이다. 그런즉 내금강의 인공과 외
금강의 천연은 그대로 하모니가 되어서 금강산을 대표한다.
그런즉 이 산의 전반이 겨우 2,000미터 미만으로 이만한 미
적 구조와 이만한 거대한 미를 가졌음은 참으로 희귀한 일
이다.

언젠가 내가 지장암에 있을 때에 도쿄에 있는 영국 대사가 "당신은 좋은 나라를 가졌습니다You have very nice land"라 말함은 그다지 망발이 아니었다. 여하간 우리는 우리의 것을 잘 이해해야 하고, 잘 찬미하는 중에 우리의 것을 자랑스러워해야 할 것이다.*

백성욱이 표현한 금강산에 대한 인상이다. 반도의 백두대간이 남쪽을 향해 뻗어 내리다가 동해 밝은 자리를 만나 멈춰 천하절승의 자태를 드리운 금강산. 일찍이 금강산은 해동海東 최고의 수도처로 구도자들을 설레게 한 불교의 산이기도 하다. 중중무진重重無盡으로 늘어선 일만이천 봉우리는 그 자체가 화엄회상華嚴會上 불보살佛菩薩들의 형상이었다. 금강산의 안과 밖은 산세와 물길이 음양의 조화를 이루었다. 내금강은 온자우아蘊藉優雅하여 여성적이고, 외금강은 울울한 봉우리들로 우뚝 서 웅건수특雄健秀特한 사내의 멋을 연출한다.

명산에 명찰名刹이 깃드는 것은 당연한 이치. 금강산에는 예로부터 이 땅 불교사에 큰 발자취를 남긴 선지식들의 가람이 즐비하였다. 유점사, 장안사, 표훈사, 신계사 등이 자리했을 뿐 아니라, '해동 제일의 선원'으로 불린 마하연 선원이 내금강에 있어 눈 밝은 납자衲子들이 전국에서 몰려들었다. 그

• 백성욱, 〈10년 후에 다시 자연경을 찾아서〉, 《백성욱 박사 문집》, 김영사, 2021년, 487~488쪽.

길에는 백성욱도 있었다.

1929년(32세) 가을, 내금강 금강천 계곡 산길을 따라 바랑을 진 스님 하나가 골짜기로 들어섰다. 두 눈썹 사이 커다란 점이 마하연 묘길상 마애부처님의 얼굴을 쏙 빼닮은 백성욱이었다. 독일에서 갖은 고생 끝에 한국인 최초로 철학박사 학위를 받았다는 미래의 동량, 촉망받는 학승 백성욱이 이 길에 오른 이유는 무엇일까.

백성욱은 귀국하여 지난 4년여 동안 경성에서 불교전수학교(중앙불교전문학교)의 젊은 강사로, 각황사 법전에서 자신감 넘치고 명쾌하게 법문하는 법사로 명성을 드러냈다. 그런 그가 홀연히 모든 것을 내려놓고 금강산의 산문을 열고 들어섰다. 만폭동 골짜기로 들어서자 시원하게 쏟아지는 물소리에 가슴이 탁 트이는 듯했다. 자신이 진정으로 구하던 것이 바로 이 길이었다는 생각에 더욱 확신이 들었다.

학위를 취득하고 귀국해서는 한국인 최초로 독일에서 철학박사가 되었다는 자부심이 있었다. 그러나 주권을 빼앗긴 조국에 돌아와 할 수 있는 일은 많지 않았다. 그때 '도통만 하면 부처님처럼 다 알게 될 것이니 언제쯤 독립하는지도 알 수 있을 것 아닌가' 하는 생각이 들었다. 결국 모든 것을 버리고 금강산에 들어가 수도하기로 마음먹었다.˙ 당시에도 이미

˙ 백성욱,《분별이 반가울 때가 해탈이다: 백성욱 박사 법문집》, 김영사, 2021년, 646쪽.

높은 수준의 불교 지식을 가지고 있었고, 《화엄경》을 부처님 가르침의 정수라 믿고 수도하고 있었다.

'한국인 최초의 유럽 불교철학박사' '민족불교의 미래를 짊어질 젊은 불교학자' '촉망받는 젊은 강사' '일엽' 모두 허명 虛名이었다. 나와 일체 세계를 꿰뚫어 관하지 못하면 무슨 소용이란 말인가. 스스로 사슬에 매인 출가 사문이라면 중생제도에 나선들 그것을 제대로 이끌겠는가. 일엽도 내가 내려놓아야 그도 나를 내려놓을 것이었다. 지금은 떠난 사람을 원망하고 허전해하겠지만, 머지않아 숙세의 법연 따라 그녀도 구도의 길로 들어설 것이다. 인연이 깊을수록 더 큰 집착에 빠지게 마련이다.

백성욱의 걸음은 어느새 세상을 저만치로 떼어놓더니, 계곡과 길을 분간할 수 없는 울울한 잣나무 숲의 어둠에서 벗어나, 마치 붕조鵬鳥의 둥지처럼 아늑한 계곡에 자리 잡은 장안사를 향하고 있었다.

백성욱이 금강산으로 발길을 옮긴 것은 구도자로서 부처님 안에 살면서 부처님의 진리를 확연히 깨닫겠다는 결심 때문이었다. 이미 백성욱은 불교에 대한 해박한 지식으로 어떠한 논쟁에도 자신감이 넘쳤다. 그러나 이론이나 지식만이 아닌 걸림 없는 깨달음, 반야를 넘나드는 삼세의 지혜, 무여열반의 자유를 구하고 싶었다. 백성욱은 한국불교가 근대화되어야 하고 승려도 개화되어야 한다고 했지만 어디까지나 깨달음

금강산 장안사 전경(1932년).

금강산 장안사 대웅보전.

을 전제로 한 것이었다. 이 나라와 불교의 중흥을 수없이 외칠 수 있지만 먼저 나 자신의 진정한 변화, 온전한 깨달음이 있지 않고는 모두 허깨비 같은 주장일 뿐이었다.

어느덧 하루도 저물기 시작할 무렵, 백성욱은 장안사 불빛을 향해 걸음을 재촉하며 생각했다.

'종일원각이미상원각자범부終日圓覺而未嘗圓覺者凡夫(종일토록 깨닫고도 아직 깨달음의 맛을 모르는 사람이 범부이다)'라는 격으로 누가 원각圓覺(부처의 원만한 깨달음) 안에 있지 아니하랴만, 나는 이 원각을 닦는 체하다가 풍파에, 아니 세진世塵과 망념에 휘둘려서 10년간이나 딴 길을 걸은 지 오래이다. 이러한 상황에서 과거의 안정되었던 생활이 나에게 고통을 줄 때마다 나는 그 길을 찾고자 자못 방황하였다. 그래서 나는 "10년 후에 다시 자연경을 찾아서"라는 제목으로 얼마간 소회를 적은 일이 있었다. 그러나 그 길은 그다지 나에게 안심을 주지 못하고, 오직 처음 인연을 만들어주었을 뿐이다. 그래서 무의식적으로 다니면서도 늘 찾고자 하는 바는 계속하였다. 이와 같은 감정을 가진 나는 '어찌하면 좋을꼬?' 하는 생각으로 일이 일단락될 때마다 '이것은 내 일이 아닌가?' 한 적이 한두 번이 아니었다. 이것이 원인이 되어, 결국 나는 용기에 용기를 더하여, 이 길을 떠나게 된 것이다.

나는 천진했던 열네 살 때 숙업宿業(전생에 지은 업)에 의하여 교단에 들어가는 영광을 가졌다. 이와 같이 유복한 나이였으므로 열아홉 살 때까지는 참으로 불궤佛軌(부처의 법도)를 어기지 아니하는 비구가 되고자 하였고 또 되기도 할 뻔하였다. 그 후로는 점점 방향이 달라졌나니, 특별한 무엇이나 얻고자 하는 강렬한 신심에서, 아니 차라리 탐심貪心에서 신앙이 해이해져가면서, 점차 사회제도를 의논하게 될 때에는 벌써 비구 생활에서 떠난 지 오래이다.

그래서 동기와 결과를 아울러 살피는 심정이 변하여서 정책화되고 만물을 자비로 대하는 대신 교제화交際化되어서 너무나 위험하였지만, 그나마 내적 수양은 그다지 변동이 없었다. 그러나 이곳에서 다시 몸을 돌려서 학지學地에 가서 학적學籍을 두게 된 때에는 주위가 나에게 참으로 야비한 개인주의를 가지게 하는 동시에 우승열패優勝劣敗(나은 자는 이기고 못한 자는 패함)의 관념을 굳게 해주었다.

보통 이러한 인생관에서 드러난 죄악은 그다지 없다 할 만한 반면, 내적으로 양심이 아플 만한 죄악이 자라나는 것은 피할 수 없는 것이다. 이것을 세상은 위선이라 한다. 보통 심리학상 경험에서 내적 죄악이라는 것은 늘기만 할지언정 줄어들지는 아니하는 것이다. 그러므로 지식 정도를 따라서 동기보다 결과가 죄악을, 그것이 다시 죄악을 낳는 것이다. 이것은 유식有識 계급으로서 신앙 없는 자에게 없지 못한 사실이다. 이러한 원인이 결국 그들을 자살까지 가게 하는 것이다.

이러한 경우를 가진 나는 법률상으로는 아무 걸림이 없는 사람이지만, '이것이 잘한 일이냐' 하는 윤리상 판단으로는 동기야 나쁘다고 하지 못하지만, 결과로 보아서는 참으

로 용신容身(방이나 장소가 비좁아 겨우 무릎이나 움직일 수 있음)
할 곳까지 없겠다는 고통을 가지게 된다. 이것이 나로서는
적멸보궁寂滅寶宮(석가모니 부처의 진신사리를 모신 법당)을 찾게
되는 원인이다. 이 길을 떠나게 된 나는 너무나 쾌활하였다.
불은佛恩에 감격되어서 눈물을 얼마나 흘렸을까? 이곳으로
떠나는 나로서는 생의 애착이라고는 벌써 별문제가 되었다.
그것은 '더럽게 사는 것보다 조촐하게 죽는 것이 더 낫다'는
것이다.

나는 불전佛前에 무엇을 구하겠다는 마음은 없었다. 오직 나
도 100일간이나마 세진을 멀리하고 사리탑에서 죄악을 여
의는 불자가 되는 것만을 감사하였을 뿐이다. 이와 같은 생
각은 자동적 가책의 참회요, 결코 염세가 아니다.

이번 길에 내가 다시 살아온다면 무슨 짓을 하거나 무슨 행
동으로 세상을 대하거나, 그는 결코 시방 적멸보궁을 찾아
가는 빈약하고 더러운 위선자인, 좋은 동기면서도 죄악의
결과만을 가져오는 무호산방은 아닐 것이다. 그는 적어도
부처님의 사명으로 중생을 제도하고자 오는 환주장엄幻住莊
嚴(실제가 아닌 방편의 장엄)의 인물일 것이다. 무호산방은 그
의 죄악을 참회하고 그의 환구幻軀(덧없는 몸)를 해탈하였으
리라. 또 반드시 그리 해야 할 것이다.

이것이 나로서는 이 길을 떠나면서 동지에게 아니 전할 수
없는 말이다. 이는 사실인 까닭이다. 동지여, 이 더러운 나
를 보낸다고 섭섭해하지 말라. 나는 당연히 가서 없어져야

한다. 앞길이 망망한 나인지라. 이 말로 여러분을 작별한다. 제위여! 보중保重하라. 나는 당신들의 죄를 갖다가 불전에 동시에 참회하겠노라.*

"다시 적멸궁을 찾아가면서" 백성욱은, 이 길에 다시 살아온다면 적어도 부처님의 사명으로 중생을 제도하고자 오는 인물이 되기를 결심하고 발원하였다. 자신에게 용기에 용기를 더하여 떠나는 이 길에서, 부처님의 은혜에 감격하여 수없이 눈물을 흘리며 덧없는 몸을 해탈하기를 참회하고 기도하였다.

장안사는 내금강 장관을 연출하는 만폭팔담의 입구 장경봉 동북쪽 아래에 자리했다. 장안사 바깥쪽으로는 능허봉, 수미봉, 영랑봉, 비로봉, 월출봉, 내무재령, 차일봉, 외무재령 등이 즐비하게 늘어서 있었다. 장안사는 고구려 양원왕 7년(551) 혜량 스님이 창건한 사찰이다. 한때 6전殿, 7각閣, 2루樓, 2문門에 10여 채의 요사채를 거느린 금강산의 대가람이었다. 특히 2층 구조의 대웅보전은 특이함과 웅장함이 가히 전국 제일의 위용을 자랑하였다.

일제 강점기, 장안사는 마하연과 함께 눈빛 형형한 사문들이 감시의 눈을 피해 즐겨 찾는 곳이기도 했다. 1896년 방한

• 백성욱, 〈다시 적멸궁을 찾아가면서〉,《백성욱 박사 문집》, 김영사, 2021년, 500~503쪽.

암方漢巖(1876~1951) 스님*이 이곳으로 출가했다가 1912년 평안북도 우두암에서 홀로 정진한 뒤 확철대오하고 1921년 다시 돌아와 후학들을 지도하며 정진하고 있었다. 근대 한국불교의 고승으로 추앙받은 석우石友 스님도 1915년 장안사에서 출가해《초발심자경문》과《육조단경》을 공부하고 유점사에서 동선 스님으로부터 비구계를 받은 뒤 마하연, 영원암에 들어 수행을 이어가고 있었다. 석우 스님 같은 분들을 만나는 일 또한 백성욱의 가슴을 설레게 했다.

백성욱은 선지자들이 피운 선의 향내 짙은 장안사 승방에서 며칠 묵은 뒤 만폭동 골짜기로 더 올라가 법기봉 아래 아슬하게 자리한 보덕암으로 들어갔다. 천 길 벼랑바위 위 구리 기둥 하나에 의지한 작은 암자 안에서 가부좌를 틀었다.

보덕암은 고구려 보덕화상이 창건한 것으로 전해지는 관음 기도 도량이다. 만폭팔담 중 분설담의 오른쪽 절벽에 매달리 듯 서 있는데, 그 모습이 기묘하여 보는 사람으로 하여금 탄 성을 자아내게 했다. 건물은 원래 두 채였다. 하나는 천연동 굴인 보덕굴 앞을 막아 절벽에 지은 본전本殿이고, 다른 하나 는 굴 위에 지은 판도방判道房이다. 본전은 절벽 중간에 기둥 하나를 받쳐 세운 단칸집이다. 1511년에 이 기둥은 나무 기 둥에 동판 열아홉 마디를 감은 것이었다. 그야말로 주초柱礎 는 태초를 이어온 너럭바위요, 지붕은 사시장철 만폭동 계곡 을 덮은 흰 구름이었다. 백성욱은 여기서 공부가 무르익으면 저 녹슨 구리 기둥에서도 새순이 돋으리라 다짐하며 '대방광 불화엄경'을 수행의 중심에 모셨다.

백성욱이 보덕암 야트막한 본전에 들어가 정진한 지 몇 날 이 채 되지 않았는데, 어떤 사람이 찾아와 만나기를 청한다

금강산 보덕암.

하였다. 시작한 지 얼마 되지 않은 때인지라 마음이 내키지
않아 고개를 가로젓고는 용맹분심으로 정진에 들어갔다. 그
렇게 다시 며칠이 지난 어느 날 백성욱은 난데없이 지네에게
발등을 물렸다. 괜찮겠지 하고 무심히 두었는데 부기가 빠지
기는커녕 점차 정강이 쪽으로 올라오기 시작했다. 왜 대발심
의 공부에 법문法門이나 마장이 없겠는가. 독일에서 학위를
취득하려고 공부할 때 집주인이 밀린 방세를 지불하지 않으
면 감옥에 보내겠다고 으름장을 놓던 것도 법계 불보살의 채
찍이요, 이제 막 시작한 대방광불화엄경 정진을 방해하는 낯
선 이들의 치근거림 또한 마장일 것이었다. 그러나 공부하
는 이에게는 '마장이 곧 법문' 아니던가. 마장에 흔들리지 않
고 반갑게 맞아들이면 그것이 곧 불보살의 법문이 될 것이

요, 부처님을 뵙는 일로 이어질 것이었다. 그런데 지네에 물린 자리는 가라앉지 않았다. 상처에 고름이 고였는지 검붉게 부어올라 욱신욱신 쑤시기 시작했다.

하는 수 없이 백성욱은 장안사로 내려갔다. 그곳에서 약간 덥힌 피마자(아주까리) 기름에 발을 담그니 지네에 물린 구멍에서 고름과 지네 독이 하얀 국수 가락처럼 빠져나왔다. 치료를 마치고 보덕암으로 돌아가려 채비하는데, 또 누가 만나자고 한다며 주지 현의룡玄懿龍 스님에게서 전갈이 왔다. 공부에 장애가 될지도 모른다는 생각에 못 들은 체 올라가려 하였으나, 며칠 전 보덕암까지 찾아왔다는데 그냥 돌려보낸 일이 마음에 걸렸다. 그렇게 한 사람을 만나게 되었다. 상대는 중년의 보살이었다.

"그래, 날 만나자고 하는 사연이 무엇이오?"

"저는 손석재라고 합니다. 이 절 저 절 다니며 공부를 좀 했습니다. 어느 정도 마음이 안정되어 조용히 앉아 있으면 주변 상황이 다 보이고 모든 문제를 자연스레 알게 되며 상대의 감정도 그대로 읽힙니다. 그런데 그 상태가 오래가지 못하고 자꾸 흐트러지고 누가 와서 물어도 이것이 무엇인지 제대로 말로 표현 못 하니 무슨 소용이 있겠습니까? 그래서 독일에서 철학박사 학위를 받고 또 수행에 조예가 깊다는 백성욱 박사님을 찾아 여기까지 왔습니다."

여인의 눈에서 맑고 신비로운 기운이 느껴졌다. 백성욱이 잠시 침묵하자 여인이 물었다.

"불법의 대의大義가 뭐라 생각하십니까?"

"나는 '대방광불화엄경'이라 생각합니다."

그러자 미지의 여인은《화엄경》의 핵심을 줄줄이 풀어내기 시작했다. 초기 대승불교를 체계화한 대승불교의 핵심 경전인《화엄경》의 가르침대로 수행하고, 입으로 경 제목인 '대방광불화엄경'을 염송하면 공부가 빠를 것이라고 하였다. 그렇게 대화가 이어져 서로 묻고 답하면서 유유상통類類相通이 이루어지자, 보살은 대뜸 "나와 함께 오대산 적멸보궁에 가서 화엄신중기도를 합시다"라고 하였다. "한 100일만 마치면 우리에게 성과가 있을 것"이라며 장담까지 덧붙였다. 백성욱은 처음 대면하는 보살의 말이 신기하게 느껴지기도 하고 마음이 동하기도 하였지만 답변은 다르게 나왔다.

"기도하러 가는데 어찌 남녀가 같이 간답니까?"

"아니, 부처님께 열심히 기도해서 깨치러 가는데 남자 여자가 무슨 대수입니까?"

보살은 조금도 망설이지 않고 단호하게 말하였다. 어떤 사명감을 띠고 온 듯 말에서 힘이 느껴졌다. 그 말은 전혀 틀리지 않았다. 수행하는 데 남녀 차이, 남녀 분별이 어디 있겠는가. 장부보다 대담하고 거침없는 그녀의 말에 아차 싶었다. 백성욱은 여인을 따라 오대산 적멸보궁으로 떠나기로 하였다. 옛날 보덕각시로 화한 관세음보살이 보덕각시의 아버지는 물론 보덕굴로 찾아와 공부하던 수행자까지 깨우치게 했다는 불교 설화가 떠올랐다.

두 사람의 금생 인연은 이렇게 시작되었다. 구도의 길목에 샛별처럼 나타나 반강제로 손목을 잡아끈 이 신비로운 인도자가 훗날 '금강경독송회'의 선구자, 백성욱의 도반이자 선지식, 혜정慧亭 손석재孫昔哉(1882~1959) 보살이다. 《금강경》 공부의 사승師僧, 안양암의 숨은 보석, 백성욱의 지근거리에서 속세를 넘나들며 협시脇侍 보살처럼 백성욱의 수행과 방편, 생의 회향까지 보듬은 손혜정 보살과의 만남은 이렇게 시작되었다.

백성욱의 구도 여정을 이해하려면 손혜정 보살을 알아야 한다고 말한다. 백성욱을 아는 사람들은 그의 곁에 그림자처럼 존재했던 '손 보살', '혜정 손석재 선생님'을 안다. 그들은 하나같이 손혜정 보살이야말로 백성욱이 최상의 선지식으로 받들고, 스승이자 도반으로 모신 '스승 중의 스승'이라고 일컫는다. 이 땅에 소리 없이 왔다 간 미지의 수도자 손혜정 보살은 백성욱과 함께, 백성욱을 통하여,《대방광불화엄경》과《금강경》 수행을 시대의 으뜸가는 교화 방편으로 일으켜 세운 은자隱者이다.

그는 백성욱보다 열여섯 살 많았다. 1882년 임오군란을 피하여 서울에서 금강산 장안사 근처 금장동으로 피난한 손씨 가문에서 태어났다. 세 살 때 부친과 사별하고, 네 살 때 군란이 평정되자 가족들과 귀경하여 살다 마음공부를 시작하고자 금강산에서 수도 생활을 시작하였다.* 단신으로 전국의 명

---

* 　　김기룡,《미륵부처님 친견기》, 불교통신교육원, 1983년, 3쪽.

산대찰을 찾아 용맹으로 정진하여 이미 법력이 무르익은 손보살이었지만, 눈 어두운 이들에게는 절집을 드나드는 평범한 아낙처럼 보였을 것이다. 그러나 그의 진면목은 《금강경》독송 수행을 통해 면면히 법맥으로 이어지고 있다. 사람들은 그를 알아보지 못하였다. 그는 자신의 머리를 낮추고 장안사에 이르러 현의룡 스님에게 이렇게 물었다.

"주지 스님, 이 금강산에서 누가 제일의 도인이신지요?"

"많은 분이 계시지만 얼마 전 만폭동 보덕암에 드신 독일 철학박사 백성욱 스님이 으뜸일 듯합니다."

"공부하다 의문이 있어 도인을 찾아 금강산에 왔습니다. 보

방한암 스님. 1941년 조계종 초대 종정에 추대된 직후의 사진이다.

덕암에 가면 백성욱 스님을 뵐 수 있겠습니까? 여기에는 언제쯤 내려오시는지요?"

"보덕암에 올라가신 지 얼마 안 되었는데 금방 오시겠습니까? 필요하면 찾아가서 뵙지요?"

현의룡 스님은 잠시 생각에 잠겼다가 보덕암 가는 길을 알려주었다. 보덕암으로 백성욱을 만나러 간 보살은 헛걸음하고 내려왔다. 만나주지 않는다고 하였다. 그러면서 하는 말이, "며칠 있으면 제 발로 여기에 내려올 것입니다"라며 절에서 기다리겠다고 하였다.

아니나 다를까. 며칠 뒤 지네에 발목을 물려 정강이까지 퉁퉁 부어오른 백성욱이 나뭇가지를 지팡이 삼아 장안사로 내려왔다. 그렇게 두 사람은 내금강의 명찰 장안사 2층 신비한 기운이 감도는 대웅보전에서 대면하게 된 것이었다.

백성욱과 손혜정 보살은 금강산을 나와 오대산 상원사로 향했다. 그리고 적멸보궁에 이르러 정진을 시작했다. 적멸보궁에서는 기도 외의 취사나 숙식 등이 일체 허용되지 않아 절 아래 중대中臺에 머물면서 매일 적멸보궁에 올라가 정진을 이어갔다. 그때 상원사에 주석하고 있던 방한암 선사가 백성욱이 기도한다는 소식을 듣고 "저 사람들 점심은 내가 가져다줄 테니 다른 대중은 나서지 마시게"라고 하였다. 방한암 스님은 백성욱을 '큰사람 백성욱'이라 칭송하고, 그의 공부를 위해 친히 끼니를 나르며 격려하였다. 적멸보궁을 오르내리는 길목에 거목으로 우뚝 자란 오리나무가 그때 방한암 선사가 끼니를 날라주며 짚었던 지팡이라고 사람들은 말한다.*

기도 중 손혜정 보살이 백성욱에게 "적멸보궁에서는 향을 피우지 않는 것"이라고 하였다. 백성욱은 "부처님께 기도하면서 향을 피우지 않는 법이 어디 있느냐"라고 책망하며 향을 피웠다. 그러자 불단 아래서 갑자기 연기가 와락 쏟아져 나왔다. 백성욱은 황급히 향불을 껐다. 점차 손 보살의 언행에 신뢰가 두터워지고 있었다. 이미 '대방광불화엄경' 염송을 불공법으로 정한 두 사람은 일념으로 '대방광불화엄경'을 부르며 정진하였다.**

적멸보궁 기도가 49일째 되던 날*** 손 보살은 "나는 기도가 다 됐으니 더 안 해도 된다"라며 중대中臺에 그냥 머물렀

---

* "오대산 월정사에서 한 10리쯤 떨어진, 무슨 암자라든가 그리로 가는 비탈길에는 방한암 선사의 지팡이 꽂은 게 잎 피어난 거라는 체지體肢 큰 오리목나무인가가 서 있다. 이것은 백성욱이 독일에서 철학 박사가 되어서 이 나라에 돌아와서 월정사의 그 암자에서 혼자 백일기도를 올릴 적에, 방한암 스님이 그 백성욱이 하도 예뻐서 날마다 손수 점심을 들어 나를 때 짚고 가던 것을, 어느 때 무심결에 어딘지 꽂아두곤 있었던 것이라 한다. 이것은 그 방한암의 손자 상좌가 직접 그 입으로 나한테 말한 것이니 틀림없을 것이다." (서정주, 〈백성욱 총장〉, 《금강산 호랑이: 내가 만난 백성욱 박사》, 김영사, 2021년, 217쪽)

** 백성욱, 《분별이 반가울 때가 해탈이다: 백성욱 박사 법문집》, 김영사, 2021년, 717쪽.

*** 학인 김동규는 수행기에서 48일로, 김기룡은 50일로 기록하고 있다(김동규, 〈응작여시관〉, 《금강산 호랑이: 내가 만난 백성욱 박사》, 김영사, 2021년, 320쪽. 김기룡, 《미륵부처님 친견기》, 불교통신교육원, 1983년, 3쪽, 80쪽). 김동규의 기록에 의하면, 김동규는 백성욱 박사로부터 들은 것이다. 김기룡은 3쪽에서 "50일 만에 숙명통을 하시었다고 하심"(3쪽), 80쪽에서 "기도 시작한 지 50일 만에 손 선생님께서는 깨치셨다는 말씀을 들었다"라고 썼다.

다. 그러나 백성욱은 아직 마음에 잡히는 것이 아무것도 없어 홀로 계속해서 적멸보궁을 오르내리며 기도를 이어갔다. 그렇게 손 보살이 애초 제의했던 100일 기도를 마쳤는데도 여전히 마음에 잡히는 것이 없었다. 깨우치려는 것이 아니라 기도하는 마음으로 가득 차 있었기 때문이다.

손 보살이 며칠만 쉬었다 다시 정진할지 말지 결정하자고 제안했다. 백성욱은 열심히 기도한다는 마음마저 내려놓고 쉬기로 했다. 그렇게 닷새째 되는 날 오후 해 질 무렵, 백성욱이 무심히 방 안에 앉아 선정에 들어 있는데 일순간 눈앞에 기이한 현상이 펼쳐졌다. 느닷없이 사자가 한 마리 나타나 발로 땅을 파헤치는데, 사자도 땅도 모두 금색으로 변하고 주변이 온통 금빛 세계였다. 그러더니 그 장면이 사라지고 이번에는 푸른 산을 배경으로 아래로는 맑은 물이 고요히 흘러내리는데, 자세히 보니 웬 평복을 입은 사람이 한가로이 앉아 있었다. 그 가운데 어떤 소리가 귓전을 울렸다.

녹수청산 임한자綠水靑山 恁閒者
저시분명 상원인這是分明 上院人
해왈解曰…?

푸른 산 맑은 물가에 한가로이 있는 자여!
이것이 분명 문수보살을 맞이함이로구나
이 뜻을 알 것 같으면…?

이러한 읊조림이 들리는가 싶더니 이내 모든 광경이 사라졌다. 상원인은 오대산 적멸보궁이 주처로 알려진 문수보살文殊菩薩을 일컫는 말이며, 사자는 문수보살이 시현할 때 늘 곁에 동행하는 협시 동물이었다.

그때 손 보살이 다가와 "지금 뭘 보았는지 말해보세요" 하였다. 백성욱이 그대로 이야기하니 "이제 금강산에 가서 한 1,000일만 더 수도하면 되겠습니다"라고 하였다.*

가히 손 보살의 공부는 적멸보궁에 이르러 이미 완성되었던 셈이다. 그 길로 그들은 오대산에서 내려왔다. 손 보살은 서울에 가서 할 일이 있다고 먼저 떠나고, 백성욱도 서울 가회동에 잠시 머무른 뒤 먼저 장안사로 돌아왔다. 그렇게 금강산에 다시 들어가 공부를 시작한 것이 100일이 아닌 10년을 훌쩍 넘겼다.

백성욱이 서울을 떠난 뒤에도 김일엽은 한동안 계동 《불교》지 사무실 주변을 맴돌며 백성욱의 빈자리를 더듬었다. "온 세상이 모두 당신의 화현化現인 듯 고요한 것은 당신의 정적 태도요, 움직이는 것은 당신의 동적 모습인 듯"**하다며 애별을 아파하였다. 이후 재가 승려인 하윤실을 만나 재혼했으나

• 　김동규, 〈응작여시관〉, 《금강산 호랑이:내가 만난 백성욱 박사》, 김영사, 2021년, 320~321쪽)

•• 　김일엽, 〈파랑새로 화한 두 청춘〉, 《불교》 제55호, 1929년.

이번에도 참사랑이 아니라고 여겨 얼마 뒤 이혼하였다.

시간이 흐르면서 김일엽은 백성욱이 머물던 《불교》지 발행인 권상로 스님으로부터 불경을 배우기 시작했다. 1931년 4월에는 결성된 불교여자청년회 회원이 되어 문예부장을 맡기도 하며 점차 불교에 몰입하였다. 이때부터 세속의 '님'을 갈망하던 김일엽의 문학작품은 점차 초월적 절대자로서의 '님'으로 그 무게가 옮겨간다.

> 나의 어린 영靈이 님의 말씀 믿사옵고
> 방향조차 모르고서 가노라고 가지만은
> 임 없는 지축거름 어느 땐가 님 뵈오리까."*

백성욱은 김일엽에게 '일체유심조一體唯心造'를 말해주곤 하였다. 나를 포함한 세상 모든 것이 제 마음이 인연 지어 일어난 허망한 것이므로, 그 꿈같고 안개 같고 이슬 같고 천둥번개 같고 신기루 같은 대상에 사로잡히지 않는 길로 그녀를 잡아끌었다. 백성욱에게서 사상적 영향을 받아 김일엽의 화두는 '나와 세상'의 실상을 찾는 것이 되었다. 김일엽은 어느덧 "나를 알아 얻는 길"을 참구하며 세속의 사랑을 넘어 진리를 보리라 갈구하고 있었다.

• 　김일엽, 〈님에게〉, 《삼천리》, 1932년 4월.

일엽스님의 수덕사 입산 당시 모습(좌)과
《청춘을 불사르고》 발행 당시 수덕사 대웅전에서의 모습(우).
초판본 《청춘을 불사르고》(문선각, 1962)에 실린 사진. 일엽문화재단 자료.

백성욱이 "'인연이 다하여서 다시 뵈옵지 못하겠기에…' 하
는 마지막 편지"*를 일엽에게 보내고 떠난 결단의 배경과 당
시 심정은 그로부터 30년 뒤인 1959년 가을에 도착한 한 편
지에서 확인할 수 있다. "어떤 회사원인 듯한 청년이 두껍고
큰 책 하나를 (일엽 스님에게) 전하는데, (일엽 스님이) 무슨 말을
물으려고 내다보니 그만 가버"린 그날 일엽 스님에게 전해진

---

* 　김일엽,《청춘을 불사르고》, 김영사, 2002년, 17쪽.

것은, 백성욱의 "환갑 기념으로 후배와 친지들이 뜻을 모아 만든, 대학자들의 불법연구의 논문집"˙이었다. 거기에는 백성욱이 보낸 편지가 함께 들어 있었다.

… 어느덧 30년이나 되었습니다. (중략) 우리는 모두 다 고아들이었습니다. 그러니 인간적 반연이 천변天變으로 끊어졌고 세상 미련도 아니 남게 되었으니 우리는 저절로 수도인의 위치에 놓이게 되었습니다. 우리의 수도의 조건은 훌륭하게 갖추어진 셈이 아니겠습니까?

그러나 중생심을 여의지 못한 우리에게는 모든 정을 부르고, 온갖 반연을 끄는 고독이란 쟁애물을 하나씩 가지게 되었습니다.

우리는 다생으로 같이 수도하던 동지였습니다.

그러나 몇 생 전부터 우리는 좀더 친밀한 정을 가진 동무로 지내게 되었던 것입니다. 나보다 엽 스님이 좀 더한 애착을 가졌던 탓으로 엽 스님은 3생 전부터 여자로 태어나서 나를 따랐던 것입니다.

그 후로 나도 엽 스님에 대한 애착심을 갖게 되어 공부에 큰 성취가 없었기 때문에 3생 전에는 내가 생사의 자유를 잃어버리게까지 되었던 것입니다.

금생에도 내가 엽 스님에게 가졌던 정의 영향이 없는 것은

˙ 김일엽, 앞의 책, 362쪽.

아니었으나 곧 깨달은 바 있어 단연한 생각을 가지면서도 처음 만났을 때는 만주 방면으로나 산중으로까지 엽 스님과 동행할까 생각했습니다. 그러나 그때는 엽 스님이 공부할 뜻은 없고 내게 대한 정, 그것으로 전체심全體心이 되어버렸기 때문에 차라리 엽 스님을 혼자 두고 떠나면 불연 깊은 사람이니 필경은 수도인이 될 것을 믿었습니다.*

목회자의 딸로 태어나 신학문을 접한 신여성 김일엽, 세인의 입에 오르내리며 숱한 화제를 뿌리던 그녀가 이렇듯 세속을 떠나 '수덕사의 수행자'가 된 것은 1933년 6월 녹음 짙은 수덕사를 참례하기 위해 입산한 뒤였다.

---

* 김일엽, 앞의 책, 363~364쪽. 김일엽은 1962년 초판 발행된 자전적 수필집 《청춘을 불사르고》에 'B씨'라는 이니셜로 백성욱의 편지를 수록했다.

안양암의 활불
9

1930년(33세) 4월 29일, 오대산 적멸보궁에서 100일 정진 후 잠시 서울에 들른 백성욱은 가회동에서 오대산 적멸보궁의 의의와 중생들의 불연을 발원하는 글을 남긴 뒤 장안사의 말사인 안양암에 들었다.

> 9억의 대중이 정신상 양식을 얻고 마음을 바쳐 귀의하는 성자, 즉 세계 인류의 정신적 본거인 석가여래의 정골頂骨이 조선에 비장祕藏(남이 모르게 감추어 두거나 소중히 간직함)되어 있다면, 그 얼마나 큰 사실이며 큰 비밀일까 보냐?
>
> … 오대산은 원래 신라 역사에 의하여 보면, 신라의 자장 율사가 당에 가서 유학하면서 태원부太原府 오대산에서 문수대성文殊大聖 앞에 기도하다가 문수보살로부터 불정골佛頂骨 및 사리를 얻고서 부촉付囑(불법의 보호와 전파를 다른 이에게 맡겨 부탁함)에 의하여 신라에 돌아와 여러 곳에다 적멸보궁을

봉안하였다 하였는즉, 적멸보궁은 사리탑의 특별한 존칭이며 현재 오대산 비로봉이 그곳 중의 하나이다.

… 금강산 기록에 의하여 보더라도 오대산의 영이靈異(신령스럽고 이상함)를 짐작할 수 있나니, 원효와 의상이 금강산에 오기 전에 오대산에 가서 문수보살을 친견한 후 '오대산유행유수인득도지처 금강산무행무수인득도지처 의왕금강五臺山有行有數人得道之處 金剛山無行無數人得道之處 宜往金剛(오대산은 유행이며 유수한 사람이 득도하는 곳이요, 금강산은 무행이며 무수한 사람이 득도하는 곳이니 마땅히 금강산에 가야 한다)'라는 말에 의하여 금강산에 왔다 하였다. 또 다른 전설이나 습관에 의거하여 보더라도 오대산이 근역 불교도들의 모든 신앙을 받든 성역으로, 국가에서 보궁 수호를 담당하게 하였고 사고史庫를 이 산에 두기도 하였다.

… 오만보살이 오대산에 상주하시게 된 것은 주세불主世佛인 세존의 정골과 사리를 봉안한 까닭이라 하겠다. … 오대산을 아는 자, 적멸보궁은 다들 기억하지만, 그곳이 오만보살의 상주도량인 것은 몇몇 고고학자를 제외하고는 참으로 처음 듣는 말일 것이다.

… 하나의 명칭으로 능히 중덕衆德(여러 공덕)을 품었다 할 수 있나니, '오만보살찬앙회'가 실로 이것이다. 이 모임은 일부 고고학자나 기억할 오만보살의 상주도량인 것을 중생에게 알려 신심을 내게 하고, 오만보살도 숭앙하고 위호하는 적멸보궁이 근역에 있다는 사실을 알리며, 신심만 있다

면 보천·효명 태자처럼 오만 성인을 친견할 수 있다는 용맹심을 내게 한다.'

장안사 말사로는 안양암 외에도 지장암, 장경암, 토송암, 보덕암 등이 있었다. 보덕암도 공부하기 좋은 곳이지만 아무래도 본사인 장안사에서 가까워 번잡하였다. 백성욱이 안양암에 머무르는 데에는 주지 현의룡 스님의 배려가 컸다. 안양암은 장안사에서 동북 방향으로 3킬로미터 정도 떨어진 천주봉 가파른 절벽 아래 자리했으며, 지척에 묘길상으로 불리는 마애삼존불이 있었다.

탐내는 마음[탐심貪心], 성내는 마음[진심嗔心], 어리석은 마음[치심癡心]을 일으키는 뿌리는 '나'라는 생각, '아상我相'에 있다. 백성욱은 "이 아상을 잘 닦아 소멸하면 부처님과 같이 다 알게 된다"라는 《화엄경》 말씀대로 탐내고 성내고 어리석은 마음을 소멸시키는 수도를 하기로 했다. 탐내고 성낸다는 것은 무엇인지 알겠으나 어리석은 마음은 그 실체가 분명하지 않았다. 어리석은 마음이란 무엇인가?

처음에 백성욱은 하루 세 번 식사했다. 20평가량 되는 금강산 안양암을 혼자서 청소하고, 빨래하고, 하루 세 끼까지 챙기려니 공부할 시간이 없어 식사를 하루 한 번으로 줄였

• 　백성욱, 〈오만보살찬앙회가 발기함을 듣고〉, 《백성욱 박사 문집》, 김영사, 2021년, 504~511쪽.

다. 그러니 공부 시간이 늘어나고 분별심分別心까지 많이 줄어 수도하는 데 큰 도움이 되었다. 그 후 산속에 머무는 10년 동안 1일 1식을 하니 몸이 더욱 건강해졌다.

훗날 이러한 사실을 안 장안사 승려들이 "석가여래도 사시 巳時에 하루 한 번만 공양하셨다는데 스님도 석가여래를 닮으셨군요"라며 칭찬하였다. 백성욱은 이 말을 듣고 빙그레 웃으며 생각했다.

'내가 게을러서 하루에 한 끼 먹는 줄은 모르고, 이 사람들은 내가 부처님 닮으려고 한 끼 먹는 줄 아는구나.'•

이때 부처님처럼 되었다고 칭찬받은 데에 들떠 제 잘난 줄 안다면 어리석은 사람일 것이었다. 부처님의 제자라는 틀 속에서 세간을 등지고 고요한 곳에 안주하여 '불법하네' 하며, 부처가 다 된 듯한 어투로 세상을 설명하려 드는 것은 세상을 꾸짖는 진심이요, 제 잘난 마음인 치심일 것이었다.

오대산 적멸보궁에서 내려와 서울로 갔던 손혜정 보살은 얼마 후 "중생제도를 위해 출가를 단행하였다(1930년, 48세). 금강산 표훈사의 비구니 암자인 신림암神林庵에서 비구니인 이성혜李性慧••를 은사로 삭발 득도하였다.••• 이때 받은 법명이 혜정慧亭이었다."•••• 출가하였지만, 다시 상경하여 인연 있는

• 　백성욱, 《분별이 반가울 때가 해탈이다: 백성욱 박사 법문집》, 김영사, 2021년, 196~197쪽.

이들을 불문에 들도록 지도한 뒤 금강산으로 돌아와 장안사의 다른 부속 암자인 지장암으로 들었다. 지장암은 다른 암자들보다 규모가 큰 편으로, 안양암 왼쪽 산 중턱에 있었다. 여기에서 손 보살도 몇몇 사람과 화엄 산림山林을 시작했다.

안양암에서 백성욱은 가장 완벽한 경전이라고 여기는《화엄경》을 주로 하여 대정진에 들어갔다. 먼저 1,000일 기도를 정하고 1일 1식을 하며 용맹정진을 지속하였다. "대방광불화엄경! 대방광불화엄경! 대방광불화엄경! …"《화엄경》속에 펼쳐지는 부처님의 연화장세계에 대한 한량없는 찬탄과 공경으로 시작된 나직한 목소리는 어느새 안양암 경계를 넘어 골짜기로 울려 퍼지기 시작했다. 그 소리는 묘길상 마애삼존불 주존主尊 아미타불의 음성 같기도 하였고, 천주봉 바윗돌이 바람에 우는 소리 같기도 하였다.

불교 수행 방법에는 이른바 네 가지 문[四門]이 있다. 부처님의 명호를 부르는 염불문念佛門, 진언 만트라를 염송하는

•• 백용성 스님이 주관한 만일참선결사회(망월사, 1925년)에 참가한 비구니. 조승미, 〈백용성의 참선 대중화 운동과 부인선원〉,《대각사상 27집》, 대각사상연구원, 2017년, 204쪽. 김광식, 〈백성욱의 금강산 수행 공동체 역사와 성격〉,《민족사상》제15권 제1호, 2021년, 110쪽 재인용.

••• "김일엽(수덕사 견성암)도 1934년 신림암에서 이성혜를 은사로 삼고 출가하였다. 즉 손혜정이 김일엽의 사형이었다." 김광식, 〈김일엽 불교의 재인식〉,《불교학보 72집》, 동국대 불교문화연구원, 2015년, 252쪽.

•••• 김광식, 〈백성욱의 금강산 수행 공동체 역사와 성격〉,《민족사상 제15권 제1호》, 한국민족사상학회, 2021년, 109~110쪽.

장안사 안양암(1922년), 서울역사아카이브 자료.

진언문眞言門, 화두를 들고 참구하는 참선문參禪門, 경전 내용을 서사하는 간경문看經門이다. 백성욱은 염불문, 진언문과도 일면 유사하게 그 자신이 불법의 대의로 모시던 '대방광불화엄경'을 일념으로 염송했다.

《화엄경》의 본래 제목인 《대방광불화엄경》은 산스크리트어로 '마하바이풀랴 붓다바탐사카 수트라Mahāvaipulya Buddhāvatamsaka Sūtra'라고 한다. 《화엄경》은 《법화경》과 함께 대승불교의 대표 경전이다. 《화엄경》의 대의는 통만법명일심統萬法明一心, 곧 우주의 모든 것을 통틀어 거두어 한마음을 밝힌다는 뜻이다. 《화엄경》이 '대방광불大方廣佛', 곧 부처[佛]를 말하는 경전이라면, 《법화경》은 본래 제목이 《묘법연화경妙法蓮華經》으로 '묘법妙法'이라는 '법法'을 설명하는 경전이다. 《묘법연화경》에서 묘법이란 제법실상諸法實相을 뜻한다. 《대방광불화엄경》의 불佛은 본체불本體佛인 법신法身 비로자나불大毘盧遮那佛을 뜻한다. '대방광大方廣'이란 부처님에게 붙인 형용사로 '광대하다', '크다'는 뜻이다. 그러니 대방광불이란 '광대한 부처님'이란 의미가 된다. 이 부처님은 인간의 지성이나 시공간을 초월한 무한대의 부처님이다. 이 부처님의 설법을 집약한 경전이 바로 《화엄경》이다. 《화엄경》의 주불인 비로자나불은 범어의 바이로차나Vairocana를 소리 나는 대로 음차한 것이다. 그 의미는 '광명변조光明邊照', 즉 무한한 광명을 말한다. 삼천대천세계의 모든 곳을 비추는 부처님, 그러므로 비로자나불은 광명 그 자체이다. 무한한 광명이 바로 '비로자나'이며, 부처님의 광명이 그처럼 가없다는 뜻이다.

《화엄경》은 부처님이 직접 설하는 것이 아니라, 부처님 주위에 모인 수많은 보살이 삼매에 들어 부처님이 깨달은 내용을 감득한 뒤, 그 가피력을 받아 설하는 것으로 구성되어 있다. 주요 내용은 불세계佛世界와 거기에 이르기 위해 닦아야 할 보살의 수행 과정, 즉 '보현행普賢行'이다. 이 과정이 7처

9회, 곧 장소 일곱 곳에서 법회 아홉 차례로 열렸다. 《화엄경》은 이 진기한 과정을 지상에서 천상으로, 다시 천상에서 지상으로 옮겨 가면서 깨달음 세계의 웅대함을 초우주적으로 펼쳐간다.

《화엄경》에는 십지품十地品과 입법계품入法界品이 있다. 십지품은 보살의 수행 단계를 일컫는다. 깨달음을 향해가는 구도의 여정에 열 단계가 있다는 말이다. 여기서 지地란 어머니와 같다. 무한한 공덕이 그곳에서 나오기 때문에 '땅'이라 이름 붙였다. 십지품 중 가장 먼저 등장하는 단계는 초환희지初歡喜地이다. 구도의 기쁨이 마음에 충만하여 솟구쳐 오르는 상태인 초환희지는 단순히 세속의 성취욕인 희열이 아니라 진리의 길을 찾아 나섬으로써 비로소 맛보는 믿음의 첫 경지이다. 십지품 가운데 가장 중요하다고 일컬을 만한 단계는 제6현전지現前地로, 문자처럼 바로 여기에 이르러 근본지根本智를 깨닫게 된다. 분별심을 다 여읜 깨달음과 지혜가 비로소 얻어지는 곳이 근본지이다. 그러나 이 깨달음만으로 불법이 완성되는 것은 아니기 때문에 다시 한 번 세간으로 돌아오지 않으면 안 된다. 그렇게 돌아와 완성되는 것이 제10지인 법운지法雲地이다. 여기에서 비로소 반야바라밀이 완성된다.

입법계품은 선재동자善財童子라는 어린 수행자가 구도의 길을 가는 내용을 서술한다. 선재동자는 쉰세 분의 선지식을 찾아 가르침을 받고 마침내 깨달음을 얻게 되는데, 이 과정을 동기로 《화엄경》이 설해지게 되었다.

백성욱은 지극한 공경심으로 '대방광불화엄경'을 염송하였다. 어느 때는 선재동자가 되어 골짜기를 헤매고, 어느 때는 불쑥 튀어나오는 나찰, 요괴들과 맞닥뜨려 소스라치게 놀라기도 하였다. 그러다 어느새 화엄의 해인삼매海印三昧 경지에 들었다. 하지만 도道가 열 자尺면 마魔도 열 자라 하였던가. 염불 삼마지三摩地 경계에 들수록 사방에서 마장도 몰려들었다. 처음에는 깊은 신정에 들었나 싶었는데, 갑자기 문밖에서 학생들이 몰려와 울부짖는 소리가 들렸다.

"선생님! 어서 나오세요! 지금 온 나라 민중이 식민 치하에서 신음하고 있는데, 홀로 산중에서 유유자적하고 계십니까? 청년들의 고통과 좌절을 외면하고 어찌 많이 배운 학자가 소명의식도 없이 산중에 안주한 채 세상을 등지고 계십니까? 나오세요, 스승님! 나오실 때까지 저희는 물러가지 않을 것입니다."•

"오, 그대들이 왔구나. 그래 경성 친구들은 잘들 있더냐? 어떻게 이 산중까지 왔느냐?"

백성욱은 학생들의 반가운 목소리에 하마터면 자리를 털고 일어설 뻔했다. 그때 갑자기 몸에 한기가 몰려왔다. 몸을 흔들자 장지문 밖 외침은 더욱 커졌다.

"아니다. 지금은 돌아갈 수 없다. 이 공부야말로 조국을 위

• 1931년 5월, 중앙불교전문학교 학생들이 동맹휴학하면서 백성욱을 교장으로 추대하였으나 불응하였다.《동아일보》1931년 5월 10일 기사.

한 길이다. 이 길을 막아서지 마라. 미약한 중생의 마음으로
는 세상을 움직일 수 없다. 나는 부처님의 법으로써 이 나라
와 민족을 고통에서 구제할 것이다."

백성욱은 보았다. 경성에 두고 온 학생들에 대한 미안함과
아쉬움이 마음속에 남아 있구나. 이 또한 허깨비 내 마음. 대
방광불화엄경! 대방광불화엄경! 백성욱은 더욱 대방광불화
엄경 정진에 몰두하였다.

다시 적정寂靜에 드나 싶었는데, 이번에는 흐느끼는 여인의
목소리가 들려왔다. 일엽이었다. 일엽이 왔구나. 연꽃처럼 향
기로운 일엽이 멀리까지 나를 찾아왔구나.

"스님! 저예요. 일엽입니다. 어쩌면 그렇게 한마디 기별도
없이 떠나셨습니까. 그러면 제가 단념할 줄 아셨습니까. 제
가 이 세상에 와서 어떻게 찾은 사랑인데 그냥 보낼 수 있겠
습니까. 스님, 너무 힘듭니다. 스님 안 계신 경성은 너무 허전
합니다. 사랑합니다, 스님! 문을 열어주세요. 스님, 저와 함께
돌아가십시다."

일엽의 목소리에 귀가 번쩍 뜨였다. 여인의 자태와 부드러
운 손길, 짙은 향내가 온몸에 밀려들었다. 백성욱은 자기도
모르게 벌떡 일어나 문을 열어젖히려 하였다. 그러나 가부좌
튼 무릎이 펴지지 않았다. 손도 들어 올릴 수 없었다. 심한 통
증이 등줄기를 타고 올라왔다.

'내려놓은 줄 알았던 일엽이 아직도 이렇게 마음자리 한쪽
에 고스란히 앉아 있었나. 아니 되오, 일엽! 내려가시오. 당

신이 그리고 있는 백성욱은 본래부터 없었으니, 어서 그대도 대방광불화엄경을 목청껏 부르시오.'•

대방광불화엄경! 대방광불화엄경! 골짜기에 바람이 몰아치고, 비구름이 몰려 내려갔다. 절벽 위 소나무 가지가 흔들리고, 바위가 굴러떨어졌다. 대방광불화엄경! 대방광불화엄경! 오직 이 하나를 놓치지 않기 위해 이를 악물었다. 이번에는 찬바람이 방 안에 가득 차고 온몸에 소름이 쫙 끼쳤다. 눈을 들어보니 목 없는 귀신 하나가 마주 앉아 백성욱을 노려보고 있었다. 백성욱은 소리쳤다.

"너는 누구냐? 머리가 없으니 골치 아플 일도 없겠구나!"

백성욱의 고함이 방 안을 울리자 머리 없는 귀신이 슬그머니 사라졌다.

• "…그때야말로 엽 스님을, 엽 스님의 모습을 간직한 내 가슴에서 송두리째 드러내려고 애쓰던 때였지만 그 간곡하고 애절한 사연은 모르는 이까지도 한 줄기 눈물을 아니 흘릴 수 없을 만하였으니 그 대상인 내 맘의 괴로움은 억제해지지 않았습니다. 그만 하산하여 어디 취직이라도 하여서 엽 스님의 외호(外護) 밑에서 둘이 공부하게 되면…하는 망상이 정진에 혼란을 줄 때가 있었습니다. 산새의 울음소리도 엽 스님의 애절한 하소연인 듯, 창문을 스르르 스치는 솔바람조차 엽 스님의 매력적인 그 눈에 눈물을 머금은 채 날 그려 한숨 쉬는 그 소리의 안내자로 화하던 것입니다. 자리에 누우면 몽실몽실 부드러운 엽 스님의 그 육체! 진실로 아쉬웠습니다. 그러나 답장 편지라도 보낼까 망설이다가 그 일조차 종내 그만두었습니다. 아무튼 내 깜냥에는 맹렬한 정진의 힘으로 단시일 내로 정상적 정진을 하게 되었던 것입니다. 최후 승리자의 마지막 시련이 사랑의 고개를 넘는 일입니다…."
안양암 수행시절로부터 약 30년 뒤인 1959년(62세)에 백성욱이 일엽 스님에게 보낸 편지 일부. 김일엽, 《청춘을 불사르고》, 김영사, 2002년, 364~365쪽.

그러자 이번에는 또 배가 없는 귀신이 나타났다. 백성욱이 그 귀신을 향해 "너는 배가 없으니 배 아플 일도 없겠구나" 하고 외치니 그 귀신도 어둠처럼 사라졌다.[•]

그런데 어느 때부터인가 문소리만 들려도 기절할 정도로 두려웠다. 그전까지 담대했던 것을 생각하면 영문을 알 수 없었다. 그러더니 어느 대낮, 긴 고리 법장法杖을 든 점잖은 이가 앞에 나타나더니 '이놈!' 하고 호령하는 것이 아닌가! 그러고서는 법장으로 백성욱 자신을 때려죽일 기세였으니 백성욱은 소스라치게 놀랐다. 겁나고 무서웠다. 하지만 도 닦는 이로서 체면상 누구한테 무섭다고 할 수도 없었다. 백성욱은 고리 법장이 쩔렁쩔렁하는 소리가 그 한마음에서 비롯된 것임을 알면서도 법장에 맞아 즉시 죽을 것만 같았다. 떨리고 무서워 대낮인데도 이불을 푹 뒤집어쓰고 있었다.

이때 손혜정 보살이 백성욱을 찾아왔다. 문밖에서 "선생님, 선생님" 하고 부르는데도 대답이 없었다. 한참 뒤에야 백성욱은 '이것은 정말 사람인가보다' 하고 뒤집어쓰고 있던 이불을 치우고 아무 일 없었던 것처럼 손혜정 보살을 맞이하였다.

사실 백성욱은 어느 전생에 손혜정 보살을 스승으로 모시고 수도하던 제자였다. "도통하려면 어떻게 공부해야 합니까?"라고 묻는 제자에게 스승은 "도통하려면 부처도 죽이고

• 백성욱, 《분별이 반가울 때가 해탈이다: 백성욱 박사 법문집》, 김영사, 2021년, 722~723쪽.

스승도 죽여야 하느니라"라며 임제 의현 스님의 화두 '살불살조殺佛殺祖'를 말해주었다. 이 말씀을 잘못 알아들은 백성욱은 '이 스승을 죽이면 바로 도통이 되겠구나'라고 생각했다. 오로지 도통밖에 모르는 단순 무지한 수행자였던 백성욱은 도통 욕심에 단번에 스승을 때려죽이고는 바로 그 자리에 묻었다. 그곳이 바로 안양암 자리였다.

살불살조의 의미를 잘못 알아듣고 스승을 때려죽인 것은 3,000년 전 조달이 석가여래 부처님을 죽이려 한 일과 다르지 않았다. 부처가 되겠다는 마음이 어찌나 컸던지 조달은 외딴 산골에서 그런 일을 저질렀다. 백성욱의 미간에 있는 백호白毫도 반드시 부처가 되겠다는 마음의 증거였다.

안양암 뒤에는 죽 흘러 내려온 산줄기 맨 아래쪽에 조그맣게 도드라져 보이는 것이 있었다. 20미터가량 되는 평평한 축대 위에 아무렇게나 묻은 아이 무덤처럼 보이기도 하였다. 그것이 바로 스승이었던 손혜정 보살 전생의 산소였다. 이 사실을 아는 사람은 없었다. 이 생에 와서는 백성욱 자신조차 이 사실을 모른 채 안양암에서 혼자 수도하고 있었다.

손혜정 보살만은 다 알면서도 모르는 척 "왜 대답이 없었느냐"라고 물었다. 백성욱은 아무 일도 없었던 듯 시치미를 떼고서 부르는 소리를 못 들었다고 하였다. 손혜정 보살이 "무슨 그리 무서운 것이 있느냐?"라며 다짜고짜 물으니 그제야 백성욱이 실토하였다.

"대낮에 점잖게 생긴 이가 나타나 고리 법장을 들고 쩔렁대면서 '이놈!' 하고 호령합디다. 당장 한 매에 나를 때려죽이려 하니 무서워서 이불을 푹 뒤집어쓰고 있었습니다."

손혜정 보살은 전생의 일을 백성욱에게 낱낱이 이야기해 주었다. 비로소 백성욱이 전생에 엉성하게 묻어놓았던 스승의 산소를 파헤치니 뼈가 성기게나마 남아 있었다. 유해를 잘 수습해 모시자 이후로는 그런 일이 없었다. 백성욱은 훗날 이를 두고 이렇게 법문하였다.

"스승을 때려죽이고 나서 바로 잘못을 깨닫고 참회하였으나 그 과보로 여러 생 고통을 받았고, 결국 그 스승을 다시 만난 뒤에야 업에서 벗어날 수 있었다. 죽였다는 생각을 완전히 해탈하지 못하였기 때문에, 생을 바꿔도 그 생각이 나타날 때면 아무 이유 없이 두려운 마음이 들었던 것이다. 업보보다 두려운 것이 없다. 그리고 가장 좋은 것 또한 업보다. 죄와 복은 주기적으로 순환하는 것이다."*

또다시 눈보라 치는 삼동의 혹한이 밀려왔다. 어느 날 밤 백성욱이 가부좌를 틀고 삼매에 들어 있는데, 난데없이 문밖에서 장안사 큰 절에 사는 젊은 스님의 살려달라는 다급한 외마디 소리가 들렸다. 이어 호랑이 울음소리가 들리더니 "스님, 살려주세요! 지금 호랑이한테 물려갑니다!" 하고 젊은 수

* 　백성욱, 《분별이 반가울 때가 해탈이다: 백성욱 박사 법문집》, 김영사, 2021년, 720~723쪽.

좌의 비명이 들려왔다. 깊은 산중 살림에서 호식虎食은 늘 두렵고 무서웠다. 그러나 백성욱은 미동도 하지 않았다. 아니다, 모두 한바탕 꿈이로다.

대방광불화엄경! 대방광불화엄경! 백성욱의 미간에 빛이 일었다. 일순 뜨거운 기운이 우주로 솟구치는 듯했다. 화엄세계 겹겹의 문이 모두 열렸다. 수미산에서 도솔천까지 시방삼세가 하나로 펼쳐졌다. 누겁다생累劫多生을 알게 되고, 마음에 걸림이 없었다. 백성욱은 일체가 상연해짐을 느꼈다. 동쪽 하늘 여명과 함께 마음이 모두 부처님께 바쳐졌다. 번뇌도, 업보도, 성불의 염원도 다 바친 곳, 그 텅 빈 자리가 바로 백성욱의 자리였다.

"대방광불화엄경! 대방광불화엄경! 대방광불화엄경! 부처님, 시봉 잘하겠습니다! 대방광불화엄경! 대방광불화엄경! 대방광불화엄경!"

백성욱은 눈을 떴다. 의문이 사라졌다. 사라졌다는 그 마음도 사라졌다.

다시 황천강의 물살처럼 금강산의 시간이 흘러갔다. 낙도망년樂道忘年!

어떤 사람이 와서 물었다.

"스님! 여기 와서 수도하신 지 몇 년이 되었나요?"

"내가 이 절에 온 이래 이 앞에 있는 벚꽃이 세 번 피고 지는 것을 본 것 같소."

몇 해라는 분별심이 사라졌던 것이다.

숙명통宿命通이 열렸다.* 수없이 거듭해온 전생의 걸음이 훤히 보였다. 백성욱에게는 줄곧 이어져온 의문이 있었다.

'나는 어디에서 왔는가?'

'나의 얼굴은 어째서 이렇게 생겼나?'

그 해답은 쉽게 얻을 수 없었다. 의문이라는 분별심이 부처님처럼 다 아는 능력을 차단했기 때문이기도 했다. 그런데 이제 이 의문도 사라지면서 마음이 편안해졌다. 내가 어디에서 왔는지, 얼굴은 왜 이렇게 생겼는지 하는 의문에 대한 답을 얻을 수 있었다.** 이것을 옛 성현들은 '숙명통'이라 하였다.

안양암에서 마하연을 막 돌아서면 갑자기 눈앞에 커다란 돌부처상이 확 다가온다. 이때 깜짝 놀란 마음이 그 돌부처의 얼굴을 그려 가지게 하여, 금생에 백성욱 자신의 얼굴을 가만 보면 석불石佛의 문양처럼 살짝 얽고, 미간에 묘길상 부처님의 백호白毫가 달려 있었다.

---

* "존경하는 스승을 찾아 물었습니다. 그분의 말인 즉, 우선 1,000일 정도의 정진을 하면 전생을 보게 된다는 것입니다. 곧 금강산 어떤 절에 들어가 수도를 시작했지요. 1,000일이 되니깐 과연 나의 전생, 병들어 누워 있던 나의 전생을 보았습니다. 이른바 숙명통이라고 하는 것일지도 모르지요."(〈백성욱《금강경》총설〉,《대한불교》, 1970년 5월 31일)

** 백성욱,《분별이 반가울 때가 해탈이다: 백성욱 박사 법문집》, 김영사, 2021년, 650쪽.

마하연 묘길상(1922년), 서울역사아카이브 자료.

사람들이 때로 자신의 외모를 마음에 들어 하지 않는 것은 육신을 만들 때 자신이 몰랐기 때문이다. 키, 얼굴, 손, 음성, 성격 등이 왜 이렇게 마음에 들지 않도록 되었을까 하고 공부하다 보면 전생에 이 모습을 지을 때의 원인과 그때 마음 쓴 모양새를 알게 된다. 백성욱은 이 혜안慧眼이 열리자 비로소

자기가 지은 대로 자기 몸을 받는 것을 모조리 알게 되었다.[•]

백성욱은 세세생생 거쳐온 전생의 자기 모습을 살펴보았다. 삼생三生 전에도 백성욱은 승려였다. 그 생에서 만난 스승은 이름높은 선승이었다. 하루는 스승께서 돌아가시게 되었다고 기별이 왔다. 급히 스승께 달려가니, 스승은 벌써 단정히 가부좌하고 앉아 임종 맞을 채비를 하고 계셨다. 그러나 마지막 사선死線을 넘게 된 순간에는 정신력이 모자랐던지 다리를 뻗고 몸이 기울어졌다. 그 광경을 보고 생명의 의복인 육체를 벗어나는 일쯤이야 자신 있다고 자만하던 전생의 백성욱은 속으로 은근히 스승의 해탈 모습에 불만을 가졌다.

그 후 10년이 지나 전생의 백성욱 자신이 임종을 맞게 되었다. 살을 오려내고 뼈마디가 무너지는 듯한 고통은 생각처럼 쉬운 게 아니었다. 고통에 못 이겨 벌떡 일어섰으나 더욱 견딜 수 없어 한 팔을 높이 뻗쳤다가, 두 팔을 함께 올렸다가, 이 다리 저 다리를 번쩍 들었다가, 나중에는 주저앉아 최후를 마쳤다. 그런 줄도 모르고 임종을 지키던 제자들은 스승이 춤추다 돌아가셨다고 야단법석을 떨었다.

일순간 하얀 안개가 바닥으로 쫙 펴져 나갔다. 임종 소식을 듣고 두 승려가 찾아왔다. 그중 한 승려가 다른 승려에게 "그

•   백성욱, 《분별이 반가울 때가 해탈이다: 백성욱 박사 법문집》, 김영사, 2021년, 490쪽.

래, 너는 큰 중이 갔는데 얼마를 했니?" 하고 물었다. 평소 구석방에서 입을 꾹 다물고 아무 말도 안 하던 승려였던 터라 그의 생각이 궁금하여 '아, 저놈은 무슨 생각인고?' 하고 마음을 냈더니, 그 승려가 대답하려고 입을 연 사이 그 입속으로 백성욱의 중음신中陰身(죽은 뒤 다음 생을 받을 때까지의 상태)이 빨려 들어가고 말았다. 알고 보니 그 승려는 고개 넘어 아랫마을에 처자를 하나 숨겨두고 정을 나누는 사이였고, 백성욱은 그 여인의 몸에 의지해 사내 아기로 태어나게 되었다.

그 생에 백성욱이 일곱 달 되었을 때, 여인은 백성욱을 산중턱 아늑한 자리에 재워놓고 산너머에서 밭일을 했다. 한낮이 되자 볕이 너무 뜨거워져 어린 백성욱의 몸은 그만 죽고 말았다. 여인이 돌아와 아기가 빳빳이 죽어 있는 걸 보고는 '추워서 얼어 죽었구나!' 하고 충격을 받아 그 일이 마음에 새겨졌다. 여인은 그다음 생에 추워서 몸을 떨며 살았다.

그렇게 죽은 뒤 다른 여인에게서 태어난 몸이 지금의 백성욱 자신인데, 그 따가웠던 햇볕을 견디기 힘들어 성을 냈던 마음을 가지고 몸을 바꾸게 되었기에 어려서 손에 닿는 것마다 부수는 진심嗔心의 습관이 있었다. 자신만이 아는 버릇이었다.

어느 또 다른 생에도 백성욱은 승려였다. 당시 상좌가 처음에는 매우 곰살맞게 뜻을 잘 받들었다. 하지만 차츰 나이를 먹어가니 상좌가 아니라 상관처럼 '이것 해라, 저것 해라' 잔

소리했다. 백성욱은 참다못해 소리쳤다.

"네가 내 상좌냐, 아니면 내 부모냐?"

홧김에 한 소리였지만 도인의 한마디는 생을 결정하는 법. 그 한마디 인연으로 백성욱은 그 상좌의 자식으로 태어나게 되었다. 알고 보니 금생의 부모 모두 전생에 제자였고, 도인의 부모가 되기에는 복이 부족한 사람들이었다. 어린 성욱이 공부에 마음을 내기 시작하자 아버지가 먼저 세상을 떠났고, 몇 년 뒤 어머니마저 사망했다. 어머니는 아홉 살인 성욱과 어린 누이 둘을 남겨두고 차마 눈감기 어려웠을 것이다.

한 맺힌 어머니의 혼은 멀리 가지 못하고 지극히 사랑하는 아들 어깨에 붙었다. 그때부터 백성욱은 까닭 없이 어깨가 아프기 시작하였다. 통증은 수도를 잘하면 사라지고, 수도를 잘 못하면 심해졌다. 어머니는 원체 업보가 지중하여 40여 년을 혼으로 백성욱의 어깨에 붙어 있다가 비로소 천도하였다. 훗날 백성욱은 이렇게 법문하였다.

나에게서 태어날 인연이 있었으면 내 자식으로 태어났을 것이다. 그러나 그런 인연이 없었기 때문에, 지금 부모의 자손으로 태어난 것이다. 수도인의 어깨에 오랫동안 붙어 함께 공부하였기에 태어날 때부터 총명하였으며, 명문 고등학

---

* 백성욱, 《분별이 반가울 때가 해탈이다: 백성욱 박사 법문집》, 김영사, 2021년, 490~492쪽.

교와 대학을 졸업한 재원이 될 수 있었다.*

세 살 때 아버지가 세상을 떠났고, 아홉 살 때 어머니마저 세상을 떠났다. … 천애의 고아가 된 나의 환경을 사람들은 큰 역경이라 할 것이다. 그러나 출가하여 수도하고자 하는 사람에게는 매우 축복받은 환경이었다. 출가를 말리는 큰 방해꾼이 사라진 셈이기 때문이다.

어린 나이에 무의무탁한 신세가 되었으나, 전생에 복을 지은 것이 있었던지 외갓집에서 나를 돌보아주었고 학비도 대주면서 공부를 시켰다. 성년이 되어 독립 운동을 하겠다는 생각으로 상해에 가겠다고 했을 때 외갓집에서는 아무도 말리는 사람이 없었다. 그만큼 외갓집과도 주고받을 업보가 옅었던 것이다. 만일 외갓집과 지중한 업보가 있었다면 '너 학비 대주고 공부시켰는데 독립운동 한다며 멋대로 떠나느냐?' 하고 따졌을 것이다. 단지 그들은 "저렇게 나갈 것을 괜히 기 쓰고 공부시켰구먼" 할 뿐이었다.**

백성욱은 자신과 가족뿐 아니라 다른 사람들의 전생 모습도 보게 되었다. 알고 보니 자신은 여러 생 《화엄경》을 공부한 사람이었다. 많은 사람으로부터 《화엄경》의 대가라는 소리를

- 　백성욱, 앞의 책, 651~652쪽.
- ·· 　백성욱, 앞의 책, 642쪽.

들었다. 놀라운 것은 자신을 따라 공부한 사람 대부분이 후생에 고통받는다는 사실이었다. 어찌하여 불법의 대의를 담은 최상승의 경전인《화엄경》을 공부한 사람들이 후생에 고초를 겪으며 살게 되는 것일까.

살펴보니 그것은 경전 잘못이 아니었다.《화엄경》을 공부하는 사람들의 용심用心이 문제였다.《화엄경》에서 펼쳐지는 부처님의 웅대한 살림살이를 쫓다 보면 하늘처럼 뜻은 커지지만 정작 육신으로는 거기에 합당한 복을 짓지 못하고 땅에 처져 있어서* 몸과 마음이 균형을 이루지 못한 것이 원인이었다. 원인 없이 거두는 결과는 없는 것이다.

대방광불화엄경!《화엄경》은 마음 닦는 방법을 완벽하게 설명한 경전이자, 불세계의 웅대한 살림살이를 묘사한 경전이다. 어두운 마음을 닦아 밝아지고자 한다면 자신의 업장이 태산 같은 줄 알고, 부처님을 향한 절대 공경심을 잃지 말아야 한다. 마음 닦는 공부를 하는 사람은 닦는 과정에서 자신의 희로애락 감정이 차츰 둔해지는 것을 느낀다. 자신이 목석처럼 변하는 것 아닌가 하고 두려워지기도 한다. 그러나 분별심을 차츰 소멸해간다면 목석처럼 될 리 있겠는가. 도리어 의심스러운 것이 사라지면서 매사가 분명해진다. 성성적적惺惺寂寂! 마음은 고요하되 모든 것이 분명해진다.**

• 　백성욱, 앞의 책, 59~60쪽.

•• 　백성욱, 앞의 책, 276쪽.

안양암의 대정진으로 혜안이 열린 백성욱은, 숙명통뿐만 아니라 가보지 않은 곳의 장면도 생각하기만 하면 눈앞에 펼쳐지는 천안통天眼通도 얻게 되었다.

어느 날 시계가 고장 나 답답하던 차에 '아, 서울역 시계탑의 시계는 볼 수 없단 말인가?' 하는 생각이 들자 그 시계탑의 시간이 생생하게 보였다. 그 후 시간을 모를 때 서울역 시계탑을 떠올리면 저절로 시간을 알 수 있었다.˙ 한번은 절 뒤쪽 개울을 지나는데 물속 바위틈에서 반짝반짝하는 것이 보였다. 언젠가 잃어버린 자신의 고장 난 시계였다. 시계를 건져 집에 가져다놓으니, 얼마 뒤 한 젊은이가 가방 하나를 메고 절 마당으로 들어섰다. 그 젊은이에게 "어디서 오는가?" 하고 물으니 "네, 서울에서 옵니다"라고 하였다. 백성욱이 다시 "그런데, 그 가방은 무엇인가?" 하고 물으니 "네, 저는 시계를 고치는 사람입니다"라고 하였다. 그리하여 백성욱은 자신의 고장 난 시계를 고치게 되었다.

백성욱에게 이런 일들은 신비롭지 않았다. 수행자들은 아무것도 할 수 없을 때에도 그저 열심히 그 마음을 바치면 저절로 되어진다는 사실을 알았다. 신통神通도 꿈속의 일이긴 매 한가지, 모두 실체 없는 허망한 물거품의 소산일 뿐 거기 도취될 일이라곤 없었다.

˙   백성욱, 앞의 책, 541쪽.

금강산에 모여든 500 화엄성중
10

안양암에서 3년 기도를 마치고 난 즈음 백성욱 주변에 대중이 모여들기 시작했다. 초기에는 김기룡을 포함해 서너 명이었으나 한 자루 촛불이 다른 촛불로 이어져 온 법당을 밝히듯 안양암 법당이 대중으로 가득 찼다. 그들은 하나같이 백성욱을 따라 "대방광불화엄경! 대방광불화엄경!"을 염송하기 시작했다.

어느덧 세 해째 봄바람, 가을비가 안양암 처마 끝을 스쳤다. 금강산의 도인, 《화엄경》의 대가 백성욱 박사와 수행할 수 있다는 소문을 듣고 도처에서 대중이 찾아와 안양암이 비좁아지자 백성욱은 수도처를 지장암으로 옮겼다.

지장암에 있던 손혜정 보살이 오면서, 안양암은 손혜정 보살 중심의 여자 선실이 되었다. 안양암을 비울 때 백성욱은 지붕 기와를 전부 수리하고 문마다 창호지를 새로 발라 누구든 손 하나 대지 않고 사용할 수 있도록 조치하였다. 백성욱

금강산 지장암(1920년대),
《만이천봉 조선 금강산 사진첩》
자료.

은 지장암뿐 아니라 안양암 양식까지 책임지게 되었다.*

　장안사 산내 암자인 지장암은 안양암보다 규모가 훨씬 커서 공부하는 학인이 제법 많았다. 지장암에서 한눈에 내려다보는 장안사의 고즈넉한 풍경은 금강산 수행자의 또 다른 호사였다. 지장암은 금강산 건봉사乾鳳寺 조실로 추대된 한암

---

*　백성욱,《분별이 반가울 때가 해탈이다:백성욱 박사 법문집》, 김영사, 2021년, 665쪽.

경허 스님(1849~1912). 근현대 불교를 중흥시킨 조선 말기의 승려.
속명은 송동욱宋東旭, 법명은 성우惺牛. 저서로《경허집鏡虛集》《선문촬요禪門撮要》가 있다.

스님이 1921년부터 주석하는 곳이었다. 한암 스님은 이듬해 건봉사 선원을 개설할 무렵에도 지장암 업경대에 머물렀다. 당시 금강산 금선대에는 경허 스님으로부터 법을 받은 또 한 분의 선지식 만공 스님이 주석하고 있었다. 두 사람이 서찰로 주고받은 선문답은 유명하다.*

그런가 하면 전강田岡 스님도 1923년 지장암을 찾았으니, 지장암은 일제 치하 암울한 시기에 한국불교의 중흥을 꾀하던 선승들이 수시로 출입하며 종풍 진작을 도모하던 곳이다. 그곳에서 이제는 백성욱을 중심으로 수많은 대중이 둘러앉아 대방광불화엄경을 지송하니 산중 절 살림이 넉넉하지는 못했을지언정 수행 의지는 뜨겁고도 드높았다.

대중이 늘어 안양암에서 지장암으로 수도장소를 옮길 때 백성욱은 지장암 간판을 '선불장選佛場'**이라고 직접 써 붙였다. 대중은 백성욱을 지장암 선생님, 손 보살을 안양암 선생님이라 부르며 오백나한처럼 그 주변에 모여 회중수도會衆修道를 이어갔다. 백성욱이 대중의 업장을 치고 그릇을 비워놓으면 손혜정 보살은 그 빈 그릇에 불성을 담고 인과를 깨쳐

- 만공 스님이 한암 스님에게 편지를 보냈다.

  만공: 한암이 금강산에 이르니 설상가상雪上加霜이오. 지장 도량에 업경대가 있으니 지은 죄업이 얼마나 되오?

  한암: 묻기 전과 물은 뒤를 합하여 30방망이를 맞아야겠소.

  만공: 맞은 뒤의 소식은 어떠하시오?

  한암: 곧 잣 서리가 한창이니 이때를 놓치지 말고 와서 서로 놀면 또한 즐겁지 않겠소.

  만공: 암두巖頭의 잣 서리 할 때를 놓친 것은 애석하지만 덕산德山의 잣 서리에 늦음은 애석하지 않습니다.

  한암: 암두와 덕산의 이름을 알지만 그들의 성은 무엇이오?

  만공: 도둑이 이미 천 리나 지나갔는데, 문 앞에 지나가는 길손에게 성은 물어서 무엇하리오.

  한암: 금선대(만공 스님 머물던 곳) 속의 보화관이여, 금·은·옥·백으로 비교하기 어렵도다.

  만공 스님이 최후로 백지에 이렇게 그려 보냈다.
  —《만공법어滿空法語》에서

- ** 부처를 선발하는 도량, 즉 수행자들이 공부하는 곳이라는 의미.

주는 역할을 하였다.• 사람들은 백성욱을 대하면 그 위엄에 눌렸고, 손혜정 보살을 대하면 경전 속 불보살을 대하듯 한 없이 편안해했다. 사람들은 이제 백성욱을 활불活佛로 추앙하기 시작했다.

손혜정 보살은 경을 공부한 적이 없었다. 하지만 금강산에서 백성욱과 탄옹 스님이 《화엄경》을 해석해 내려갈 때, 손혜정 보살이 곁에 앉아 듣고만 있다가 "그렇지 않을 텐데" 하면 둘은 달리 새겨보았다. 그러다 또 손혜정 보살이 "그렇지 않을 텐데" 하면 백성욱과 탄옹呑翁 스님은 또다시 다른 의미로 해석해보았다.•• 손혜정 보살은 한문을 배운 적이 없다 했지만 때때로 한문 경전을 읽었다. 과거 현재 미래의 경계가 없는 도인인지라 분별이 없어 배운 적 없는 불경을 죽죽 읽었다.•••

손혜정 보살은 법문을 맡고, 백성욱은 지도를 맡아 대중을 이끌었다. 손혜정 보살은 백성욱을 가리켜 "나는 법 자리인 백 선생님을 제도하였기 때문에, 나로서는 직접 일선에서 제도를 아니 하느니라"라고 하였으며, "그대들의 부처님은 바

• 　백성욱,《분별이 반가울 때가 해탈이다:백성욱 박사 법문집》, 김영사, 2021년, 718쪽.

•• 　김기룡,《미륵부처님 친견기》, 불교통신교육원, 1983년, 79~80쪽. 탄옹 스님은 직지사 수좌였으며, 지장암에서 백성욱 박사와 손혜정 보살이 공부를 시작할 무렵 함께 공부하기 시작한 셋 중 한 명이다.

••• 　백성욱, 앞의 책, 717쪽.

로 백 선생님"이라고 하였다.*

　손혜정 보살은 대중 가운데 누군가가 실낱만 한 신심이라도 내게 되면 두 손을 번쩍 들며 "법이다, 보아라"라고 하며 대중이 오롯이 알지 못하는 '법 증명'을 해 보였다.**

백성욱은 사람들이 찾아와 손혜정 보살을 친견하고자 하면 먼저 백일기도를 시키고, 조금이라도 마음을 밝힌 뒤 그를 찾아가 업장을 바치고 법을 받게 했다. 백성욱은 "업장을 닦으라" 하였고, 손혜정 보살은 "마음을 밝히라" 주문했다. 백성욱은 가끔 금강산을 구경하러 왔다가 지장암을 찾아오는 사람이 있으면 "누구나 죽고 사는 것에 자유자재한 것이 삶의 목적이 되어야 한다. 그러려면 스승을 바로 만나야 한다"라고 설파했다. 백성욱이 '스승'이라고 마음에 두고 이야기하는 사람은 다름 아닌 손혜정 보살, 손 선생이었다.

　손혜정 보살은 때때로 이적異蹟을 나타내 보이기도 하였다. 안양암에서부터 공부하고 따른 김기룡이 자신의 아이를 가르치다가 회초리로 때렸는데 아이가 한 번 까무러치고 나더니 일주일이 지나자 기침을 하고 얼굴까지 노래져 큰 병이 난 줄 알고 손혜정 보살에게 데리고 갔다. 아이를 본 손혜정 보살이 아이의 이름을 부르며 "정우, 너 나무에서 떨어진 일

•　　백성욱, 앞의 책, 719쪽.

••　　백성욱, 앞의 책, 718~719쪽.

혜정 손석재 보살.

없느냐? 놀랐구나" 하며 아이를 눕히고 두세 번 쓰다듬어주
자 아이가 그날로 병이 나았다.

　손혜정 보살이 법문하고 백성욱은 지도를 맡고 있을 때였
다. 어느 이른 아침 법문 시간이 가까워지자 백성욱이 16세
의 이명윤에게 "가서 손 선생님을 모셔오너라"라고 일렀다.
말이 떨어지기 무섭게 이명윤은 손혜정 보살의 처소로 달려
갔다.

　기본예절이라고는 전혀 모르던 이명윤은 도착하자마자 아
무 인기척도 없이 덜컥 손 보살의 방문을 열어젖혔다. 마침
옷을 갈아입던 손 보살은 몸에 아무것도 걸치지 않은 상태였
다. 뒤돌아 서 있는 손 보살의 나신裸身을 고스란히 보게 된

이명윤은 황급히 문을 닫고는 문 앞에서 얼굴을 붉힌 채 어쩔 줄 몰라 하고 있었다. 그때 방안에서 손 보살의 음성이 들려왔다.

"명윤아!"

"네."

이명윤은 부끄러워하며 대답했다.

"문을 열어라."

이명윤은 쩔쩔매며 문을 열고는 고개를 들지 못했다.

"나를 봐라."

고개를 든 이명윤 앞에 믿을 수 없는 광경이 펼쳐졌다. 바로 정면에 선 손혜정 보살의 온몸이 황금색으로 눈부시게 빛나고, 그 뒤로 눈부신 후광이 발하고 있었다.

"자세히 봐라."

손혜정 보살의 황금빛 형상을 마주한 채 시간이 멈춘 듯 얼어붙어 있던 이명윤은 내면에 커다란 환희심과 공경심이 이는 것을 느꼈다.[*]

이런 일은 비일비재하였다. 사람들은 누구나 그를 관세음보살 대하듯 믿고 의지하며 따랐다. 손혜정 보살, 안양암의 손 선생이야말로 백성욱이 금강산에 처음 들었을 때부터 그의

---

* 　백성욱, 《분별이 반가울 때가 해탈이다:백성욱 박사 법문집》, 김영사, 2021년, 724~725쪽.

수행을 돕고, 법을 주고받은 스승이었다. 또한 쉽고 직설적인 대중 방편으로 중생들을 불문으로 안내한 선지식이었다.

황용주라는 경상북도 상주 사람이 있었다. 그는 속병으로 늘 고생하였다. 부잣집 아들이었으므로 훌륭한 의사를 못 만나서였지 돈이 없어 병을 못 고치는 것은 아니었다. 황용주는 용하다는 의사를 수소문해 팔도를 찾아다니며 방법이 없다는 말만 듣다가 손혜정 보살 소문을 듣고 당시 서울에 있던 손혜정 보살을 찾아와 처음 만나게 되었다. 손혜정 보살은 정성껏 오체투지로 절하고 앉은 황용주를 보고는 그의 증세조차 듣지 않고 말했다.

"그대는 과거 생에 불상을 조성하던 사람이었다. 내금강 장안사에서 주지 스님이 그대를 신임하고 그대에게 부처님을 한 분 잘 조성해달라고 신신부탁해서 그대에게 맡겼다. 그대는 부처님을 정성껏 거룩하게 조성하였으나 부처님 복장腹藏●으로 준비한 보물을 그대로 넣지 않고 몰래 가져다 하나를 팔아먹었다. 그대가 그 부처님을 조성한 것은 벌써 아주 옛날이지만, '부처님 복장이 하나 없거니' 하는 생각은 그대가 사람의 몸을 받아 태어날 때마다 항상 그대의 마음속에 남아 있게 되어 영원히 사라질 수 없다. 그대가 부처님을 조성하고 복장을 팔아먹던 그 나이만 되면, 어느 생이든지 병

●　불상을 만들 때, 그 가슴에 보화寶貨나 서책書冊을 넣는 것.

이 나서 죽고 또 죽고 하느니라."

이렇게 가르쳐주면서 "그대가 조성한 부처님은 바로 금강산 장안사 안양암에 모셔놓은 부처님이시니라. 부처님 복장을 하나 팔아먹었어도 정성껏 부처님을 조성하였기에 그대의 얼굴이 그 부처님 얼굴과 꼭 같으니라" 일러주었다.

황용주가 다시 일어나 무수히 절을 올리며 "살려주십시오" 하니, 손혜정 보살은 "착하고, 착하다. 그대가 금강산의 백성욱 박사를 찾아가 그 부처님께 '잘못했습니다' 하는 참회기도를 100일 하면 병이 나을 것이다" 하였다.

황용주가 금강산으로 가서 백성욱 밑에서 100일 참회기도를 하고, 손혜정 보살에게 법을 받았다. 그때 손혜정 보살은 대중에게 "너희 보기에 저 용주가 이 부처님을 꼭 닮지 않았느냐? 용주가 이 안양암 부처님을 정성껏 조성하였기 때문에 용주의 마음이 안양암 부처님을 징해서 용주가 꼭 그대로 닮았느니라" 하였다.

"그러나 용주가 부처님 복장을 하나 팔아먹었기 때문에 용주에게서 '그 부처님은 복장이 하나 없거니' 하는 마음은 영원히 사라질 수 없었다. 부처님과 관계되는 마음은 절대로 영원히 사라지는 법이 없다. 그러니 너희가 부처님께 신심을 한 번만 내서 참으로 부처님께 원을 세우면 원 그대로 각각 소원을 성취하느니라"라고 설해주었다.

지장암 대중지도를 하며 백성욱은 사시四時 불공으로 새벽부터 저녁까지 대중을 돌봤고, 늦은 밤 홀로 촛불을 밝힌 채 손수 자신의 승복僧服을 바느질해서 입었다. "몸을 가진 사람은 일하고 먹는 것"이라고 하며, 자신의 빨래를 손수 하는 것은 물론 제자들의 바지와 저고리를 직접 빨고 말려 풀을 먹이고 다림질까지 해서 입히기도 하였다.*

지장암 시절 백성욱은 늘 흑회색 장삼을 입고 그 위에 법복을 둘렀으며, 무릎 아래에는 행건을 쳤다. 언제나 정좌正坐 했기에 행건에서 장판에 닿는 부분만 해어졌다. 백성욱이 바느질하는 모습은 훗날 소사에서 대중을 지도할 때도 변함이 없었다.

그때 백성욱에게는 옷이 단 두 벌뿐이라 한 벌은 빨고 한 벌은 입는 식으로 살았다. 하루는 어떤 거지가 와서 옷을 하나 달라고 했다. 백성욱은 마음속에 아까운 마음이 일어나는 걸 보고 깜짝 놀라 그 마음을 공부하고는 거지에게 옷 한 벌을 내주었다. 옷은 한 벌밖에 남지 않게 되었지만 아까운 마음을 일으켜 닦도록 해준 거지에게 참 고마웠다. 그 거지가 아니었으면 밑바닥 마음을 닦을 수 없었을 터였다. 백성욱은 말했다.

"내 마음 닦게 해주는 이가 내 부처님이시다!"**

* 백성욱,《분별이 반가울 때가 해탈이다:백성욱 박사 법문집》, 김영사, 2021년, 670쪽.

** 백성욱, 앞의 책, 663쪽.

한번은 백성욱이 김장을 준비하느라 절구에 고추를 찧다가 그 옆을 지나가는 제자를 보고 말했다.

"아무개야, 너 절구질 좀 하려무나."

당시 스물두 살 된 제자가 "선생님, 절구질은 여자나 하는 것인데 남자인 제가 어떻게 합니까?"라고 대답하며 그냥 지나갔다. 그 철없는 말을 들을 당시 30대 후반 '남자'였던 백성욱은 묵묵히 절구질을 계속하여 마쳤다. 그 제자는 나이 여든이 되어서도 그때 일을 기억하며 내내 부끄러워했다.

지장암을 가득 메운 대중을 향해 백성욱은 대방광불화엄경의 뜻을 가르치고 외우게 하면서 대중에게 마음을 밝히라고 가르쳤다. "부처님은 몸과 마음이 완전무결한 분이다. 건전한 영육이라야 그 한마음을 닦을 수 있다"라고 하였다. "감자 농사를 지어도 남을 주면서 먹으면 옹근 사람이요, 좋은 쌀밥이라도 남의 것을 얻어먹으면 반쪽"이라고 가르쳤다. 대중은 하루에 한 끼를 먹으면서도 삼복더위에 산에 올라가 겨울에 쓸 땔감을 날랐고, 냉수 한 모금도 아껴가며 한마음으로 닦고자 하였다.

지장암 주위에는 텃밭이 있었는데, 30여 명의 대중들에게 아침 공부 후 텃밭에서 감자와 옥수수 농사를 지어 자급자족하

• 백성욱, 앞의 책, 663~664쪽.

•• 백성욱, 앞의 책, 796쪽.

도록 하였다. 그리고 탐, 진, 치를 닦아 밝아지는 육바라밀을
종종 법문하곤 하였다.

남을 대할 때는 주는 마음으로 대하라. 그리고 보수 없는 일
을 연습하라.
이것이 탐심貪心을 제거하는 보시布施 바라밀이니라.
미안에 머물지 말라. 후회할 일을 적게 하라.
이것이 진심瞋心을 제거하는 지계持戒 바라밀이니라.
모든 사람을 부처님으로 보라.

백성욱 박사가 직접 쓴 육바라밀. 김동규 자료.

부처님께서 욕하신다면 배우고 깨쳐볼 일이니, 이것이 치심痴心을 제거하는 인욕忍辱 바라밀이니라.

이 세 가지는 사람으로서 세상을 대하는 법이니, 옳거든 부지런히 실행하라.

이것이 정진精進 바라밀이니라.

이러한 과정으로 시간이 경과함에 따라 마음이 안정되나니, 이것이 선정禪定 바라밀이니라.

이것이 익숙해지면 마음이 편안해지고 지혜가 나서 일에 대하여 의심이 없나니,

이것이 반야般若 바라밀이니라.

"바라밀에 여섯 가지가 있는데 첫째가 보시 바라밀이니라. 보시 바라밀이란 마음을 항상 넓게 쓰고 남에게 베풀 줄 아는 것이다. 중국 사람들이 말하기를 "은혜는 갚을 수 없는 사람에게 베푼다"고 한다. 갚을 수 있는 사람에게 주면 그 순간부터 그 사람의 종이 돼 버린다. 왜 종이 되는고 하니 '이 사람이 이것을 가지고 가서 언제 가져올 건가? 가지고 가서 잘돼야 할 텐데', 또 잘되면 '내게 다시 돌려줄 마음이 날 건가?', 또 돌려주면 '아휴, 저는 가져가서 큰 부자가 되고서도 그저 열 냥 가져갔다고 도로 열 냥만 가져오면 어떻게 하나?' 이런 마음이 나기 쉬우니까 그렇다. 그러니 애당초 그때 그 사람이 필요해서 줘 버리고 말 것 같으면, 우선 그때 편안하고, 그 후에 그 사람이 갚으면 별안간에 생각지도 않았던 것

을 받으니 고맙고, 여러 가지로 좋을 것이다. 물건을 주고 물건을 받는다는 것은 장사는 될지언정 자기 마음을 닦는 데는 필요치 않을 것이다. 그런데 여기서는 마음을 닦기 위해서 이야기해 놓은 것이므로, 이 보시는 우리의 마음에서 탐심, 즉 탐내는 마음을 제거하는 것이다. 이 탐심을 백 일만 연습하면 위병胃病이 들어 죽게 될 것이다. 반대로 탐심을 백 일만 닦을 것 같으면 몸이 아주 건강해질 것이다. 왜 그러냐 하면, 모든 바라는 마음은 고생의 근본이 되는데, 이 고생을 여의게 되기 때문에 그 사람이 건강해지는 것이다.

둘째는 성내는 마음(진심)을 닦는 지계인데 '무엇을 하지 말라', 이를테면 '도무지 미안한 짓을 하지 말라'는 말이다. 성을 내는 마음은 제 몸뚱이 때문에도 나오고, 제 몸뚱이 밖 변두리에 대한 관념 때문에도 나오게 된다. 이것을 없애기 위해서는, 모든 미안한 마음을 용납하지 않아야 한다. 미안한 마음을 가지고 있다는 것은 이미 불구가 되고 병신이 된 것이다. 내가 항상 말하기를, 다리 병신을 하나 갖다 놓으면 그 다리 병신은 다리 병신이라는 마음이 있기 때문에 불구가 벌써 된 것이다. 그러나 다른 데는 불구가 아니어서 다리만 빼놓고는 '네 팔이 병신이다, 눈알이 병신이다, 살갗이 나쁘다'라고 해도 성을 안 낸다. 건강하기 때문이다. 건강이 무엇인가? 남이 뭐라고 하는 것쯤 가지고는 자기가 흔들리지 않는 것을 말한다. 그러나 그 다리 절름거리는 사람에게 '다리도 성치 못한 녀석이 괜히 그래'라고 하면 성을 벌컥 낸다. 그건 왜 그러냐 하면,

제 마음이 미안했기 때문이다. 곧 제 마음에 미안한 것을 두는 것은 정신의 불구를 만드는 것이다. 여하간 제 마음에 미안한 것은 마음에 두지도 말고, 미안한 일을 하지도 말고, 또 후회할 일을 하지 말아야 한다. 후회할 일을 가지게 되면 더 괴로울 것이다. 이런 일들은 성내는 마음을 닦는 데 필요한 것이다. 성내는 마음을 없애면 바로 알 수 있다. 그래서 "성내는 것은 마음속의 불이니 모든 공덕을 다 해치게 된다[진시심중화 능소공덕림瞋是心中火 能燒功德林]"*라고 하는 것이다.

셋째는 어리석은 마음(치심)을 닦는 인욕이다. 어리석은 마음이란 저 잘난 생각이다. 저 잘난 생각이면 우주가 정지되므로, 항상 자기가 못난 줄 알고 모든 사람을 성인으로 보아 자꾸 배우려고 들면 지혜가 무한대로 발전한다. 모든 사람을 부처님으로 본다면 설사 그 부처님께서 욕하신다 해도 거기서 뭔가 깨치고 배우려 하지 성내지 않을 것이다. 배우려고 하면 이렇게 남이 무슨 말을 하거나 성내지 말아야 한다. 그것이 욕된 것을 참는 방법이다.

넷째, 욕된 것을 참을 수 있으면서 이 세 가지 재산이 끊임없이 발전할 수 있게 될 것이다. 그때는 부지런해라. 이것이 정진 바라밀이다.

다섯째, 여섯째, 부지런하고 나면 어떻게 되겠는가? 마음이

---

* 중국 당나라 시인 한산의 시집 《한산시寒山詩》의 구절. "욕행보살도/인욕호진심欲行菩薩道/忍辱護眞心(보살의 길 가려거든/욕됨을 참아 참마음 지켜야 하리)"로 이어진다.

안돈安頓이 되고(선정) 지혜가 나서 아니까, "마음이 안정이 되면 지혜가 생긴다(반야)"고 하는 것이다.

이것이 여섯 가지 바라밀이니라. 이 여섯 가지로 컴컴한 언덕에서 밝은 언덕으로, 괴로움의 언덕에서 평안의 언덕으로 건너가는 것이다."•

백성욱은 지장암의 대중을 100일 단위로 출가시켰지만 모두 승려처럼 머리를 깎게 하고 승복을 입혔으며 일반 사찰처럼 원주院主(절의 사무를 보는 사람)나 지객知客(절에서 손님을 접대하고 안내하는 사람) 등의 소임을 맡게 하였다. 승려로서의 계율을 지키도록 하는 등 스님들의 생활과 하등 다르지 않도록 하였다.

짧게는 100일 공부하다 나갔고 길게는 3~4년 이상, 백성욱이 지장암을 떠날 때까지 7년가량 머문 사람도 있었다. 그의 주변에는 항상 30여 명의 대중이 머물고 있었다."" 백성욱은 그때 지장암으로 찾아와 출가하고자 하는 사람들에게 반드시 조건을 붙였다. 여기 들어와서는 자신의 말에 복종할

• 백성욱,《분별이 반가울 때가 해탈이다:백성욱 박사 법문집》, 김영사, 2021년, 229~236쪽.
    김정섭(김강유),《행복한 마음》, 김영사, 2000년, 472~475쪽.

•• 1931년부터 수행을 한 김기룡은 "지장암 대중이 평균 30명, 안양암 대중이 평균 15명 합 45명의 의식(옷과 음식)을 백 선생께서 그 뒤를 다 대신 것이다"라고 회고하였다(김기룡,《금강산 수도에 미륵부처님 친견기》, 불교통신교육원, 1983년, 288쪽).

수 있겠느냐고 묻고, 복종을 약속하는 사람들에 한해서 입산 수도하도록 허락하였다.

대중은 모두 아침 서너 시에 일어나 한두 시간가량 '대방광불화엄경'을 염송하고 《화엄경》 법문을 들었다. 식사는 1일 2회 이하로 제한했으나 상당수 대중이 1일 1식을 하였다. 처음에는 행동이 거친 사람도 적지 않았지만 차츰 안정되어 수도하는 30여 명의 대중이 아무 잡음 없이 일사천리로 움직이게 되었다.

1937년 11월, 경성역을 떠나 금강산 지장암을 찾아 "대방광불화엄경"을 불렀던 20대 초반의 정종은 자신의 염송 수행에 대해 이렇게 썼다.

"우리는 참선의 자세로 정좌하고 그이(백성욱)를 따라 합장한 채로 소리 높여 '대방광불화엄경'을 몇십 번이고 되풀이 제창했다. 언제나 맨 처음의 템포를 유지하면서 한결같은 목소리로 낭랑하게 외쳐야 한다. …언젠가 제창불교의 실효성에 대하여 물은 적이 있는데, 이에 대하여 大와 方과 廣과 佛과 華와 嚴과 經의 글자가 지닌 뜻을 설명하시면서 처음엔 이 뜻들을 염두에 두고 점점 무아지경에 이르게 되노라면, 이제까지의 문門에서 뛰쳐나와 새로운 문으로 들어가는 구실을 다할 것인즉 사고를 버리는 대신에 오로지 일곱 글자에만 골몰하고 그 소리에만 정신을 쏟으라는 말씀인 것 같았다."*

•   정종, 《내가 사랑한 나의 삶 80(상)》, 동남풍, 1999년, 51~52쪽.

당시의 수행법에 대해 제자 김기룡은 이렇게 기록하였다.

"우리 백 선생님께서는 누구나 그 한마음을 깨치려면 기도, 염불(주문), 간경, 참선 이 네 가지를 동시에 하여야 된다 하셨다. 기도를 하면 과거의 죄를 소멸하고, 염불을 함으로써 그 한마음을 쉴 수 있고 감응이 헛되지 않아서 영향상종影響相從 하며, 바로 깨치셔서 밝으신 이에게 법문을 들어서 닦는 법을 배우고, 밝으신 이의 법에 의해서 참선을 하여야 깨칠 수 있다. 이 얼마나 투철한 법이시랴!"*

금강산 안양암 시절에 입산하여, 지장암에서 입승을 맡았던 수행자 이계원은 1936년 봄,《금강산》8호에 지장암 선불장의 기원과 취지, 실행의 요체를 이렇게 소개하였다.

"…실천궁행實踐躬行(실제로 몸소 이행함)의 토대에서 자신의 망념을 소융消融(없애버림)하여 자비희사慈悲喜捨**를 연습하든, 선종의 미풍美風으로 경전을 토구討究하여 민중 포교에 적합하도록 설명하여 실제 사회를 선도하든, 교종의 현명賢明만이 있지 못하므로, 이러한 것을 충실하게 하고자 부처님의 교훈을 민중에게 주고자 '선불장'이 출현하게 된 것이다. 어원으

---

* 　김기룡,《금강산 수도에 미륵부처님 친견기》, 불교통신교육원, 1983년, 291쪽.

** 　자慈는 남에게 즐거움을 주려는 마음, 비悲는 남의 괴로움을 덜어 주려는 마음, 희喜는 남이 괴로움을 떠나 즐거움을 얻으면 기뻐하려는 마음, 사捨는 남을 평등하게 대하려는 마음. 중생을 향한 보살의 마음으로 사무량심四無量心이라 한다.

로 말하면, 마조도일 회상의 방거사송龐居士頌인 "차시선불장
심공급제귀此是選佛場心空及第歸(여기가 바로 선불장이니, 마음 비워
야 급제하여 고향으로 돌아가리라)"에서 기인한 것이다.

'선불장'이라는 것은, 몇 해 전에 유럽 유학을 마치고 불
교 사회를 위하여 종사하다가 평소의 포부를 실현하기 위하
여 금강산 안양암에서 부처님의 진적眞蹟(참된 공적)을 실천하
시던 백성욱 선생이 자기를 향하여 가르침을 얻고자 오는 도
제徒弟(스승으로부터 가르침을 받은 사람)들의 집단을 명명한 것
이다.

이곳은 그가 일찍이 부처님의 정신을 묻는 자에게 소개할
때 말씀하신 '너희의 정신에 있는 망상을 말아라. 너희의 행
동에 있는 망동을 말아라. 이것이 정신과 육체를 동시에 건
전하게 하는 것이니라'라는 한마디를 실행할 수 있도록 설비
한 곳이다.

누구에게나 정신과 육체의 두 방면이 있으면서도, 정신을
주장하는 자는 육체를 무시하였고 육체를 주장하는 자는 정
신을 몰각하였다. 이와 같은 사상상의 약점은 우리 선불장에
서 완전히 보충할 수 있음을 자신하고 또 선언한다.

이것을 실행하기 위해서는 육체적 노동이 다섯 시간, 정진
이 다섯 시간, 설교가 세 시간(인원의 많고 적음에 따라 변동될 수
있음), 수면이 일곱 시간, 식사 준비로 나머지 시간이 사용된
다. 이것이 우리 선불장의 취지요 실행의 소개인즉, 효과 여
부는 각자에게 맡긴다. 1936년 봄 선불장입승계."*

지장암에서 백성욱 박사에게 출가하여 수행하던 대중들의 사진(1934년).
백 박사는 함께 촬영하지 않았다. 윗줄 왼쪽부터 이계진, 김기룡, 김두환, 이종한, 무진 스님, 양인선, 김갑진, 이춘원, 강호익. 아랫줄 왼쪽부터 강영근, 동현, 기남, 황기운, 태권, 황한운, 사성, 김명환, 김동해. 김동규 자료.

　세월이 흐르니 백성욱을 비롯한 모든 대중의 얼굴이 비슷비슷해져 외부 사람이 와서 구분하기 어려워할 정도가 되었다. 한번은 서울의 신문사 기자가 취재하러 왔다가 마당을 거니는 백성욱의 사진을 찍어갔는데, 현상을 하고 나서 보니 사진에 찍힌 인물은 백성욱이 아니라 어느 학인이었다. 모두 매일같이 같은 마음으로 '대방광불화엄경'을 외웠기 때문에 얼

・　이계원, 〈지장암에서 전해오는 소식(선불장 취지)〉, 《금강산》 8호, 18~19쪽.
　　김광식, 〈백성욱의 금강산 수행 공동체 역사와 성격〉, 《민족사상》 제15권 제1호, 2021년, 132~133쪽 참고 재인용.

굴이 비슷하게 변했던 것이다.*

또 한번은 백일기도를 마친 대중이 모두 암자 근처로 소풍을 떠났다. 그런데 2킬로미터도 못 가서 한 수행자가 별안간 오한이 나더니 길가에 그대로 주저앉고 말았다. 백성욱은 가던 길을 돌아가자 하더니 그 제자에게 말했다.

"너는 들어가 다기茶器를 챙겨 위 법당에 올라가 정근하거라."

안양암 위 법당에는 큰 바위에 삼불 부처님을 새겨 모시고 있었다. 그 수행자는 백성욱이 시키는 대로 다기를 가지고 법당에 올라갔다. 네다섯 시간 남짓 '대방광불화엄경'을 염송하는데 비몽사몽간에 개 두 마리가 나타났다. 하나는 암놈이고 하나는 수놈인데, 암놈 뒤에서 수놈이 암놈 똥구멍 냄새 맡는 시늉하는 것을 보자마자 수행자는 알아차렸다.

'아! 내가 길가에 있는 청연암을 지나던 중에 비구니 수행자를 보고 음탐심이 동했구나.'

그러자 별안간 오한이 온데간데없이 사라졌다. 신이 난 수행자가 장안사에 법문하러 내려간 선생님을 찾아가 자초지종을 말하였다. 이야기를 들은 백성욱이 말했다.

"공부란 그런 것이다."**

---

* 　백성욱, 《분별이 반가울 때가 해탈이다: 백성욱 박사 법문집》, 김영사, 2021년, 675쪽.

** 　백성욱, 앞의 책, 672쪽.

지장암의 스승, 백성욱의 명성을 듣고 전국에서 사람들이 몰려왔다. 공부하러 온 사람도 있고, 병을 고치러 온 사람도 있었다. 백성욱을 만나 세상 물정과 인심을 주억거리며 길을 묻는 인사도 있었다. 그 단골손님 가운데 춘원 이광수가 있었다. 춘원은 백성욱보다 나이가 다섯 살 위였지만 힘든 일이 있을 때면 백성욱을 찾아와 마음을 털어놓고 갔다. 춘원의 '애인―육바라밀'이라는 시는 이때 백성욱을 만나러 금강산을 오가며 쓴 것으로 전해진다.

> 님에게는 아까운 것이 없이
> 무엇이나 바치고 싶은 이 마음
> 거기서 나는 보시布施를 배웠노라
>
> 님에게 보이자고
> 애써 깨끗이 단장한 이 마음
> 거기서 나는 지계持戒를 배웠노라
>
> 님이 주시는 것이면
> 때림이나 꾸지람이나 기쁘게 받는 이 마음
> 거기서 나는 인욕忍辱을 배웠노라
>
> 자나 깨나 쉬일 새 없이
> 님을 그리워하고 님 곁으로만 도는 이 마음

거기서 나는 정진精進을 배웠노라

천하에 하고 많은 사람 중에
오직 님만을 사모하는 이 마음
거기서 나는 선정禪定을 배웠노라

내가 님의 품에 안길 때에
기쁨도 슬픔도 님과 나와의 존재도 잊을 때에
거기서 나는 지혜智慧를 배웠노라

이제 알았노라 님은 이 몸께
바라밀을 가르치려고
짐짓 애인의 몸을 나투신 부처시라고

춘원 이광수는 재혼한 부인 허영숙과 크게 다툰 뒤면 어김없이 백성욱에게 달려와 푸념을 늘어놓고는 하였다. 사상적인 갈등을 거듭하고 병약한 체질이 겹쳐 실로 위안받을 데가 없을 때에도 불원천리 백성욱을 찾아갔다. 백성욱은 춘원의 고통과 인간적인 고뇌 그리고 문학적인 재주를 보듬고 아껴주었다. 반면《무정》《유정》《사랑》《흙》같은 애정 소설을 써서 많은 사람의 가슴을 뜨겁게 달궈놓은 그 업의 과보는 피할 수 없다고 후일 법문하기도 하였다.

　당시 백성욱이 세상과 떨어진 깊은 산중에 있었다 해도 주요 인사들은 여전히 그를 주목하고 있었던 것으로 보인다. 한 의학자이자 독립운동가이며 철학자, 약초 연구가인 인산仁山 김일훈金一勳(1909~1992)이 남긴 일화를 보면 당시 주요 인사들의 백성욱과 조국의 미래에 대한 생각을 읽을 수 있다.

> 방도인方道人으로 불리운 형님이 한 분 있었다. 그 형님이 해방을 보지 못하고 죽음에 다다르자 임종을 지키던 많은 독립운동가들은 그에게 물었다. "선생님께서 떠나시면 어찌 될까요? 선생님 같은 이인異人이 과연 또다시 나올 수 있겠습니까?"라고 물으니, "모르는 소리…, 나보다 월등한 재주들이 많지. 해방 이틀 이후 묘향산의 김운룡金雲龍이 몽양 집으로 올 걸세. 그리고 금강산 중 백성욱이 있지 않은가. 모두 천하의 기재奇才들이니 나라에 큰일이 있거든 나이를 관계치 말고 물어서 의견을 듣도록 하게나."[•]

1937년, 일제는 중일전쟁을 일으켰다. 군수물자를 조달하기 위해 식민지 백성들을 쥐어짜며 닦달하였다. 사람들이 모이는 곳이면 어디든 일경이 살벌하게 달려들었다. 기미년 독립만세의 기운도 희미해졌고, 사람들의 얼굴은 공포심으로 핏기가 없었다. 약삭빠른 일부 언론은 중일전쟁을 '성전'이라며

• 김일훈, 《신약神藥》, 광재원, 1989년, 490쪽. 양경직, 〈부천의 독립운동가 백성욱〉, 《다시 찾은 부천 인물》, 부천문화원, 2013년, 100쪽에서 재인용.

연일 추켜세우고 있었다. 조선 독립의 희망은 스러져가는 듯했다. 불교 집안도 형편은 비슷하였다. 조선 불교도 총독부의 교활한 이간질로 비구, 대처 간 갈등이 깊어져 수송동 각황사도 태고사로 사명이 바뀌었다.

1938년 4월 초, 급기야 일경들이 금강산 지장암까지 들이쳤다. 백성욱을 중심으로 사람들이 운집하고 있다는 소문이 들리자 불교를 가장한 불순한 모임일 수도 있다고 의심한 것이다.* 의령에 살던 장준현이라는 이가 '불령선인不逞鮮人(일제 강점기에 불온하고 불량한 조선 사람을 이르던 말)'으로 검거되었는데, 그가 금강산에서 백성욱의 법문을 들은 불자라고 자신을 밝힌 것이 직접적인 계기가 되었다.**

의령은 임진왜란 때 '홍의장군' 곽재우가 의병을 규합하여 왜군을 무찌르고, 3·1 만세운동 때에도 함성이 높았던 곳으로 항일사상이 강하게 흐르고 있었다. 백범 김구, 백야 김좌진과 함께 '삼백'으로 불리며 독립운동 자금을 조달하던 백산 안희제(1885~1943)를 비롯한 많은 독립운동가가 배출되기도 하여 일제의 감시가 심한 곳이었다. 의령경찰서에서는 조선 총독부 경무국 고등경찰과에 의뢰해 백성욱의 신원을 조회했다. 그리고 얼마 뒤, 그가 1920년 상해임시정부와 연계해

- 《동아일보》 1938년 6월 7일 기사.

- 백성욱, 《분별이 반가울 때가 해탈이다:백성욱 박사 법문집》, 김영사, 2021년, 728쪽.

서 '대한승려연합회'를 결성해 백초월, 신상완, 김법린 등과 함께 '불령승려不逞僧侶' 명단에 있었지만 상하이에 있어 검거되지 않았다는 사실을 확인했다.

경남경찰부에서는 백성욱이 거물임을 알고 경기경찰부와 강원경찰부까지 동원해 대규모 검거대를 조직해서 지장암을 향했다. 백성욱은 회중을 모아놓고 말했다.

"대중들이여! 업장을 닦으라. 한마음 닦아 밝아지고자 한다면 자신의 업장이 태산 같은 줄 먼저 알고, 부처님께 공경하는 마음을 한시도 내려놓지 말라. 대방광불화엄경을 염하라."

일경은 백성욱과 손혜정 보살, 김기룡, 유춘형, 장운항 다섯 명을 체포했다.* 멀리 비로봉 꼭대기에 후광처럼 걸렸던 만월滿月이 어느새 잣나무 숲을 헤치고 달려와 뉘엿뉘엿 산문을 나서는 백성욱의 길을 비추고 있었다.

다섯 사람은 종로경찰서로 끌려갔다. 그곳에서 인적사항 심문을 마친 뒤 경남 의령경찰서로 이송되었다. 의령경찰서에서는 백성욱을 불령승려로 취급하며 취조를 시작했다. 손혜정 보살도 백성욱의 정신적 지주라는 이유로 불령선인으로 분류되어 취조받았다.

백성욱은, 자신은 상하이에서 프랑스를 거쳐 독일에서 공부

---

* 의령경찰서에서 안사법 주임 이하 4반의 검거대원이 출동하여 1대는 경성으로, 1대는 금강산으로 수양객과 같이 변장, 경관대가 활동하여 금강산 지장암에서 백성욱 박사와 유춘형, 김기룡 등을 검거하고 경성에서는 손혜정 선생을 검거, 압래하였다고 전해진다.

하고 온 불교학 박사이고, 금강산에서도 심산유곡인 지장암에 들어가 '대방광불화엄경'을 염송하였으며 대중이 찾아오면 《화엄경》 법문을 했을 뿐이라고 했다. 그중에는 힘쓸 만한 젊은이도 있긴 했으나 다만 법문으로 마음의 근본을 깨닫게 했으니 그게 어찌 죄가 될 수 있느냐며 항변했다. 손혜정 보살도 자신은 대중에게 "마음을 밝히라"며 중생들을 불문으로 안내한 일밖에 없다며 시종일관 꼿꼿한 자세로 취조에 임했다.

그런데도 의령경찰서에서는 백성욱과 손 보살을 50일간 잡아두고 취조한 뒤, 6월 3일 진주지청 검사분국으로 송치했다. 여기에서도 혐의가 입증되지 않자 두 사람은 일주일 만에 무혐의로 석방되었다. 1938년 여름이었다.•

백성욱과 동행하게 된 수행자에 의하면, 의령경찰서에서는 백성욱 박사와 손혜정 보살을 후대해 독방을 주고, 두 스승뿐 아니라 함께 온 다른 수행자들한테까지 사식을 제공했다고 하였다.••

• "그런데 손 선생님과 백 선생님은 요시찰이 붙으신 어른들이신데 그런 이들이 금강산에 사람을 많이 거느리고 계시니까 무슨 일이나 있나 하고 경남 의령경찰서에서 지장암에 와서 백 선생님을 좀 가시자고 해서 백 선생님은 의령경찰서에 가셔서 70일간 조사를 당하시고 필자도 선생님과 같이 의령경찰서에 갔다가 선생님들과 같이 진주 경찰청(검사국)으로 넘어가 1주일 만에 불기소가 되어서 선생님들을 모시고 금강산으로 다시 오게 되었다."(김기룡, 《금강산 수도에 미륵부처님 친견기》, 불교통신교육원, 1983년, 103쪽)

•• 백성욱, 《분별이 반가울 때가 해탈이다: 백성욱 박사 법문집》, 김영사, 2021년, 728쪽.

금강산에서 마음이 잘 조복된 청년 30여 명과 함께 있다는 소문을 듣고 일제는 백성욱이 독립운동을 할지도 모른다는 두려움에 연행하여 조사하고는 결국 더이상 수도하지 못하도록 압력을 가했다.

백성욱은 후에 당시를 이렇게 회고하였다.

"만 일萬日 기도가 끝나는 1938년 가을 어느 날, 일본 경찰이 나를 체포하러 왔습니다. 이유인즉 사이비 종교인이라는 것이었습니다. 물론 그 당시는 그네들의 일천황日天皇 신앙 외에는 사이비로 몰아세웠던 것도 사실이지만, 이 어처구니없는 압력으로 나는 금강산 수도 생활을 더이상 계속할 수가 없었습니다. 그러나 그것은 불행 중 다행이기도 하였습니다. 수도 생활을 계속할 수 없었던 것은 불행한 일이었습니다만, 목적한 만 일 기도를 무사히 끝마쳤다는 것은 다행스러운 일이었습니다. 부처님의 가호 없이는 만 일을 채우기가 어려웠을 것입니다."•

어느덧 금강산에 온 지도 10년여, 백성욱은 산을 떠나야 할 때가 온 것을 알았다. 더이상 독립운동 할 필요가 없어진 것도 알았다. 그 즈음 백성욱은 1945년 8월 우리나라가 일제로부터 해방된다는 것을 알게 되었다. 그는 어떻게 조국 해

• 백성욱, 〈모든 것을 부처님께 바쳐라:지상설법〉,《법시》 제112호, 법시사, 1974년 8월, 16~17쪽.

방을 알았는가.

입산 초기 백성욱은 나라를 빼앗은 일본인에 대해 미운 마음이 많았다. 하지만 '대방광불화엄경'을 염송하고 마음이 안정되어감에 따라 차츰 생각이 바뀌었다. 미운 것은 일본인이 아니라 그들의 사고방식이었다. 간교하고 잔인하게 우리나라를 짓밟은 일본인의 사고방식이 문제였다.

공부가 진행되고 마음이 더욱 안정됨에 따라 일본인이 우리나라 사람들을 잔인하게 짓밟는 원인을 깨달았다. 우리나라 사람들이 조선조 500년 동안 일본인을 멸시한 마음이 지배를 불러오게 되었다. 인과를 알게 되니 일본 사람도 그 사고방식도 다 미워할 것이 아니었다. 이런 생각이 들자 우리나라도 분명 독립할 수 있을 거라는 희망이 생겼다. 일본인을 멸시한 업보로 그들에게 지배당하게 되었다면 그 과보가 소멸할 때쯤 독립하게 될 것이기 때문이었다.

독립의 희망을 가지고 공부하던 어느 날, 기도 중인 백성욱에게 홀연히 한 광경이 생생하게 떠올랐다. 분명히 해방되었는데 서울은 도쿄에 매여 있고 평양은 아득한 북쪽 어디쯤에 매여 있는 장면이었다. '어째서 서울과 평양이 서로 다른 곳에 매여 있을까.' 그러나 더는 알 수 없었다. 해방된다는 것은 알겠는데 그 내용을 확실히 알 수 없으니 답답한 마음은 그 광경을 보기 전이나 마찬가지였다.

수행과 기도를 계속해나가면서 마음속의 탐심·진심·치심이 불러일으키는 각종 분별심이 점차 소멸되자 비로소 그 뜻을 확실히 알게 되었다. 1945년 8월, 서울이 도쿄에 매인 것은 맥아더 사령부가 도쿄에 있기 때문이고, 평양이 북쪽 어디쯤에 매인 것은 평양이 모스크바의 지시를 받고 있기 때문이었다.*

혜안慧眼이 열린 백성욱은 조선반도에 새로운 빛이 찾아들 것임을 보았다. 일경의 칼끝이 산중 수도처까지 미치는 것도 그 칼을 내려놓을 때가 얼마 남지 않았음을 보여주는 일이었다. 입산 전 잠시 강단에 섰던 중앙불교전문학교(입산 수도 직전, 불교전수학교)도 제대로 된 대학으로 거듭나지 않으면 안 될 시기가 도래하고 있었다.

• 백성욱,《분별이 반가울 때가 해탈이다:백성욱 박사 법문집》, 김영사, 2021년, 542~543쪽.

"누구든지 '불법佛法'이라고 하면 불법이 아니다. 왜 그러냐? '불법'이라는 관념 하나를 미리 넣어두면 네 마음이 그만큼 컴컴하다, 그러니까 불법이 아니다. 오직 네 마음이 밝아야 되겠다. 너희가 생각할 수 있는 모든 형상形相 있는 것은 다 아니다. 그것은 네 마음을 가린 것이다. 오직 모든 것이 실상實相이 없는 줄 알 때에 네 마음이 밝을 것이다. 이렇게 알면 곧 밝은 이를 구경할 수 있을 것이다."

돈암동 선방에서의 보림
11

백성욱은 돈암동 자택으로 돌아왔다. 1929년 가을 홀연히 금강산으로 떠난 지 10년 만의 환가還家였다. 식민 치하 경성의 겉모습은 크게 달라지지 않았으나 돈암동 자택은 외조모가 타계한 지 몇 년이 지난 뒤라 적막하였다. 손혜정 보살은 혜화동에 거주하며 대중지도를 하고 있었다. 백성욱은 매일 새벽 손 보살을 찾아가 문안을 올리고 함께 기도하였다.

나이도 어느덧 불혹을 넘어섰다. 돈암동에 돌아온 뒤로도 백성욱의 화엄관華嚴觀 정진은 계속되었다. 지도하는 대중이 없을 뿐 행주좌와어묵동정行住座臥語默動靜, 즉 움직일 때나 머물 때나, 앉았을 때나 누웠을 때나, 입을 열었을 때나 닫았을 때나, 그의 일념 속에는 대방광불화엄경 화엄세계의 팔만 성중聖衆이 함께했다.

산이 높으면 해와 달이 그 기운을 더하고 운무雲霧가 아침저녁으로 몰려드는 법. 백성욱이 머문 곳이면 그곳이 금강산 골짜기이든, 경성의 골목길이든 대중이 몰려들었다. 백성욱은 어느 자리에서든 찾아온 대중을 향해 예의 그 '싱긋 웃음'을 보이며 마음을 살펴주었다.

한때 금강산까지 백성욱을 찾아가 "박사님! 왜 교수직을 버리고 여기 심산유곡에 계십니까? 경성 같은 데서 좀더 많은 회중을 상대로 교화하지 않으시고, 유럽까지 건너가 최초로 박사학위를 받으신 분이…" 하고 당돌하게 질문했던* 젊은 불교학자 정종鄭瑽(1915~2016)도 돈암동 수행처를 찾아왔다.** 1942년 4월 경성보육학교 교사로 막 교단에 부임한 뒤, 인사도 드릴 겸 돈암동 선방을 찾은 것이다. 오랜만에 경성에서 다시 후학을 만난 백성욱은 '싱긋 웃음'으로 그를

• 1937년 11월, 당시 이 질문에 백성욱은 "아무리 깊은 계곡이라도 먹이가 있으면 물고기는 불원천리하고 거슬러 올라오는 법, 너희들도 이렇게 오지 않았느냐?"라면서 싱긋 웃었다(정종,《내가 사랑한 나의 삶 80(상)》, 동남풍, 1999년, 53쪽)

•• "그런저런 사정으로 입산수도 10년이 되는 해에 타의에 의해 지장암을 떠나 돈암동 친척집(이모가 되는 송씨가※)에 우거寓居(남의 집에 임시로 몸을 부쳐 삶) 중인 선생님을 찾아뵌 것은 1942년 4월에 경성보육학교의 첫 교단에 서면서부터다. 나를 맞아 주시자마자 합장 염불로 축원해주시고, 여전히 '대방광불화엄경'을 같이 외치셨다. 비록 회중을 잃어버리긴 했으나, 지장암에서나 다름없이 정진 생활은 계속되었고, 한편 스승을 잃은 회중들은 소수가 그대로 남거나, 다시 모여들어 수도를 계속하고 있다는 소식에도 접했다. 요는 스승 백성욱 박사 한 사람이 문제인 것이다. 그와 그들을 격리만 시켜 놓으면 춘원도 나 같은 젊은이들도 찾아가지 않을 것이다. 먹이가 없기 때문이다. …언제나 혼자 계시는 선방을 찾아가면 호호야처럼 나를 반기셨다. …태평양 전쟁이 가열해지면서는 선방으로 통하는 방공호실에서 기거하시는 것 같았다."(정종,《내가 사랑한 나의 삶 80(상)》, 동남풍, 1999년, 58쪽)

반겼다.

"어서 오시게. 대방광불화엄경!"

"이 전쟁이 어떻게 될까요?"

식민 치하에서 이 땅의 젊은 지식인은 겉으로는 호구지책을 위해, 더러는 자신의 입신立身을 위해 숨죽이고 각자도생으로 자기 삶을 영위했지만 누구도 내면에서 암울한 조국의 현실과 불안한 미래에 대한 두려움을 떨치지 못하고 있었다.

"은인자중하고 기다릴 줄 알아야 해."

백성욱은 말을 덧붙이지 않았다. 젊은 학자 정종은 그 소리를 '어떻게든 살아남아야 한다'는 당부로 들었다.

모두가 살아남아야 했다. 새벽이 오기 전 어둠이 깊듯이 이 땅의 기운이 그러했다. 조선총독부는 더 악랄하고 파렴치하게 징병과 징용으로, 심지어 일본군 위안부로 이 땅의 젊은이들을 전쟁터로 끌어내려고 혈안이 되어 있었다. 일경들은 악독하게 민생들을 괴롭혔다. 그것은 이 전쟁의 종식이 머지 않았다는 방증이기도 했다. 이미 해방을 확인한 백성욱은 우선 이 젊은 학자가 마음을 안정하도록 하였다. 밝은 지혜는 안정으로부터 나올 수 있었다.

1941년 1월, 백성욱은 은사이신 하옹 스님이 입적했다는 연락을 받았다. 백성욱은 은사 스님이 마지막까지 주석하던 북악산 자락 홍천사로 달려갔다. 험로역정險路歷程을 헤쳐 가느라 생전에 보은報恩을 다하지 못했는데, 스승께서는 자상하게

도 여러 제자와 함께 그의 몫으로도 상당한 재산을 배분해놓고 가셨다.

다비식을 마친 뒤 백성욱은 하옹 스님께 받은 유산을 화재 복구 불사가 한창인 봉은사奉恩寺에 모두 헌납하였다. 도성 안의 유서 깊은 큰 사찰인 봉은사는 1939년 큰 화재로 판전板殿을 제외한 대웅전, 만세루, 진여문 등 전각 대부분이 소실되어 1941년부터 복원 불사가 한창이었다. 봉은사의 특이한 전각인 판전에는 80여 권의《화엄경소》목판을 비롯해 총 15종 1,500여 매의 경판이 보존되어 있었다. 대웅전까지 소실되는 큰 화재에도 판전만큼은 살아남은 것은 어쩌면《화엄경》수행의 소중함을 중생들에게 일깨워주는 일인지도 모른다. 이 판전 전각의 편액은 추사 김정희의 글씨이기도 하다.

백성욱은 재가자들과 함께 봉은사의 중창을 위한 만일회의 신앙결사에도 참여하였다. 1941년 8월, 봉은사 경내에 세워진 한 비석에는 당시 백성욱의 이야기를 아래와 같이 새겨 오늘에 전하고 있다.

萬日會 大功德主 白性郁 博士 紀念碑

記實
博士 興天寺故荷翁大禪師高弟也
法物全部納於萬日會日
以受於師者還薦於師用 報法恩之萬一

봉은사 경내 만일회 대공덕주 백성욱 박사 기념비.

云當寺嘉其誠意刻于貞珉

만일회 대공덕주 백성욱 박사 기념비

사실을 기록함.

박사는 흥천사 고 하옹 대선사의 고제(뛰어난 제자)이다.

법물 전부를 만일회에 바치며 말하기를
스승으로부터 받은 것을 다시 스승에게 돌려드림으로써
법은의 만분의 일이라도 갚는다.
이르기를, 본 사찰이 그 성의를 아름답게 여겨 옥돌에 새
긴다.

1941년 말, 일본은 하와이 진주만을 선전포고 없이 기습하며
미국을 상대로 태평양전쟁을 도발했다. 전쟁 초반에는 일본
이 기선을 잡는 듯했으나, 미드웨이 해전을 전환점으로 대세
가 바뀌었다. 남태평양 전쟁에서 수세에 몰린 일본은 노골적
으로 학도병 강제 모집을 시작했다. 징용령도 내려 조선인을
일본 탄광과 무기공장, 그리고 사할린, 동남아, 남양군도로
끌고 갔다. 한국인 징용 노무자 수가 70만 명을 넘어섰다.

 1943년 10월이 되자 학도병제 및 해군 특별지원병제가 실
시됐고, 12월 15일에는 학도병 미지원자 징용령을 시행했다.
백성욱은 일제의 광기에 수많은 젊은이가 전쟁터로 끌려가
는 상황을 함께해야 했다.

 1944년 정월, 백성욱은 돈암동 선방을 떠나 봉국사 시절의
사형 스님이 주지로 있는 치악산 상원사上院寺를 향해 걸음을
옮겼다.

치악산의 백로선생
12

중앙선 기차를 탄 백성욱은 원주역을 지나 신림역神林驛(원주와 제천 사이에 있던 역)에서 내렸다. 상원사로 가는 길에는 차가운 치악산 골바람이 몰아쳤다. 치악산은 원주의 진산鎭山으로 주봉인 비로봉(1,288미터)을 비롯해 해발 1,000미터 이상의 고산준령이 굽이치는 백두대간 남서쪽에 있다. 상원사는 해발 1,182미터에 달하는 남대봉 기슭에 자리하고 있는 데다 산세가 험준하여 가는 길이 쉽지 않았다.

치악산에는 한때 70여 개의 사찰이 있었으나, 이제는 상원사·구룡사·국향사·보문사·입석사 등 몇몇 사찰만이 남아 법등法燈을 밝히고 있었다. 상원사는 신라 문무왕 때 의상대사가 창건했다는 설도 있고, 신라 마지막 왕인 경순왕의 왕사 무착無着대사가 창건했다는 설도 있지만 어느 쪽이 정설인지는 확실하지 않다. 다만 고려 말에 나옹화상이 중창하였으며, 이후 무수한 선사가 이곳을 찾아 수도했다는 점은 확실하다. 상원사는 보은을 위해 종을 울렸다는 꿩과 뱀의 설화로도 유명하며, 치악雉岳이라는 이름도 이 이야기에서 유래하였다.

상원사에 도착하자 주지 소임을 맡고 있는 사형 스님이 반갑게 맞았다. 두 사람은 밤늦도록 봉국사 시절과 3년 전 열반한 은사 하옹 스님에 대해 이야기를 나눴다. 백성욱은 사형 스님에게 일제의 억압 통치도 오래 남지 않은 것 같다며 이곳 상원사 토굴에서 면벽하면서 조국 광복의 날을 위해 기도하려 한다고 하였다.

이튿날, 사형 스님은 치악산에는 봉우리가 많아 수행처로할 만한 동굴이 여럿 있다며 백성욱을 데리고 치악산 정상의 봉우리인 시루봉(비로봉, 이병주 소설 〈백로선생〉에서는 '시두봉'으로 표기)으로 향했다. 시루봉에서 30분쯤 내려가자 숲 사이에 상원사 스님들이 선방으로 사용하는 동굴이 하나 나타났다. 치악산의 겨울바람을 피하기에 안성맞춤이었다. 이 동굴은 고려의 충신 운곡 원천석이 이방원의 부름을 피하기 위해 몸을 숨겨 지내던 곳이기도 하였다. 백성욱은 이 '동굴선방'에서 대방광불화엄경 염송 정진에 들어갔다.

백성욱은 가끔 식량을 구하러 상원사에 내려갔다. 상원사는 더이상 조용한 산사가 아니었다. 징병과 징용을 피해 숨어든 젊은이들을 찾으려고 일경들이 수시로 선방 문을 열어젖혔다. 낯선 이들이 올라올 때마다 골바람은 더 싸늘하게 느껴졌다. 실제로 백성욱도 동굴에서 나와 운동하던 중 산에서 길을 잃고 헤매는 젊은이들을 만나 그들을 자신의 동굴선방에 숨겨주고 있었다. 한 사람은 신사참배를 거부하고 숨어든 기독교 목사였고, 다른 한 사람은 수원에서 독서회 사건으로 수배를 받다 피해온 공산주의자였다.

그러던 어느 날, 상원사에 갔는데 일경이 찾아와 사형 스님을 닦달하는 모습이 보였다. 이른 아침 신림역에서 내린 최의식이라는 청년을 내놓으라는 것이었다. 이름까지 알고 온 걸 보면, 청년의 부모 형제들을 끌고가 치악산으로 갔다는 자백까지 받아낸 것 같았다. 그가 아직 상원사에 오지 않았다면 필시 길을 잃었을 것이라 생각한 백성욱은 신림역에서 올라오는 길목으로 걸음을 옮겼다. 아니나 다를까 한 젊은이가 길을 잃은 채 헤매고 있었다. 최의식이었다. 그대로 두면 산속에서 얼어 죽거나 일경에 체포될 것이었다. 백성욱은 최의식이 공산주의자라면 다른 동굴로 데려갈 생각으로 그가 징병과 징용을 피한 이유를 물었다. 같은 동굴에 공산주의자 두 명이 목사 한 명과 함께 있게 되면 무슨 일이 생길 수도 있었고, 자칫 그 화가 상원사에까지 미칠까 염려해서였다. 최의식은 일본에서 불문학을 공부한 문학도였다. 공산주의자는 아니었다. 백성욱은 그도 동굴선방으로 데려갔다.

최의식은 성품이 온순하고 행실이 단정한 사람이었다. 오랜 기간 일본 유학을 마치고 귀국하니 징용·징병으로 젊은이를 모조리 전쟁터로 끌고 가려는 살벌한 상황이라, 지친 심신을 쉬이고 징병도 피할 겸 치악산 상원사로 올라온 것이었다. 최의식이 백성욱에게 조심스럽게 물었다.

"선생님께서는 어떤 일로 상원사에 오셨습니까?"

백성욱이 대답했다.

"너 만나러 왔다."

최의식은 그 말뜻을 알아차리지 못했다. 이후 해방공간의 돈암동 생활부터 부산 피난 시절은 물론 동국대 총장에 취임하고 소사 시절에 이르기까지, 최의식은 언제나 비서실장처럼 지근거리에서 백성욱을 지극정성으로 모시는 인연으로 이어졌다.

'동굴선방' 수행은 긴장의 연속이었다. 징용·징병 도피자들을 찾아 일경들이 수시로 상원사에 올라와 경내를 샅샅이 뒤지는 탓에 동굴선방에 든 사람들은 새벽 6시경 미명이 트기도 전에 절에서 나와 온종일 산속 여기저기를 걷는 것이 일과였다. 이른바 행선行禪이었다. 행선 중의 식사는 둥굴레차 두어 잔을 마시는 것이 고작이었다. 그러나 이상하게도 배고픈 줄 몰랐다. 겨울이 지나고 봄날이 되어도 산속을 행선하는 일과는 계속되었다. 항상 최의식이 어느 정도 앞서나가고 백성욱이 뒤따라 걸었는데, 한번은 백성욱이 "멈춰라"하고 최의식에게 소리쳤다. 발걸음을 멈췄더니 동면을 끝낸 뱀 한 마리가 쓱 하고 그 앞을 스쳐 지나갔다.

백성욱은 최의식과 동굴선방에서 100일 정진을 마친 뒤 돈암동 선방으로 함께 돌아왔다. 100일이라는 짧은 기간의 상원사 생활이었지만 최의식에게 평생 그때처럼 편안하고

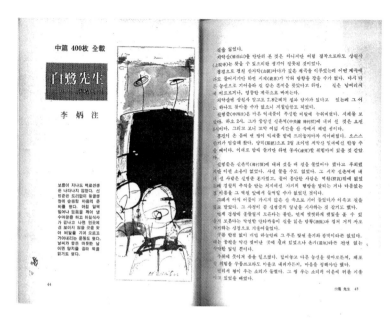

《한국문학》 1983년 11월호에 실린 이병주 작가의 소설 〈백로선생〉
(국립중앙도서관 자료 복사).

즐거운 때는 없었다. 일경의 단속을 피해 산으로 올라갔지만 숙명처럼 백성욱을 만나 정신적으로도 안정되었고, 징용되는 일도 면했다.

훗날 소설가 이병주는 치악산 상원사에서 백성욱을 스승으로 하여 동굴 수행하던 청년 셋을 소재로 〈백로선생〉이라는 작품을 썼다. 이 소설은 KBS 〈TV 문학관〉에 단막 드라마로 방영되기도 하였다.

최의식은 돈암동 백성욱 자택에서 3년 가까이 스승 백성욱의 수행정진을 성심으로 시봉하며 수행하였다. 백성욱은 주로 자택에 마련한 선방에서 좌선 정진하였지만, 새벽기도는 거의 하루도 거르지 않고 혜화동의 손 보살을 찾아가 문안을 올리고 함께하였다. 새벽기도를 떠나기 전 백성욱은 늘 목욕 재계했으며, 통행금지 시간이 풀리면 걸어서 혜화동까지 갔다. 혜화동 손 보살의 수행처에서 두 사람은 대방광불화엄경을 함께 염송하며 새벽기도를 올렸고, 기도를 마치면 세상사와 진리의 길에 대해 법문을 나누었다.

1945년 8·15 해방 전야였다. 평소 백성욱은 최의식의 출입을 자유롭게 하였다. "가겠습니다" 하면 붙잡거나 다른 주문을 하지 않고, 곧바로 "잘 가거라" 하였다. 그런데 그날은 "가겠습니다" 인사를 드리니, 백성욱은 "너 오늘은 하룻저녁 자고 가거라" 하고 붙잡았다.

한 번도 붙들지 않던 분이었는데 오늘따라 웬일이실까 의아해하면서도 최의식은 그 말씀에 따랐다. 이튿날 정오 즈음이 되자 백성욱은 최의식에게 "라디오를 틀어라"라고 하였다. 전에 없던 비장한 목소리에, 최의식이 라디오를 켰다. 얼마 뒤 일왕이 떨리는 목소리로 연합군에게 항복을 선언하는 긴급방송이 흘러나왔다.

'아, 선생님께서는 해방의 날을 예견하시고 내가 이 순간을 놓치지 않도록 나를 붙잡으셨구나.'

최의식은 지금 자신이 곁을 지키는 이 시대 출세간의 선지식 백성욱의 통찰력에 다시 한번 탄복을 금치 못하였다.

해방 – 나라다운 나라를 위한 선택
13

해방, 그날은 왔다. "무조건 항복." 1945년 8월 15일 정오, 일왕의 떨리는 육성이 라디오 전파를 타고 돈암동 선방에 전해졌다. 백성욱은 두 손을 모은 뒤 무릎을 꿇고 머리 숙여 절을 올렸다. 부처님, 고맙습니다! 대방광불화엄경! 상구보리上求菩提하겠습니다. 대방광불화엄경! 부처님, 모든 민중이 해방된 나라에서 자유롭고 행복하게 부처님 시봉 잘하기를 발원! 대방광불화엄경, 대방광불화엄경, 대방광불화엄경!

백성욱은 해방 소식을 듣고서 '아! 성공했구나'라고 생각했다. 그 순간 '더 살아서 무엇 하나?'라는 생각이 뒤이었다. '성공했구나' 하는 마음은 곧 죽은 마음이었다. '성공했으니 앞으로 더 할 일도 없겠지' 하고 보니, 할 일이 남아 있음을 알게 되었다.'

일제로부터 해방은 되었지만 당장 제대로 된 나라 꼴을 갖추는 일이 시급했다. 우리 민족 스스로 식민지 그늘에서 벗어났다는 기쁨을 넘어 저마다 잘 먹고 잘사는 세상을 만들어 가려면 무엇보다 경제생활과 법률생활, 정신생활이 안정되어야 했다. 그러려면 그 길을 이끌고 안내할 지도자가 필요하고, 이를 위해서는 인재를 양성할 만한 교육이 이루어져야 했다. 이 모든 것이 고루 성취되는 것이 진정한 해방이었다.

그토록 원해 광복을 성취했으나, 모두 완료된 것이 아니었다. 진정한 자유와 평화 세상, 모든 민중이 복과 지혜가 구족한 삶을 살아가려면 지금부터 그것들을 이루기 위한 하나하나의 노력, 즉 '짓'을 해야 했다. 또한 이제부터는 《금강경》으로 인연 있는 사람들을 만나 새로운 가르침을 전해주어야겠다고 생각했다. 《금강경》은 곧 부처님이요, 부처님이 그 안에 계시는 경전임을 깨우치게 되었다.·

《화엄경》에 나타난 부처님의 웅대한 살림살이를 읽다 보면 뜻은 하늘처럼 커지지만 몸으로는 거기에 합당한 복을 짓지 못하고 땅에 처져 몸과 마음이 균형을 이루지 못하는 일이 많았다. 경의 잘못이 아니라 '아, 부처님은 훌륭하시구나'라고 공경심을 내는 대신 자신이 부처님이 된 듯 착각하는 일이 문제였다. 이 같은 '용심' 때문에 모든 불법의 대의를 담은 최상승 경전을 공부하고도 후생에 큰 고통을 받았다. 그러니 마음을 닦아 밝아지고자 한다면 자신의 업장이 태산 같음을

---

* 　백성욱, 《분별이 반가울 때가 해탈이다: 백성욱 박사 법문집》, 김영사, 2021년, 61쪽.

알고, 먼저 부처님을 공경하고 몸으로 부지런히 복을 짓도록 해야 했다.[*]

그 길을 일러주는 경전이 바로 《금강경》이었다. 《금강경》 의 중요성을 인식한 뒤부터 백성욱은 만나는 사람들의 근기에 따라 어떤 이에게는 《화엄경》 공부를, 또 어떤 이에게는 《금강경》 공부를 권했다. 어떤 때는 '대방광불화엄경'을, 또 어떤 때는 '미륵존여래불'을 부르라고 하여 미혹에서 빠져나와 밝은 세상을 보도록 인도하였다.

국민은 해방되어 나라를 되찾았다는 기쁨에 들떴으나, 이제 이 나라가 어떤 방향으로 나가야 할지는 모르고 있었다. 교육과 계몽이 필요했다. 조선의 독립을 외쳤지만 군주의 나라인 대한제국이나 조선왕조로 되돌아가는 것은 대안이 아니었다. 그렇다고 해서 국제 사조로 새롭게 떠오르는 공산주의 국가도 아니었다.

백성욱은 민중계몽을 위해 애국단체인 중앙공작대中央工作隊 조직에 착수했다. 해방 이후 한반도는 38도선으로 양분되어 북쪽에는 김일성을 앞세운 소련군이 진주하고, 남쪽에는 미군이 진주하였다. 일본을 패망으로 이끈 당사국들의 논리에 의해 한반도가 두 진영으로 나뉘었다. 한동안 군정을 실시하여 치안을 유지한 뒤 새로운 정부를 수립하도록 지도한다는

• 　백성욱, 앞의 책, 60쪽.

명목이었지만, 일본만 물러갔을 뿐 여전히 외세가 군대를 앞세워 존재하는 것은 남이나 북이나 우리 땅 전체가 마찬가지였다.

이제 이 민족은 어디로 나아갈 것인가. 겨레의 뜻을 묻는 것도 중요했지만 동아시아의 맹주를 자처하며 한반도 남쪽에 진주한 미국의 아시아 정략을 캐는 일이 무엇보다 중요했다. 그러기 위해서는 미국에서 공부했고 국제정세에 밝은 이승만 박사를 중심으로 뭉칠 필요가 있었다.

해방되자 좌우익의 이념 대립이 극심했다. 독립운동 과정에서 어느 정도 예견된 일이었다. 독립운동 초기 중국으로 망명하여 항일 무장 활동을 펼치던 사람 중에는 공산주의 사상에 관심을 가진 이가 상당했다. 대표적으로 이동휘를 중심으로 독립을 위해 공산주의를 이용하려는 세력인 상해파가 있었고, 또 다른 세력으로 러시아 한인들을 중심으로 한 진성 볼셰비키 공산주의자 세력, 이르쿠츠크파가 있었다. 이들의 활동은 국내와 일본에도 전해졌고, 제법 많은 한인 학생과 지식인이 공산주의와 사회주의에 매료되어 있었다. 이들은 해방 이후 이 땅에 새로 건국될 나라는 공산주의 체제로 가는 것이 바람직하다고 생각하였다. 그리하여 1920년대를 기점으로 경성에는 공산주의와 사회주의를 연구하는 독서회 같은 모임이 우후죽순으로 생겨났다.

경성에는 '서울청년회', '신사상연구회' 등이 만들어졌고, 일본에는 유학생들을 주축으로 '북성회'가 만들어졌다. 이들은 국외에 있던 상해파와 이루쿠츠크파와도 관계를 맺으며 세력을 키워 점차 주요 파벌로 성장하였다. 1925년 4월 17일 공산주의자 파벌 '화요파'와 '북풍파' 주요인물 열아홉 명이 경성의 중국음식점 아서원에 모여 반도 최초로 조선공산당이라는 정당을 만들었다. 삼인당三人黨 공산주의자들로 불리는 박헌영, 김단야, 임원근 등과 함께 조봉암, 김재봉, 김약수, 김찬 등 내로라하는 공산주의 활동가들이 주도하였다. 이들은 코민테른으로부터 반도의 유일한 공산주의 정당으로 인정받았다.

광복 직후 박헌영이 재창당한 조선공산당은 미군정으로부터 합법적인 정당으로 인정받아 온건노선을 펴면서 군정에 협조하였으나, 제1차 미소공동위원회 결렬 이후 코민테른의 지령에 의해 강경노선으로 전환하게 되었다. 그러다 1946년 5월 중순 이른바 공산주의자들의 '정판사 위조지폐 사건'이 터짐에 따라 미군정 당국이 공산당을 불법화시키고 대대적인 주도자 체포 작업에 들어가자 조선공산당의 성향은 더욱 급진적으로 흘러가게 되었다. 이들은 정국의 주도권을 쥐고 대중정당으로 탈바꿈하기 위해 남조선신민당, 조선인민당 등과 합당하여 남조선로동당을 만들었다. 이때와 같이하여 북에서는 소련군정의 지지를 받으며 항일무장운동을 펼쳤던 공산주의자 김일성이 임시인민위원회를 만들고 토지 개혁에 착수하는 등 공산정권 수립을 위한 준비를 단계적으로 진행하고 있었다.

해방의 기쁨에 들뜬 젊은 제자들이 찾아와 "백 박사님! 이
승만 박사 가지고는 안 되겠던데요? 민족주의 계열과 공산
주의 계열 활동이 만만치 않습니다"라고 말하면 백성욱은 왜
민족주의 계열 지도자들과 공산주의 계열 지도자들이 불가
한지 국제정세와 세계 사조의 흐름을 토대로 정리해주었다.
냉전의 서막은 이미 올랐고, 북쪽에서 김일성을 내세워 한반
도 전체를 공산화하려는 야심을 드러내고 있는 시점에 막강
한 미국의 후견을 받고 있고, 국제정세에도 밝은 이승만 박
사를 중심으로 뭉치는 것이 가장 빠르게 국가 체제를 확립하
고, 혼란과 희생을 줄일 수 있는 방편이라고 설명했다.

　백성욱은 사회와 현실 문제에도 관심이 많았다. 일찍이 유
럽 유학 시절, 당시 서구 사회를 풍미하고 있던 사회주의 철
학사상과 실천운동도 탐구해본 바 있었다.[*] 그 철학적 기반과
역사, 의미와 가능성, 그리고 현실적 한계까지도 파악하고 있
었다. 공산주의 계열 활동에도 의미가 있고 민족주의 계열의
주장 또한 주목할 만한 가치가 있었지만, 좌우익의 극한대립
과 혼돈을 극복하고 나라다운 나라를 구축할 만한 인물은,

---

* 　"이곳은 독일의 일부로 현재는 국제연맹 위임 통치하에 있는 지방이올시
　다. 이곳의 시설이나 조직은 시대 양심을 조사하기에 좋은 대상이 되므로
　역시 좋은 느낌을 가집니다. 역시 사회 연구에 좋은 취미를 줍니다. 또 매
　일 광부들과 접하므로, '19세기 이래로 생긴 모든 사회주의는 어찌하여서
　생길 필요가 있었을까?' 하는 문제를 책으로 연구하던 저는 현장에서 조사
　하고 느끼고 비평할 기회를 얻습니다." (1924년 12월 18일 자를란트 탄광에서 권상
　로 스님에게 보낸 편지 일부. 백성욱,《백성욱 박사 문집》, 김영사, 2021년, 554쪽)

비록 몇몇 한계와 우려되는 점이 있다 해도 이 박사를 구심점으로 하는 것이 최상의 선택일 수밖에 없었다.

백성욱이 이승만 박사를 선택한 것은 한 인물에 대한 절대적 지지나 신뢰라기보다 이 땅의 새 정부와 미래가 민주주의 정권이어야 한다는 지론에 의한 것이었다. 백성욱이 혼돈의 시대에 방황하는 지식인과 민중을 위하여 역사의 이정표를 제시하고자 민중계몽을 실천 강령으로 하는 애국단체인 중앙공작대를 창설하고 지도를 자처한 것도 이 때문이었다. 이 땅의 생령들을 미망迷妄에 허덕이게 할 수는 없었다. 지극한 보살심의 발로였다.

"대방광불화엄경! 제군들! 새 나라는 모든 백성이 개개의 주권을 갖는 민주주의에 뿌리를 두어야 한다. 그 체제를 바로 세우는 것이 소명이다. 허무맹랑한 사상과 분열 책동에 경도되지 말라. 되찾은 나라의 현실에서 물러서지 말라. 중심이 도처에 동시적으로 존재하는 화엄의 세계야말로 민주주의의 이상이다. 그야말로 화엄의 세상은 다원주의적, 민주적 세계관이다."

종로 네거리로 내려온 철인
14

결심한 일이면 용맹하게 추진하는 백성욱은 민중계몽 운동
을 펼칠 때도 마찬가지였다. 백성욱은 중앙공작대를 통해 조
속히 군정을 종식하고 이승만에게 정권을 양도하라는 내용
이 담긴 5만 명의 연판장을 만들어 미군정청에 전달하였다.
해방된 조국에서 가장 시급한 과제는 실권 있는 정부 수립과
주권 국가를 만드는 일이라 생각한 것이다.

　이 연판장은 도쿄의 맥아더 사령관과 주한미군 사령관 겸
미군정청 군정사령관인 하지 중장에게 전달되었다. 1945년
부터 1948년까지 미군정청 군정사령관으로 활동한 하지 사
령관은 군정 기간 중 이승만, 김구 등 민족지도자들과 정치
적 현안으로 충돌했고, 그 와중에 김규식을 대한민국 초대
대통령 선거에 무소속 후보로 내세워 실권 없는 대통령 만들
기를 추진하려다가 실패하기도 하였다. 이러한 상황에서 백
성욱의 대규모 연판장은 미국의 한반도 정책과 대한민국 정

부 수립을 위한 중요한 계기가 되었다.

1945년 10월 16일, 33년 만에 고국 땅에 발을 디딘 이승만 박사는 조선호텔에 여장을 풀었다. 소식을 접한 백성욱은 조선호텔로 이 박사를 찾아갔다. 1919년 3·1운동 직후, 상해 임시정부 시절 유럽으로 유학을 떠나기 전 상견한 적이 있었다. 백성욱이 유럽에서 유학하기로 결심한 배경에도 이승만 박사처럼 서구 신진문명을 배우고 신학문을 접할 필요가 있다는 자각이 있었다. 백성욱이 상해임시정부 시절 이 박사를 만났던 기억을 상세히 더듬자 이승만 박사도 "아, 그 젊은이가 백 박사란 말인가" 하며 반가워하였다.

기미년(1919) 백성욱이 독립운동에 뜻을 두고 상하이에 도착했을 때 이승만 박사를 비롯한 대한민국 대표 독립운동가가 다 모여 있었다. 그러나 독립을 논의하는 사람들의 식견은 대부분 부족하고 미숙하였다. 자신의 얕은 경험만을 주장할 뿐 국제정세에 관한 식견도, 구체적 독립운동의 실천방안도 제시하지 못했다. 오직 이승만 박사만이 국제정세를 잘 알고, 실천방안도 구체적이었으며, 이야기할 때도 자신의 주장을 내세우기보다는 상대를 배려하였다.

"대한민국의 독립을 위해서는 인재가 필요하니 그대는 독일에 가서 공부하여 큰 인재가 되시게."

당시 이승만 박사는 백성욱에게 이렇게 권유하였다. 자신은 이미 미국 유학을 끝내고 박사학위를 받은 상태였다. 백성욱은 이승만이 '나'라는 생각[我相]을 많이 닦은 사람임을 알 수 있었다. 자신의 경험을 내세워 미국 유학을 권하지 않고, 상대의 입장에서 생각하여 독일 유학을 권하는 것은 쉬운 일이 아니었기 때문이다.

백성욱이 독일 유학을 결심하는 데에는 이승만 박사의 권고가 크게 영향을 미쳤다. 상해임시정부 시절 이후 25년 가까이 흐른 뒤라 두 사람은 세월의 속도를 새삼 실감하였다. 이 만남을 계기로 이승만 박사와 백성욱은 가까워졌다. 상하이 시절부터 이어진 인연도 있었지만 백성욱처럼 정확한 판단력과 예리한 감각, 넓은 식견을 지닌 인재가 이승만 박사에게는 필요했다.

백성욱은 만물의 이치를 통달한 도인답게 통찰력과 예지력 그리고 탈속한 듯 시원한 화술을 겸비했다. 이미 많은 사람 사이에서 '신비로운 지략가'로 정평이 나 있었다. 이승만 박사는 주변에 늘 많은 정객이 드나들었는데도 중대한 일이 있을 때는 백성욱을 찾았다. 이러한 백성욱을 가리켜 이 박사의 '책사' 혹은 '제갈량'이라고 부르는 이도 있었다. 이 박사는 백성욱을 '혜두慧竇가 밝은 사람'이라 칭하며 그의 재능과 인품을 신뢰하였다. '민족통일총본부'의 존폐 등을 비롯한 여러 정치적 진퇴에 관해서도 백성욱의 자문을 구하였다. 특

---

* 백성욱,《분별이 반가울 때가 해탈이다:백성욱 박사 법문집》, 김영사, 2021년, 643~644쪽.

히 '과도정부 정권 즉시 양도 요구'라는 5만여 명의 연판장을 맥아더 사령관과 하지 군정청 사령관에게 보낸 것을 보고, 그 저돌적인 추진력과 적확한 판단력에 깊이 탄복하였다.

백성욱은 이승만 박사가 대한민국 정부의 초대 대통령이 되는 데 물심양면으로 심혈을 기울였다. 이승만 박사가 오랜 기간 해외에 머물다 귀국하여 몇 년이 지나도 안정된 거처를 마련하지 못하고 불편하게 생활하자, 권영일 등 30여 명과 돈을 모아 종로구 이화동 1번지에 있던 김상훈 씨의 집을 사서 이 박사 사저인 이화장梨花莊을 마련하는 데 중추적 역할을 하였다. 당시 관련자들 모임에서 "독립투쟁을 위해 30년 동안 해외에서 싸운 민족 지도자가 집 한 칸 없으니 말이 되느냐"라는 한탄이 나오자, 백성욱이 매입자금 일부를 선뜻 내놓으면서 일이 이뤄지기 시작했다고 전해진다.

"당시 이화장을 마련할 수 있었던 것은 경성고무공장을 하던 이만수 사장의 보시 덕분이다. 이만수 사장이 전생에 스님으로 탁발을 할 때 짚신 여러 개를 어깨에 매달고 밤낮으로 부지런히 다녔다. 신발이 시원치 않아 걷기가 너무 힘들어서 '어디 오래 신을 수 있는 신발이 없을까' 그렇게 원을 가지고 태어나서 신발 공장을 하게 됐는데, 이만수 사장이 나를 만나 그 내력을 알게 되고 나서는 부산에서 고무신 공장을 하면서 수시로 지도를 받곤 하였다. 사업이 번창해서 공장을 여섯 개나 짓게 되었고, 돈을 벌면 가져오곤 하였는데, 왜냐하면 전생에 스님일 때 보시를 받아오면, 그것은 부처님 돈이니까 그대로 부처님 방석 밑에 갖다놓던 습관이 있었기 때문이다. 그가 금생에서도 돈을 벌면 세어보지도 않고 가져왔느니라. 그가 보시한 돈을 이화장 마련에 사용하였다." 훗날 백성욱이 소사법당에서 한 학인에게 한 말이다.•

1948년 5월 10일 남한의 단독선거로 제헌국회가 소집되자 이승만 박사가 국회의장이 되도록 헌신하였고, 7월 국회에서 간선제로 초대 대통령을 뽑게 되자 이승만 박사가 초대 대통령이 되도록 용의주도하게 움직였다. 또한 당시 한반도를 둘러싼 불안정한 국제정세와 극심한 이념대결, 그리고 김일성의 야심이 불러올 충돌 가능성을 예상한 백성욱은 '30만 양병론'을 주창하는 등 자강의 길을 구상하기도 하였다.••

• 이광옥, 〈'미륵존여래불' 하느니라〉,《금강산 호랑이:내가 만난 백성욱 박사》, 김영사, 2021년, 504쪽.

•• "이 박사가 대통령으로 당선된 7월 19일 약 일주일 전 시내의 모 석간신문이 보도한 바, 대통령의 가장 최측근인 자로 국무총리에 물망이 높다고 하며 독일 유학하여 철학박사 학위를 가진 백성욱 씨라는 분과의 일문일답 중 남북통일의 구체적 방도 여하에 관하여, '가령 미소 양군이 철퇴한 후에 어떠한 긴급사태가 발생한다면, 소련군은 22시간이면 부산까지 석권할 것이요, 미군은 일본 기지에서 상륙작전으로 삼팔선까지 도달하는 데 48시간을 요한다. 그러니까 우선 남한 국방군이 38선을 70시간은 지켜야 할 터인데, 이만한 군대 창설은 용이容易한 문제라고 본다. 남한에다가 최소한 30만의 우수군優秀軍을 양성해 놓은 뒤에, 북한에 정치공작을 적극 추진시키면' 하며 운운한 바 있다…"(〈양병론養兵論과 국무총리〉,《조선일보》, 1948년 8월 1일)

이 무렵 언론에는 "초대 총리에 백성욱 박사설"*이라는 기사가 나올 정도로 백성욱은 이승만 박사의 핵심 측근이 되어 있었다. 그러나 정작 백성욱은 이승만 박사를 중심으로 대한민국 건국을 안정되게 추진하는 것이 목적일 뿐 다른 정치적인 의도가 없었다. 이승만 대통령 주변에서는 백성욱이 대한민국 건국의 공로가 크거니와 이 대통령의 신임도 두텁고 탁월한 식견을 갖추고 있는 시대적 인재였으므로, 어떤 형태로든 정부에 들어와 일조하기를 기대하였다. 초대 국무총리 기용설은 물론이고 그의 속뜻을 모르다 보니 김포비행장 책임자로서 공항을 맡아보라느니, 금융조합연합회 회장을 맡으라느니 하며 여러 차례 다양한 자리를 제안하였으나 백성욱은 모두 거절하였다.

그러던 중 갑자기 김효석 내무부장관이 사의를 표하자 공석이 된 내무부장관을 맡아달라는 이승만 대통령의 다급한 청이 전해졌다. 백성욱은 숙고 끝에 자신의 역할이 있다고 판단하여 그 직을 수락하였다. 국가적으로 어려운 시기에 치안유지와 내무행정의 안정이 무엇보다 시급했기 때문이다. 백성욱은 극단적인 이념 대결로 치닫는 남과 북은 분단될 수밖에 없고, 북쪽 지도자 김일성이 무력으로라도 한반도를 공산국가로 만들기 위해 전쟁을 일으킬 것임을 예견하고 있었다. 좌우 진영으로 극심한 갈등을 겪고 있는 남쪽은 하루속

• 　《동아일보》1948년 7월 24일.

히 치안이 안정되어야 하고, 각료들은 책임 있게 업무를 수행해야 하며, 정부는 강력한 민주정부로 자리 잡아야 하는 상황이었다.

백성욱은 시대적 소명을 안고 내무부장관에 취임하자마자 불철주야 그 소임을 다하기 위해 진력하였다. 학승 백성욱, 불교철학박사 백성욱, 금강산의 도인 백성욱에서 정치인 백성욱으로 세간 더 깊숙이 하화중생을 위한 발걸음을 내디뎠다. 1950년 2월 7일이었다. 백성욱은 이렇게 대한민국 건국 시기에 정치무대 전면에 등장하였다.

2월 13일 《동아일보》는 〈시광時光을 받는 인물 군상群像〉이라는 기획 기사에서 "신판 차라투스트라, 혜성처럼 등장한 백성욱 군"이라는 제목으로 글을 실었는데, 취임 당시의 시대적 배경과 백 장관에게 거는 세인의 기대, 취임 직후의 발언과 행적을 확인할 수 있다.

> 과묵의 철인은 산에서 내려왔다. 오십 평생을 바람과 벗하여 살아온 사나이, 아지랑이를 타고 불어오는 따스한 봄바람, 모진 소나기를 몰아오는 사나운 바람, 개골산 단풍잎을 휘날리는 처량한 바람, 눈보라와 함께 미친 듯이 온 누리를 뒤흔드는 회오리바람이 문풍지를 두드릴 때 굶주린 독수리에게 피 흘리는 한쪽 간을 쪼아 먹히는 '프로메테우스'인 양 비인정非人情의 인간은 단좌端坐한 채 먼동이 동터오는 새벽을 기다렸으니, 서글피 우는 새소리, 풀벌레 소리, 낙엽

지는 소리에 귀 기울이고 인생 고苦를 한탄한 3,650일 기나긴 지장암의 밤과 낮에서 해탈하였는가. 이제 차라투스트라의 풍모 그대로 불타를 동경한 20세기의 철인은 빈궁의 윤리로 전락하는 아우성치는 종로 네거리로 내려온 것이다. 나무아미타불 관세음보살.

2월 7일 오전 10시다. 뎅뎅 벽시계가 열 번을 치고 태엽이 풀어지는 불유쾌한 음향이 사라질 때 '아리랑 고개' 턱밑 삼각산을 바라보는 평 반 넓이의 음산한 한 칸 마루방을 홀로 태양을 등지고 염불하는 장년의 사나이가 있으니 그가 백성욱 군이다. '득세하려면 욕을 먹어야 한다'라는 것이 정계의 패러독스는 아니련만 1948년 8월 돌연 초대 국무총리 하마평에 오르게 되었던 미지의 인간 백성욱 군은 오직 그가 도승이라는 한 가지 이유로 해서 부당하게도 하나의 괴이한 존재로 훤전喧傳(여러 사람 입에 오르내림)되어 왔던 것이다.

그러나 마침내 백성욱 군은 시대의 각광을 받고 등장하게 되었으니, 때는 남북통일의 민족 과업을 추진하는 과정에서 정령正令이 침투하지 못하여 탐관오리가 발호하고, 민주民主이 도회塗灰에 허덕이며, '인플레'는 앙진일로昂進一路에 있고, 농림장관이 실정의 책임을 지고 경질됨으로 인하여 초치된 정계의 불안 상태가 확대되는 가운데서 내각책임제 개헌안이 제의되어 바야흐로 정국은 일대선회운동一大旋回運動을 하려고 하는 즈음이다.

"일개 장관인 나에게 정책이 있을 수 없다. 정책 대립자政策

對立者는 대통령이고 국무위원은 정책실천자에 불과하거늘, 어째서 대한민국에는 정책을 만드는 자가 많아 정책이 혼선을 일으키고 있느냐?"

내무장관으로 등각한 철인정치가 백성욱 군의 제일성은 어쨌든 하나의 청신제清新劑(맑고 산뜻한 약)임에 틀림없다.

"나는 내무부라는 것이 어느 구석에 있었는지 없었는지 그 존재조차 몰랐다. 내무부가 있었다면 어째서 대통령의 정책이 실시되지 아니했으며, 대통령의 위령이 땅에 떨어지게 했단 말이냐?"

10일 정오 초등청初等廳한 백성욱 군은 내무부 전 직원을 앞에 하고 이렇게 질책하였던 것이다. 정녕코 시국은 혼란 가운데 있고 국운은 위기에 직면한 듯한 이때, 돌연 혜성처럼 출현한 철인정치가 백성욱 군은 "그래서 민족진영의 대립을 초래케 하는 내각책임제 개헌안이 제의되도록 한 것이 아니냐?"라고 암시하는 듯 일당백의 기세로 난국을 수습할 포부를 말하고 있다.

5월 20일에는 기자단 회견이 이어졌다. 이 자리에서 개헌파에 대한 군중들의 욕설을 어떻게 생각하는지 한 기자가 묻자 "개헌반대 궐기대회가 끝나고 군중들이 민국당 앞에서 개헌파를 죽이라고 욕설을 했다는데, 욕쯤 하는 것은 국민의 기운이다. 주먹이 나온다면 잘 가르쳐야겠다"라고 답변했다. 관리들의 기강 문제에 대해서는 "정실情實 인사를 한 것이 있으면 조사 보고할 것이며, 그러지 않도록 하겠다. 말단 행정관리들이 부패한 것은 치안 상태가 나쁘다는 말이니, 관리들의 질 향상을 도모하겠다. 그러나 또한 치안을 받는 사람의 능력이 있어야 하는 것이다"라고 답변하면서 "나에 대하여는 별다른 것이 있을까 하는 모양이나, 나는 요술쟁이는 아니다. 내가 점을 잘 친다는 소문이 있는 모양이나 나는 점칠 줄을 모른다"라고 덧붙였다. 이밖에 무허가 음식점을 어떻게 조치할 것인가, 대통령의 내무부 직원 감원에 대한 조치를 어떻게 할 것인가 등에 대한 질

백성욱 장관 취임 기자단 회견 기사.《경향신문》1950년 2월 21일. "나는 요술妖術쟁이 아니다" "욕설쯤은 민중의 기운, 주먹 나오면 말리겠다." "백 내무장관 기자에 답변".

문이 이어졌다. 백 장관은 특유의 시원시원한 화법과 통찰로 기자단을 사로잡았다. 이날의 인터뷰에 대해 한 기자는 이렇게 말했다.

"4대 내무부장관으로 중을 시킨다니 모두 그를 염불삼매念佛三昧(염불로 잡념을 없애는 경지)로 생각했다. 그런데 일단 내무

부장관의 의자에서 첫 기자회견을 할 때에 모두 놀라 자빠질 지경이었다. 그를 중으로 생각했던 것이 어디론가 사라져버리고, 모두 '비범한 사람'이란 말이 기자들의 입에서 저절로 튀어나오고 말았다."•

내무부장관에 취임하자 각계에서 축하 인사가 쏟아졌다. 특히 불교계에서 대대적인 환영 소식이 이어졌는데, 그중에는 통도사 경봉 스님이 인편으로 보내온 축하 전갈도 있었다. 이에 백성욱은 "수행자가 오죽이나 세상 빚이 많으면 산속에 앉아 닦지를 못하고 세속에 끌려 나와 빚을 갚아야 하겠소? 그게 무슨 축하할 일이겠소?"라고 답장했다.

　반면 정치적 경험이 전혀 없는 데다 승려 출신을 내무부장관이라는 요직에 중용하자 해당 부서는 물론 내각제 개헌을 주도하던 한민당 계열 국회의원까지 많은 사람이 웅성거리기 시작했다. 그러나 백성욱은 세간의 시선에는 아랑곳하지 않고 신속하게 업무를 장악해나갔다. 취임 당일 인계자인 전임 장관 김효석의 면전에서 "곧 북한 김일성이 쳐들어올지도 모르는데 한가하게 놀면서 일하기 싫어하는 간부들은 당장 나가라"라고 일갈하였다. 뜻밖에 신임 장관으로부터 면박을 당한 차관, 지방국장, 치안국장 등은 그 이튿날로 사표를 제

•　이동현, 〈나라가 망하는 것보다는 낫지〉, 《금강산 호랑이:내가 만난 백성욱 박사》, 김영사, 2021년, 299쪽. 1968년 《주간중앙》 2호에 실린 기사. 백성욱 박사와 이동현 《중앙일보》 기자의 대담을 옮긴 것이다.

출하였다. 자기들 생리에 맞지 않는 신임 장관을 사표로 압박하여 요리해보겠다는 심산이었다.

그러나 장본인 백 장관은 "그래, 사표? 그만둔다는 뜻이겠지. 사석에서 대통령을 욕했다는 지방국장은 공직자 자격이 없으니 알아서 잘 그만두었고, 치안국장은 지극히 중요한 자리이니 잠시도 비워둘 수 없다. 즉시 사표를 수리할 테니 싫은 사람은 나가도 좋다"라고 하였다. 주변 참모들이 치안국장 임명은 내무부장관 전결이 아니라 절차를 밟아 임명해야 한다고 하자, 백 장관은 "그러면 서리署理로 발령하면 될 것 아닌가"라고 하면서, 좌천되어 한직으로 돌던 김병완을 일약 치안국장 서리로 밀어붙였다.

또한 100여 곳의 전국 경찰서장 인사를 단행하는 등 일사천리로 빠르게 조직을 장악해나갔다. 장관실까지 달려온 친정부계 국회의원들이 "우리에게 무슨 특권이 있어야 할 것이 아닌가?" 하면서 이권에 개입하려 하고 선거비용까지 내무부 염출을 요구하자 백성욱은 "대우가 필요하면 애국자 대우를 해주지. 돈은 줄 것도 없고 주면 나라가 망할 터이니 안 되고, 선거 후원은 국민이 어련히 알아서 애국자를 다시 뽑아줄 것이 아닌가?" 하며 유려한 화술로 마치 어린아이 다루듯 하였다. 짧은 내무부장관 재임 시절 그는 지방경찰서까지 철조망을 제거하게 하는 등 경찰과 국민 사이의 거리 좁히기를 시도하여 세인들에게 깊은 인상을 남겼다.

당시 국회에서는 정부의 형태를 내각책임제로 만들려는 기운이 싹텄다. 이것을 막아낸 것이 백 장관이었다. 백성욱은 훗날 한 기자와의 인터뷰에서 당시를 이렇게 회상했다.

"하루는 이 박사(이승만 대통령)가 부르더군. 독립운동을 했다고 해서 이따금 부르는데 왜 또 부르나 하고 가보았더니, 이 박사가 내각책임제가 어떠냐고 묻더군. 그래서

'내각책임제 못쓴다'라고 했더니, 왜 그러냐고 또 묻기에,

'거지 노릇 하다가 겨우 제 집 하나 만들었는데 내각책임제를 하다니요, 이 가난한 집에서는 현재와 같이 대통령 책임제로 해야 합니다.'

그랬더니 이 박사가 고개를 끄덕이며

'그러면 어떻게 하나?'라고 걱정을 해. 그래서,

'못하게 하면 된다'라고 했지. 그랬더니 이튿날 나더러 내무부장관을 하란다고 총무처장이 왔어. 그 사람 말이,

'이 박사가 내무부장관 하라고 하시는데, 백 박사는 안 하시겠죠?', 하잖아. 그때 내 말이

'안 하기는 왜 안 해. 이 박사가 하라는데 안 해?' 하니까 의아한 눈치를 하더군."

1952년 4월 17일, 민국당이 내각책임제 개헌안을 국회에 상정시키자, 백 장관은 복안을 미리 이 대통령에게 일러두고 일을 시작했다.

"경무대 경찰을 모두 무장시켰다고 소문을 쫙 퍼뜨렸지. 그랬더니 이 소문이 쫙 퍼지지 않겠어. 소문을 퍼뜨리라고

한 거야. 이 소문을 들은 국회의원인가 하는 친구들이 속도 없이 경무대로 이 박사한테 달려간 모양이야. '백성욱이가 내란을 일으킨다 하니 가만둘 수가 있습니까' 하고 탄원을 했으렷다. 그 말을 들은 이 박사는 벌써 나하고 이야기가 끝난 뒤라 그래, '나는 배가 고파서, 점심 좀 먹어야겠으니, 돌아가서 밥이나 먹지' 하고 자리를 뜨니 자기들이 어쩌겠어. 멍하니 자리만 지키다 갈 수밖에⋯."•

일부 국회의원들은 내무부장관실에 몰려들어와 항의를 제출하는 등 일대 소란이 일어나기도 했다. 그런데 백 장관은

"장관보다 높다고 그대들이 주장하는 국회의원인 만큼, 호위 경관을 국회의원 1인당 한 너덧 명씩 붙여주어 꼼짝 못 하게 해줄 판인데 왜들 그래? 그리고 특별 수사를 잘하는 경관을 모아들인 것은, 개헌 주모(자)급 십수 명 의원 하나하나가 각각 열 명씩 의원을 매수 포섭하였다 치고, 그 매수 상황을 수사하여 한 100여 명 체포하자는 거지. 헌법 조문이 정부를 마음대로 요동시킨다면 나라가 망할 판인데, 수십 년 독립운동을 해온 나는 돈에 팔려 개헌하자는 국회의원 가두고, 내무부장관 그만둠으로써 독립을 유지해야지. 조문 따져 내무부장관 오래 해 먹고 나라 망하는 꼴을 볼 수는 없어."

백 장관은 달려온 국회의원들을 앞에 놓고 거침없이 훈계

• 이동현, 〈나라가 망하는 것보다는 낫지〉, 앞의 책, 300~301쪽.

하였다.*

　인터뷰하던 기자가 물었다.

　"어떻게 하시려고 그랬어요."

　"어떡하기는 뭘 어떻게 해. 위협이지. 만약 저희 맘대로 통과시키면 뭘 해. 정부 측에서 '그 개헌안이 통과됐습니다' 하고 내무부장관이 국민에게 공포를 해야 해. 공포하지 않으면 그만이지. 그런데 공포를 안 하나? 하기야 하겠지. '국회에서 통과된 것은 무효입니다'라고 하겠지."

　"왜 무효예요?"

　"자네는 아직 그런 것은 모를 거야. 왜 무효야. 몇몇 놈들한테 국회의원들이 매수를 당해서 한 짓이니 무효라고 하지."

　"그 증거를 어떻게 하려고요."

　"증거? 그래, 증거를 조사하는 것이 내무부장관 아니야. 그러니 증거를 조사하기 위해서 국회의원들을 한군데 모셔오면 되잖아."

　"그럼, 그게 뭡니까?" 기자가 물었다.

　"몇몇 친구들이 왔기에, 이런 설명을 해주고 그날 국회에 나가 봤지. 그랬더니 자기들끼리 부결됐다고 땅땅 치더군."

　"그게 잘 된 겁니까?"라고 묻는 기자에게 백성욱은 이렇게 대답했다.

•　　박병배, 〈철인 장관 백성욱 씨의 선풍旋風〉, 앞의 책, 230쪽.

"안 되기는 뭐가 안 돼. 나라 망하는 것보다는 낫지."[*]

백성욱은 내무부장관이라는 바쁘고 복잡한 일정 중에도 한 치 흐트러짐 없이 수행자의 본분을 이어갔다. 이것은 수행하는 사람으로서 오래도록 몸에 밴 생활방식이었을 뿐 아니라 국가의 안녕과 민중의 고충 또한 진리의 힘으로 보살피고자 하는 실천이었다.

하루는 일찍이 금강산 시절부터 백성욱을 따르던 제자 정종이 찾아왔다. 서울에 왔다가 중앙청 내부가 궁금하기도 하고 취임 축하 인사도 드릴 셈이었다. 백 장관은 화장실에 가려고 집무실을 나서다 늘어선 인파 사이에서 낯익은 얼굴을 발견했다. 백성욱은 반색하며 정종을 집무실로 데려가 다른 여러 급한 사안도 잠시 미룬 채 그를 붙들고 "수행을 게을리 하지는 않느냐" "너희는 시국을 어떻게 보느냐"하며 수행을 독려하고 민심을 파악하기도 하였다. 그러면서 자신이 보는 시국, 내무부장관이 하는 일 등을 들려주며 마치 부자父子가 정담하듯 인간살이와 인연을 중시하는 모습을 보여주었다. 정종은 훗날 이때 뵌 백성욱 박사에 대한 느낌을 "그 옛날 지장암에서나, 돈암동 선방에서나, 장관실에서나 한결같은 인

•   이동현, 〈나라가 망하는 것보다는 낫지〉, 앞의 책, 301~302쪽.

간 백성욱 박사"라고 회고하였다.*

내무부장관을 맡은 지 4개월여 만에 6·25 전쟁이 발발하였다. 백성욱은 평소 북쪽에 들어선 김일성 정권이 분단된 국가를 통일한다는 명분으로 남침할 것임을 예견하였다. 훗날 《동아일보》 1952년도 2월 21일 자, "장관 그만둔 뒤"라는 취재 기사에서 관련 내용을 읽을 수 있다.

> 6·25를 비슷하게 알아맞힌 전 내무부장관 백성욱 씨는 지금 한국광업진흥주식회사의 사장실에 햇빛을 등지고 앉아서 이렇게 예언이나 하는 것처럼 국제정세와 국내문제에 대한 무한한 그의 관심을 표명하고 있다. …그는 장관을 하되 멋들어지게 한 것이다. 기억에도 새롭거니와 내각책임제 개헌안을 반대하여 부결시키는 것을 당면한 최대의 사명으로 알고 갑작스럽게 내무부장관이 된 그는, 그의 공로인지는 알 수 없는 일이지만 개헌안이 보기 좋게 부결되자 기고만장 격으로 '우리나라는 잘되어, 작년보다는 금년이 낫고 금년보다는 내년이 더 나아질 것이다'라고 봄을 노래하였던 것이다.
> 그러나 5·30 총선거에서 경찰서장 100여 명의 인사이동을

---

* 정종, 〈지장암 백성욱 선생님과 나〉, 《금강산 호랑이: 내가 만난 백성욱 박사》, 김영사, 2021년, 48~49쪽.

단행함으로써 민주국민당의 몰락에 한 소인을 만듦으로 해서 수완이 확실히 증명된 독일의 순전불교 철학박사인 그는 6·25를 예언하고도 자신은 6·28 서울 함락 후에 터벅터벅 수원까지 백의종군을 하는 실태를 연출한 때문에 세상 사람은 그를 '가짜 예언자'라고 비난하기도 하였다.

백성욱 장관은 새로 임명된 장석윤張錫潤 치안국장에게서 6월 25일 새벽 5시가 조금 넘은 시각 남침 보고를 받았다. 북의 전면적인 남침으로 38도선 일대의 지서支署와 경찰초소가 유린되었다는 긴급 보고를 받고 즉각 경무대에 보고하는 한편, 비상계엄령을 하달하여 군과 협조해 질서 있는 작전을 수행하도록 지시했다. 전쟁 발발 한 시간 뒤였다.•

38도선이 무력하게 무너지고 북한군이 남하하자 대통령과 정부는 서둘러 대전으로 피신했다. 그러나 내무부장관 백성욱은 쉽게 중앙청을 떠날 수 없었다. 전황이 어떻게 흐를지 몰라 정부 살림살이를 맡은 그가 촌각을 다퉈 챙길 일이 한두 가지가 아니었다.

백성욱은 각료 가운데 유일하게 남아 중앙청을 지켰다. 급기야 수도가 적군에게 점령되자, 군인들이 달려와 홀로 남은 그에게 철수를 권고하였다. 군인들이 함정을 타고 바다를 통

•　국방부, 〈백성욱 내무부장관 증언〉,《한국전쟁사》제1권(개정판), 1977년, 631쪽.

제4대 내무부장관 당시의 사진
(1950년), 내무부, 국가기록원 자료.

해 피신할 것을 준비하고서, "어디로 모실까요? 제주도로 모실까요?" 하고 묻자, 백성욱은 "아니, 저 죽은 자리 다시 가는 사람이 있다더냐? 부산으로 가자"라고 하였다. 훗날 그는 '피신'이라는 말과 '제주도'라는 말이 거슬려 이렇게 대답했다고 말했다. 조선조 때 보우 스님이 국사를 하다 정적으로 몰려 제주로 귀양 가서 돌팔매에 맞아 목숨을 잃은 일화가 떠올랐다고 회고하였다. 전생에 보우 스님이었던 인연이 작동한 것이다. 업보는 당했을 때 받는 것이지, 힘이 있다고 그 생을 넘기면 다음에는 그 과보가 더 커진다고도 덧붙였다.

철교가 폭파된 한강을 건너 피난민 대열 사이로 대전을 향하는 백성욱의 발걸음에는 무수한 책임감이 딸려 있었다. 피난을 떠난 빈집에 들어가 허기를 때우고 쪽잠을 자며 발걸음을 재촉했다.* 대전에 머무는 피난 정부에 서울의 적정敵情을 알려야 했다.

대전에 도착한 백성욱은 적의 수중에 떨어진 서울의 상황을 이승만 대통령에게 보고하고 장관직을 사임하였다. 전시

---

* 훗날 백성욱은 이때의 경험을 바탕으로 다음과 같이 법문하였다.

  "우리 인생은 영생으로 가는 길거리에서 하룻밤 주막에 든 것과 같다. 그러나 주막에 든 것을 임시로 들었다고 생각지 않고, 곡식이 필요하면 곡식을 심고 추수를 해서 알뜰하게 살다가, 뒤에 오는 이를 위해서 갈무리도 하고 깨끗이 청소도 해두고 떠나는 넉넉한 마음이라면, 그 사람의 앞날은 분명히 풍요롭고 밝을 것이다. 그러나 주막에 들어 몸이 고단하다고, 있는 것이나 먹어치우고 함부로 어질러 놓고 떠난다면 뒤에 오는 사람은 퍽 고생이 될 것이다.

  한국전쟁 때 실제로 그런 일을 많이 구경했다. 피난 중에 배가 고파 어떤 집에 들어가 보면 미처 가져가지 못한 음식이나 양식이 남아 있는 경우가 있는데, 그러면 어떤 사람들은 그걸 잘 아껴 먹고 혹시 뒤에 올지도 모르는 피난민들을 위해서 깨끗하게 남겨두고 떠난다. 그런데 또 내가 경험한 어떤 사람들은 먹고 남은 것을 모두 싸서 짊어지고, 다 못 가지고 갈 것은 불을 지르거나, 심지어는 남이 못 먹게 거기다 똥을 누어 그 방에 다시 들어가지 못하게 해놓고 가기도 한다. 이런 마음 가진 사람들이 바로 전쟁에서 고생하는 사람들이다.

  그러나 만일 어떤 집에 들어가서 그 집 잘 지키고 남은 양식은 뒤에 오는 사람들 먹을 수 있게 해놓는 그런 마음 쓰는 사람은 전쟁통에도 고생을 덜 한다. 이사 갈 때도 오는 사람 즐거운 마음 가질 수 있게 청소 잘해 놓고 간다면, 그런 사람의 삶은 퍽 부드러울 것이다.

  그래서 전에 어떤 도인이 말하기를, 목말라 애타다가 물을 구해 마시고 나서는 먹고 남은 물을 '목마른 중생 먹어라' 하고 조심스럽게 버리는 사람이면 다시는 목마른 보報를 받지 않겠지만, 달게 마시고 나서 남은 물이라고 하여 여지없이 홱 쏟아 내버리는 마음 가지고는 다시 목마른 보를 받게 된다고 하였다. 그러니까 지금 자기 마음과 하는 짓을 보면 나중을 알 수 있는 것이다." (백성욱, 《분별이 반가울 때가 해탈이다: 백성욱 박사 법문집》, 김영사, 2021년, 556~557쪽)

에도 국가 주체성을 지키고 장관의 소임을 다해야 마땅했으나, 정부 핵심관료 중 한 사람으로서 책임져야 할 필요성을 느꼈다. 무엇보다 내무부장관으로서 서울 시민을 안전하게 철수시키지 못한 데에 책임을 지고 사퇴하였다.

전쟁은 길게 이어졌다. 유엔군과 중국인민지원군까지 참전하는 국제전으로 비화되면서, 1953년 7월 27일 휴전협정이 체결될 때까지 3년 1개월, 1,129일간 교전이 이어졌다. 71년이 지난 오늘까지도 이 전쟁은 끝나지 않은 채로 있다. 교전 기간, 남한에서만 군인 26만 명이 목숨을 잃었고, 국부國富의 25퍼센트가 손실되었다. 민간인도 100만여 명이 희생된 것으로 추정되고 있다. 그중에는 국민보도연맹학살사건과 같이 대한민국의 군과 경찰 등에게 우리 국민이 목숨을 잃은 경우도 있었다. 보도연맹원이나 양심수가 북한과 내응하거나 배신할 수 있다고 우려한 국군, 경찰, 교도관이 북한군에 점령되지 않은 지역의 국민보도연맹원들을 무차별로 검속, 처형한 것이다.

60여 년이 지난 2009년 11월 26일, '진실·화해를 위한 과거사 정리위원회'는 이 사건에 대해 "6·25 전쟁 기간 동안 대한민국정부 주도로 보도연맹원 4,934명이 희생된 사실을 확인했다"라고 발표했다. 보도연맹원의 체포와 사살 명령을 내린 주체에 대해서는 오랜 시간이 지나 확인할 수 없지만, 당시 이와 관련된 육군방첩대나 경찰사찰계가 정치기관이었던 점을 고려할 때, 정부 최고위층의 어떤 단위에서 체포와 사살을 명령한 것으로 추정된다고 밝혔다. 백성욱 또한 전쟁 발발 당시 내무부장관이었고, 전쟁 초기 20여 일간 그 직에 있던 정부 관료였기에, 전쟁과 그 피해에 대한 책임에서 자유로울 수 없다는 비판적 주장이 존재한다.

당시 동서 진영 최강대국 간 이해관계가 정면충돌하고 극렬한 이념대립의 혼돈에 빠져 있던 해방기의 한반도, 현실 정치에 투신한 백성욱의 선택은 무엇 때문이었을까. 직무수행의 목적과 방향을 어디에 두고 어떤 방식으로 일을 이루어갔을까. 백성욱 박사는 해방 이후 거침없는 추진력으로 건국 운동에 참여하였고, 1948년 5월 10일에 남한 단독선거로 제헌국회가 소집되자 이승만 박사가 국회의장이 되도록 하는 데 헌신했다. 같은 해 7월 20일에 국회에서 간선제로 초대 대통령을 뽑게 되자 이승만을 지원하였다. 대한민국 정부 수립에 일조하고, 누구도 예상치 못한 행보와 전략으로 현실 정치와 사회 상황을 바꾸어나가던 이 정치 도인에 대한 세인의 평가가 때론 엇갈리기도 한다.

'그의 선택과 행보가 이해가 가지 않는다, 어떤 인물인지 일관성 있게 파악되지 않는다, 그의 독립운동과 금강산 수도 생활부터 정치활동과 총장 시절 행적, 이후 소사 법당에서의 후학 양성까지 도무지 갈피를 잡을 수가 없다'는 어느 현대 사가現代史家의 분석과 진솔한 고백에 많은 이들이 고개를 끄덕인다. 누군가가 보기엔 오락가락하는 것 같고, 누군가가 보기엔 그 모든 시기마다 생각과 행동의 맥락이 일치하지 않는 것처럼 보인다.

하지만 백성욱의 행보는 늘 한 방향이었다. 정해진 방향이 있지 않은 그 방향, 모든 방향이자 그 어느 방향도 아닌 그런 방향이었다. 옳고 그른 일, 이익되는 일 손해나는 일이라는 고정된 실체가 있지 않은 무유법無有法의 세계에서, 했다 해도 했다 할 것이 없는 무위無爲의 행을 하였다. 그때그때 인연 따라 부처님 기뻐하시는 한길을 선택했다. 있다 할 것 없는 모든 있는 것들이 풍요롭고 행복한, 고통에서 벗어나는 방식을 실천했다. 백성욱의 행적을 세상의 기준과 규칙으로 풀이하고 정리하기가 쉽지 않은 것은 이 때문이다. 허공 아닌 허공에 찍은, 점 아닌 점을 두고서, 누군가는 파란 점이라 하고 누군가는 붉은 점이라 하고 그 모양과 크기가 어떻다고 얘기하면서 특정 지으려고 하는 것과 같다.

백성욱 박사의 문도 김강유는 "백 선생님은 어떤 정해진 것을 만들어놓고 거기 맞춰 행동하는 분이 아니셨다. 표현하자면 고정이 아닌 유연이고, 명분이 아닌 실익이었다. 밥 먹고 사는 법을 가르치는 실용적인 분이셨다. 젊은 사람을 보면 밥은 먹고 다니느냐고 묻곤 하셨다"라고 회고한다. 부처님도 굶주림으로 고통받는 이에게는 밥을 구하는 법을 설하였다. 배부름만을 추구하느라 거기 빠져 고통받고 있는 이를 보면 지혜를 닦아 그 마음 쉬는 법을 일러주었다. 먹고 사는 문제를 해결하지 않고 고통에서 벗어날 수 있는 이치가 있을까. 부처님은 좋은 환경과 지혜로운 마음을 모두 갖춘 분이었다. 백성욱 박사도 복과 지혜가 구족해야 한다고 가르쳤고, 복 짓는 것을 강조하였다.

과거 일곱 부처님이 한결같이 당부한 것이 있다면, "모든 악을 저지르지 말고 모든 선을 행하여, 스스로 그 마음을 깨끗하게 하라"*는 것이었다. 죄짓지 말고 바르게 살면서 복을 지어서 바깥 환경을 좋게 하고, 안으로는 자기 마음을 살피고 실상을 바로 보아서 깨달음의 지혜를 얻으라는 것이 부처님의 가르침이다. 백성욱 박사가 간 길이 있다면 일곱 부처님이 한결같이 가리킨 그 방향이었다. 죄짓지 말고 바르게 살아 복을 짓는 생활 속의 구체적인 실천법이라면, 백 박사가 후학들이 쉽게 이해할 수 있도록 일러준 바 그대로이다. "남을 대할 때는 받기보다 주려고 하고(보시), 미안은 마음에 두지 말고 후회할 일은 적게 하며(지계), 누구를 보든 성인으로 여기라(인욕)"는 것.

누군가가 밝음이 너무나도 좋아서 어둠은 모두 없애고 밝음만을 남기려 한다면 그것은 불가능하다. 어둠을 없애려면 밝음 또한 있을 수 없는 까닭이다. 둘은 하나로 붙어 있기 때문이다. 좌가 좋아서 우를 없애려고 한다면, 좌도 있을 수 없

---

* 제악막작 제선봉행 자정기의 시제불교諸惡莫作 諸善奉行 自淨其意 是諸佛教 : 칠불통계게七佛通戒偈

다. 좌는 구분과 경계 지음으로 인해서 스스로 불안정하다고 느끼고 위태로울 뿐이다. 우도 마찬가지다. 좌를 모두 없애려면 우도 있을 수 없다. 서로 붙어 있는 하나이기 때문이다. 매국과 애국은 극명하게 구분되는 가치이고, 친일과 독립운동도 마찬가지로 하늘과 땅 차이이지만, 누군가에겐 매국이 애국이고, 누군가에겐 애국이 매국이다. 불편하게 들릴 수 있겠지만, 본래 애국이라 할 것이 정해져 있지 않고 매국이라 할 것도 정해진 실체가 있지 않다. 둘 또한 의존하는 하나다. 미워하는 마음도 좋아하는 마음도 마찬가지다. 자본주의와 공산주의가 첨예하게 대립하던 시기였지만, 둘은 서로에 의존하고 있는 하나다. 하나가 있어서 다른 하나가 있고, 하나가 사라지면 다른 하나도 사라지게 마련인 하나다. 매국과 애국이 따로 있지 않고, 친일과 반일, 좌우, 상하가 따로 있지 않다. 모두 꿈처럼 허망한 실체 없는 것이다.

반면 현실과 역사에서 백성욱 박사의 실천과 행동으로 말미암아 그 결과가 생겨나고 사라지고, 또 있고 없다. 잘한 일이라고 보는 견해가 있고, 잘못한 일이라고 보는 견해가 있다. '나'라는 몸으로 태어나 한 일들에 대해 다양한 판단과 해석이 존재한다. 인연과는 없지 않되, 그 인연과의 본질을 아는 것이 중요하다. 백성욱 박사의 훗날 강의에 이런 내용이 있다.

나는, "왜놈이 왜성대倭城臺*는 점령했을지 모르나, 우리 가슴속은 점령한 일이 없다. 그런데 왜놈이 우리 가슴속에다가 파출소를 집어넣었기에 우리를 점령하게 되지, 우리 가슴속에 파출소를 넣지 않게 되면 걱정할 게 없다"라고 얘기한 일이 있어요. 나 자신 또한 파출소 앞에만 가면 다리가 벌벌 떨리고 아주 나빠요. 순사가 기침만 한 번 해도 깜짝 놀라고, 그래서 세상에 아주 가기 어렵고 고약한 데가 순사 앞이고 파출소 앞인데, 이걸 내가 가슴에서 빼내지 못해서 그만 내가 순사 두목이 돼버렸습니다. 순사 두목이라는 게 내무장관인데, 그게 되니 몹시 좋지 않더이다. 내가 식전이면 운동을 다니는데, 형사가 옆을 따라다니거든요.
"왜 이렇게 가까이 오는 거냐. 호위하려면 저만치 가서 이렇게 하는 거지, 왜 이렇게 하는 거야. 아, 제발."
이렇게 빌었어요.
전에 내가 산중에 다닐 적에, 산중에서 그중 흉한 자가 광산꾼인데, 정말 나빠요. 저건 사람도 아니고 아무것도 아니다 싶었어요. 그런데, 그 형사 두목을 몇 달 하다가 내놓고 나니까, 또 광산쟁이 두목이 돼요.**
그래서 내 그때, "어떻든지 내 마음속에 언짢은 건 절대로

• 서울 중구 예장동 · 회현동 1가에 걸쳐 있던 일제 식민 통치의 시발점이 된 지역. 임진왜란 때 왜군들이 주둔한 데서 마을 이름이 유래되었다.

•• 1951년 2월, 한국광업진흥주식회사의 사장이 된 일을 말함.

가지지 말아야 되겠다"라고 했어요. 내 마음속에 가지면 그게 내가 돼버려요. 내가 어떻게 순사 두목이 될 줄 알았나, 그 말예요. 그러니까 언제라도 자기 마음에 그런 것을 넣지 말아야 될 것이다, 그 말입니다. 그래서 마음이 가난한 자는 복이 있다는 게요. 왜 그런고 하니, 마음속에 아무것도 없으면 밝을 것이란 말이죠. 하늘이 그의 나라다, 그 말이에요. 그러니까 언제라도, 학문하는 사람이 마음속에 밉거나 좋은 걸 가지면 학문은 되지 않는 것입니다. 학문이 되기 전에, 그중 미운 것이 그냥 지가 돼버리니까요. 그래서 나는 시방 경찰이 밉던 마음도 뽑아내고, 광산쟁이 밉던 마음도 뽑아냈어요. 경찰 하다가 잘못되면, 도둑놈밖에 될 게 없어요. 왜 그러냐 하면, 경찰의 눈에는 죄 나쁜 놈밖에 없거든요. 그런데 다행히 내가 경찰 두목이 돼서 나쁜 놈이 되지 않고 요기 와 앉아 있는 거 보면, 그래도 그건 건진 겁니다. 그러니까 여러분도 주의해요. 어떻든지 마음에 거추장거리는 거 있거든 얼른 빼버려야 돼요. 얼른 빼버려야 거기에 대한 걸 (제대로) 알 (수 있)지요.*

본래 허망 무상한 것을 두고 거기에 한 생각 지어 빠지지 말고, 그것을 뽑아내버리는 것이 밝아지는 길이라는 것이다. 거기 마음을 두면 결국 그것이 되어버릴 것이지만, 마음이 텅

---

* 백성욱,《불법으로 본 인류 문화사 강의》, 김영사, 2021년, 361~362쪽.

비면 밝을 것이니 머무르는 바 없이 마음을 내라는 말이다. 모두 여여한데 한 생각과 인연 따라 잘했다 하고 그렇지 않다고 한다. 도인에게는 잘한 것도 아니고 잘못한 것도 아니다. 생각이랄 것은 뽑아내어야 할 것이라 강의한 것처럼, 그 생각에 사로잡혀 있지 않다. 세상일에 적극 참여하는 것처럼 보여도 그는 아무것도 한 것이 없다. 그것은 다만 부지런히 부처님 시봉하는 일이었고, 부처님의 자비를 대행하는 손발이 되는 일이었다. 자신의 생각도 행동도 모두 부처님께 드려서 텅 빈 회향의 실천이었다.

한편 백성욱을 향한 최의식의 마음은 해방공간을 넘어 전쟁 와중인 부산 피난 시절로도 이어졌다. 최의식은 부산대학교 교수인 친구가 있어 난을 피해 부산으로 내려갔다. 친구의 배려로 어렵사리 방 한 칸도 얻을 수 있었다.

그러다 수소문 끝에 6·25 전쟁이 터진 뒤 내무부장관으로서 서울에 남아 소임을 다하다 제일 늦게 남하한 스승 백성욱이 부산의 장관 관사에 머물고 있다는 소식을 접했다. 스스로 자리에서 물러났지만 국가가 누란의 위기에 처한 시기라 관사에 머물며 정부 일을 살피고 있었다.

백성욱이 전쟁의 소용돌이 속에서도 따로 염려하고 챙긴 것이 있으니, 바로 손혜정 보살의 안녕이었다. 백성욱은 신성모 국방부 장관에게 부탁하여 손혜정 보살을 헬리콥터 편으로 대전으로 이동시키고 이후 부산으로 모셨다. 하지만 손 보살은 부산에서 기거할 곳이 마땅치 않아 고생하고 있었다.

전쟁 통에 최의식을 만나자 백성욱은 여간 반갑지 않았다. 더구나 최의식이 친구에게서 방을 하나 제공받아 혼자 기거하고 있다는 말을 듣고는 "야, 의식아. 네가 손 선생님과 같이 있어라" 하고 주문하였다.

최의식은 몇 달 동안 손혜정 보살을 모시고 함께 있었다. 백성욱은 부산 피난 시절, 그 추운 겨울에도 매일같이 새벽마다 손혜정 보살을 찾아가 문안을 여쭈었다. 돈암동에 있을 때에도 혜화동까지 3년을 매일같이 새벽마다 찾아와 문안인사를 드린 그였다. 그의 스승에 대한 예우는 철저하고 깍듯했다. 두 사람이 마주하면 서로 삼배를 올리며 사제이자 도반의 예를 갖추었는데, 젊은 최의식의 눈에는 그런 모습이 경이롭게 보였다.

손혜정 보살이 몇 번인가 백성욱에게 큰소리하는 경우가 있었는데, 최의식이 민망하고 송구스러워 자리를 피하려 하면 백성욱은 "나가지 말고 있거라" 하였다. 꾸짖는 내용은 대개 백성욱이 모든 직을 거두고 수행에 전념하겠다고 하면 손혜정 보살이 사회를 향한 대승보살의 역할을 더 적극적으로 수행하라고 요청하는 것이었다. 천하의 도인이지만 소승小乘에 머물지 않고, 국가 사회와 한 몸이 되어 민생을 돌보고 구제하는 일로써 부처님 전에 복 많이 짓기를 손혜정 보살은 발원하고 있었던 것이다.

백성욱은 1951년 부산에서 한국광업진흥주식회사 사장에 취임하였다. 개인 사업을 넘어 금광 개척 등 광업 발전을 통해 나라의 창고를 튼튼하게 하기 위한 방편이기도 하였다. 백성욱은 서울 환도還都 후에도 한국광업진흥주식회사 사장직을 이어갔다. 훗날 동국대학교 총장으로 부임한 뒤에는 금속공학과를 개설하였고, 회사를 운영하여 얻은 수입을 학교 발전을 위해 투입하였다. 백성욱은 1956년까지 이 회사를 경영하였다.*

또 '도의정치道義政治의 실현'을 기치로 전쟁 중인 1952년 8월과 전후 1956년 5월, 두 차례에 걸쳐 부통령 선거에 무소속으로 출마하기도 하였다. 이승만 대통령이 출마를 권유해서였다는 이유와 장면張勉(1899~1966)을 위해서였다는 이야기가 전해진다.

백성욱은 당시의 정치활동에 대해 이렇게 회고하였다.

"을유년에 조국 광복을 맞이하자, 일찍이 내 나이 열아홉부터 해외에 망명하여 독립운동에 참가 활동했던 나로서는 평생 염원이던 광복의 기쁨과 아울러, 하나의 독립운동의 연장으로 여기고 정계에 투족한 것은 구태여 뉘우칠 일 아니라 치더라도, 일단 건국까지의 국기國基를 본 즉시부터 다시금 원각圓覺의 품속으로 돌아갔어야 할 것을, 그러지 못한 채 아직 여항에 머물러 있으니 무참한 생각에 젖을 수밖에 없다.

---

* "대한(한국)광업진흥주식회사의 사장에 피임하게 된 것은, 일단 건국된 조국의 산업발전에 공헌하고자 하는 마음의 소치였던 것이다."(백성욱, 〈나를 발견하는 길〉, 정종 편, 《나의 청춘 나의 이상:60인사의 인생역정》, 실학사, 1965년, 80쪽)

백성욱 박사의 5.15 부통령 선거 후보 선전물(1956년), 공보처 홍보국 사진담당관, 국가기록원 자료.

내가 전 대통령 이승만 박사의 집정 초기에 소위 내무부장관 직에 있게 된 것은, 같은 독립운동의 노선에서 일하던 이 박사와의 건국 신념이 규합된 애국적 발로였음은 두말할 것도 없다. …(중략)…오늘날 우리나라의 정치 문제에 있어서는, 아직 독립운동의 한 연장 과정으로 보아야 한다고 여기며, 정치라는 것을 정의하라면, 그는 곧 집단민중의 생명력을 신장시키는 구성요소라고 생각한다."*

* 　백성욱, 〈나를 발견하는 길〉, 정종 편, 《나의 청춘 나의 이상:60인사의 인생역정》, 실학사, 1965년, 79~82쪽.

정치를 떠나 교육으로
15

1951년 10월, 백성욱은 동국대학교 동창회장을 맡았다. 한국 광업진흥주식회사를 경영하여 그 재정으로 국가와 학교를 후원한 것처럼 교육 불사佛事를 통해 불교를 일으키고, 국가 재건에 필요한 인재를 육성할 목적이었다. 1953년 7월 27일, 휴전협정 조인으로 전화戰火가 사그라지자 백성욱은 다시 불교계로 돌아왔다. 동국대학교 초대 총장인 권상로 스님이 6개월 만에 사임하자 제2대 총장에 취임한 것이다. 부산 피난지 임시교사에서 취임식도 없이 8월 1일부터 집무를 시작하였다.

불교계는 경술국치 이후 민족이 수난을 당하자 여러 형태로 항일 활동을 시작하였다. 삼국시대부터 호국불교의 전통을 면면이 이어온 불교였기에 어느 종파 못지않게 적극적으로 반응했다. 한암, 만공 스님 같은 이는 산승山僧으로서 불교의 본래 면목을 지키고 선풍禪風 진작을 통해 조선불교의 주체성을 지키려는 선지식들이었다. 왜색 불교의 불순물을 제거하는 데에도 관심을 기울였다.

그런가 하면 만해 한용운 선사, 백용성 선사 등 불교 자체의 개선을 통해 조선불교를 현대불교로 변모시키려는 실천적인 움직임도 있었다. 깨달음도 결국 중생제도와 구제를 위한 것이기에 직접 사회운동에 뛰어들어 일제에 항거하는 한편, 불교인들 스스로 시대조류에 맞는 제도와 방편을 펼쳐야 한다는 생각하에 불교유신론과 대각교 운동 같은 '새불교' 운동과 실천불교를 주창하였다.

불교학 진흥이 시급하다고 여긴 이들도 있었다. 이능화李能化, 김영수金映遂, 박한영朴漢永 같은 불교학자들은 일제의 침략 정책에 직접적으로 저항하고 부정적인 태도만 가져서는 거센 사조를 막을 수 없다며 학자불교를 지향했다. 한국인의 정체성을 찾기 위해 한국불교의 전통의식과 문화전통을 현대화해야 한다는 생각으로 국학 개발을 서두르고자 하였다.

백성욱은 어쩌면 이들 세 갈래의 문제의식을 통합적으로 실행한 수행자요, 불교학자이며, 실천운동가였다. 청년기에 만해 선사의 지도로 독립운동에 참여한 일이 그렇고, 단신으로 유럽에 건너가 〈불교순전철학〉으로 박사 학위를 취득한 일이 그렇다. 그런가 하면 불교의 본질은 수행에 있다고 보고 금강산으로 들어가 깊은 깨달음의 경지를 이루고 후학을 양성했음은 물론, 해방 정국에서는 조속한 정부 수립과 국가 안정을 위해 투신하였다. 이제 백성욱은 현대식 교육제도를 정착시켜 미래의 인재들을 체계적으로 양성하기 위해 본격적으로 나섰다.

일제 강점기, 불교계에도 많은 외부 세계의 영향과 도전이 있었다. 급변하는 정세와 세계 사조의 흐름에 따라 안일하게 전통만을 고집할 수 없는 상황이 되었다. 이런 문제의식은 전문 강원의 부흥 내지 전문학교 설립으로 나타났다. 교학을 진흥하고자 한 것이다.

1906년 불교연구회에서는 청년 승려들을 대상으로 서울 시내 원흥사元興寺에 명진학교明進學校를 설립했다. 불교종단 에서 이끄는 현대교육의 시초로, 이후 불교사범학교로 개칭 운영되었다. 또한 1912년에는 조선불교 선교양종* 30개 교구 본산에서 능인보통학교를 개교하였다. 사범학교 운영이 부 진하자, 30개 교구본산에서 고등불교강숙高等佛教講塾을 설립 하였으나 오래가지 못했고, 1916년 30개 교구본산에서 비로 소 동국대학교의 전신인 불교중앙학림佛教中央學林을 개교하 였다.

백성욱은 봉국사 시절인 1917년 불교중앙학림에 입학하 여 수학하다 1919년 삼일운동 주도 이후 국내에 머무를 수 없게 되자 학교를 떠나 상해임시정부로 가서 독립운동을 이 어갔다. 다시 백성욱이 유럽으로 유학을 떠난 뒤인 1922년, 일제의 강압에 의해 30개 교구본산이 폐지되었고 불교중앙 학림도 폐교되었다. 귀국 후 불교중앙학림에서 강의를 맡고

---

*   일제 치하 한국불교 교단의 종명. 1941년 4월 '조계종'으로 개명.

싶었으나 학교가 사라지자 백성욱은 한동안 집필에 몰두하다가 1928년 박한영이 중앙학림 터에 다시 불교전수학교를 개교한 뒤 이곳 강사로 임용되기도 하였다. 이후 이 학교는 1930년에 중앙불교전문학교로 승격되었다.

중앙불교전문학교는 1940년 일본인이 교장으로 취임하면서 혜화전문학교로 개칭되었고, 그동안의 불교과에 이어 흥아과興亞科를 증설하였다. 혜화전문학교는 해방과 더불어 1946년 9월 정식 대학으로 인가되어 1947년 5월 동국대학교로 개교하였다. 종합대학으로 승격된 것은 1953년 2월 부산 피난 중 부산 신창동 대각사의 가건물을 빌려 방 여섯 칸 총 39평에서 670명이 수업하고 있을 때였다.

사학 중 고려대, 연세대, 이화여대에 이어 네 번째로 종합대로 승격된 동국대학교는 개교 초기 불교대, 문과대, 법정대, 농림대 등 총 네 개 대학에 열 개 학과를 거느리고 있었다. 동국대학교 초대 총장으로 권상로 학장이 취임한 지 6개월 만에 2대 총장으로 백성욱이 취임하였고, 취임 20일 만에 서울 본 교사校舍로 복귀를 감행하였다.

일제 강점기, 현재 동국대학교가 위치한 남산 기슭에는 일본 조동종 사찰인 무량수산 조계사가 있었다. 조계사는 1908년 조동종 일한선사日韓禪寺라고 하였다가 무량수산 조계사로 개칭되었다. 일본이 패망하자 조동종 관장 사또가 일본으로 귀국하면서 불교학자 조명기에게 조계사(중구 필동 3가 26번지 일대 2만 3,987평)와 국화유치원(필동2가 대지

3,300평 및 건물 1동 84평) 등을 양도하였는데, 조계사 부지 2만 3,987평은 1945년 10월 총무원에 접수되어 동국대학교 부지로 지정되었고, 국화유치원은 조명기 교수가 개인적으로 계약하여 사용하다가, 6·25 전쟁 이후 백성욱 총장 시절 동국대학교 필동교사 신축 시 동국대학교로 이관되었다.

백성욱이 총장으로 부임할 무렵 동국대학교는 정각원 건물이 유일하게 큰 전각이고 일본 건축양식의 절 건물이 서너 채 있을 따름이었다. 백성욱이 종립학교인 동국대학교 총장에 부임한 것은 불교를 학문으로서 연구하고 서양철학과 유럽 대학의 시스템을 경험한 선진학자로서 당연한 소임일 수도 있으나, 해방과 한국전쟁을 겪으면서 폐허가 된 국가를 재건하기 위해서는 인재 양성이 무엇보다 시급하다고 여긴 이유가 컸다. 대학 발전을 통해 불교의 중흥은 물론, 미래를 이끌 새로운 동량이 자라날 묘판苗板을 서울의 중심 남산 기슭에 만들고 싶었다.

　백성욱 총장은 황무지를 개간하듯 불교 종립대학으로서 동국대학교의 위상을 세우기 위해 다방면으로 불사를 진척시켜나갔다. 그에게는 학교의 중창사업이 단순한 건축공사가 아니라 교육 불사였다. 우선 총장실 동쪽으로 교수 연구실과 중앙도서관을 건립하였다. 대학은 도서관 중심이어야 하고, 교수와 연구실 중심이어야 한다는 것이 백 총장의 관점이었다. 백성욱이 총장으로 취임하여 우선순위에 두고 착수한 일은 교수들을 위한 개인 연구실 마련 사업이었다. 대학이란 궁극적으로 교수 양성기관이기도 하니 강의실보다 교수 연구실이 우선되어야 한다는 선진국 실례를 경험한 교육자로서의 지론이었다. 이는 당시 강의실 하나면 대학이 된다는 일부 장사치 대학이나 족벌 대학 운영자들에게 보내는 일종의 정문일침頂門一鍼이기도 했다.

백 총장은 교수들이 24시간 동안 개인 연구실에서 생활할 수 있도록 만반의 시설을 갖추고자 하였다. 1인 1실을 원칙으로 침대를 겸한 책상 모델을 만들고 싱크대와 옷장까지 들였다. 철저하게 교수 중심 대학을 만듦으로써 한국 대학의 선진 면모를 창출해내고자 했다. 석조전 서쪽 학생용 화장실을 크고 깨끗하게 정비하여 학생들의 편의를 도모하기도 하였다.

백 총장은 학사 정비에도 심혈을 기울였다. 6·25 전쟁 종전 직후라 학교 기강이 해이하고 학적부도 정비되어 있지 않았다. 학사행정에 연루된 부정과 비리는 일벌백계로 다스려 학교 기틀을 다지는 데 총력을 기울였다. 백성욱 총장을 만난 동국대학교는 일사천리로 교육기관의 면모를 일신해 나갔다.

동국대학교의 기본이 된 본관 3층 석조전(명진관)도 이때 건립하였다. 이 건물의 네 기둥은 불교의 사성제인 고집멸도苦集滅道를 상징한다. 건물을 짓는 데는 도반이자 선지식으로서 같은 길을 걸어온 손혜정 보살의 재정적 지원이 바탕이 되었다. 손 보살은 백성욱이 동국대 총장으로 재임하던 시절 사재를 털어 그의 교육 불사를 도왔으며 학교법인의 이사로도 참여하였다. 이어 본부 건물, 과학관, 도서관 및 기타 부속건물 등 총 8,700여 평의 건물을 하나하나 건립해나갔다.

학교 건물을 한 동 한 동 늘려가는 작업은 결코 간단하지 않았다. 게다가 이곳은 서울 중심가의 유일한 풍치 지역인 남산공원지구이자 국유림 지대였다. 쉽사리 건축할 수 있는 지역이 아니었다. 백성욱 총장은 우직한 뚝심과 추진력으로 동국대학교를 거침없이 일신해나갔다. 부처님 시봉 일념으로 하는 일이 아니고서는 이룰 수 없는 동국 대가람 조성 불사였다. 이미 가슴속에 법고法鼓를 둥둥 울렸으니 세속의 어떤 일도 장애가 되지 못했다.

백 총장은 교사 확보를 위한 교지가 부족하자 국유림인 남산 산비탈을 밀어내기 시작했다. 공교롭게도 이곳은 당시 이승만 대통령이 집무하는 경무대에서 직선으로 바라보이는 남산 기슭이라 많은 사람이 이 대통령에게 누군가 남산을 허가 없이 마구 깎아먹고 있다고 보고하였다. 이 대통령 눈에도 남산 중턱이 허물어져가는 모습이 역력히 보였다.

어느 날 이승만 대통령은 학교 근처에 있는 코리아하우스(현 한국의 집)에 왔다가 동국대학교 건설 현장에 들렀다. "백성욱이 운영하는 학교가 어디냐? 공사로 말이 많으니 직접 가봐야겠다"라고 하였다 한다. 당시만 해도 건국 초기요, 전후 얼마 되지 않은 시점이라 이 대통령이 사립대학에 들른 일은 이례적이었다. 그때 건설 현장에는 백성욱 총장이 있지 않았다. 총장 재직 중 아침 8시면 어김없이 출근하고 오후 2시면 퇴근하여 외부 일을 보았기에 전규홍全奎弘 부총장이 현장을 맡고 있었다. 백 총장은 다음 날 경무대로 이 대통령을 찾아갔다.

"어제 학교에 오셨는데 부재중이어서 죄송합니다."

"백 박사가 남산을 깎아먹는다 하기에 계획에 없던 걸음을 한 것이지. 말이 많으니 중단하시는 것이 좋겠소."

이승만 대통령은 백성욱이 제4대 내무부장관을 지냈으며 귀국 초기부터 자기 가까이에서 건국 일을 보필한 사람이기에 거침없는 그의 성격을 누구보다 잘 알고 있었다. 그를 신뢰하는 마음에도 변함이 없었다.

"예, 그렇게 하겠습니다."

백 총장은 말을 마치고서는 바로 돌아서지 않고, 이 대통령에게 한 가지 문제가 있다며 말을 덧붙였다.

"각하! 그런데 지금 미8군사령관 밴 플리트 장군James Alward Van Fleet이 대학을 지으라고 시멘트 30만 포대를 무상으로 원조하고 격려까지 해주어서 공사가 진행 중입니다. 이런 상황에 자국 대통령께서 도와주시지는 못할망정 벌려놓은 공사도 못 하게 한다는 말이 나올까봐 나라 체면을 생각하지 않을 수 없습니다. 여기서 그만둔다고 하면 대통령과 나라의 면이 서지 않을까 심려됩니다".

그러고는 연이어 "각하, 제게 방법이 있습니다! 제가 나가서 '기왕 대학을 지으려면 세계 제일가는 건물을 지어라. 그러지 않을 거면 당장 그만둬라'라고 각하께서 호령하셨다고 말하고 다닐 것입니다"라고 하였다.

이 말을 남기고 경무대를 나서는 백 총장의 뒤로, 이 대통령은 밖에 있는 모든 이에게 들릴 만큼 큰 목소리로 "백 박사는 제발 일 좀 저지르지 말고 다니라"라고 호통쳤다. 백 총장은 경무대에서 물러나 이 대통령에게 말한 그대로 말하고 다녔다.[•]

이심전심以心傳心. 백성욱과 이 대통령은 이렇게 소통하는 구석이 있었다. 이 대통령이 백성욱을 통해 어떤 일을 도모할 때는 그것이 민감한 일일수록 사전에 만나 조용히 의논하고 입을 맞췄다. 그러고 난 뒤에는 영락없이 이 대통령이 집무실에서 나와 일부러 사람들이 들을 수 있도록 백성욱을 찾아 꾸짖는 듯 큰소리하곤 했다. 그런 이 대통령의 면전에서 돌아서며 백성욱은 예의 그 '싱긋 웃음'으로 화답했다. 동국대학교 건립 불사에도 이런저런 장벽이야 있었지만 백성욱의 혜안과 불심으로 고비들을 넘어나갔다.

본래 그 자리에 있던 일본 절 무량수산 조계사가 큰 절은 아니었기에 동국대학교 부지는 석조전조차 제대로 앉히기

•　이광옥, 〈'미륵존여래불' 하느니라〉, 《금강산 호랑이: 내가 만난 백성욱 박사》, 김영사, 2021년, 514~516쪽.

동국대학교 명진관 건축현장에서(1954년).
《사진으로 본 동국대학교 80년》 57쪽.

어려웠다. 백 총장은 하루에 1미터씩 철조망으로 된 울타리
를 넓혀나가게 하였다. 그런데 현 예술대학 부지(전 재향군인
회 건물)*에는 군대 수송부가 자리해 공사가 쉽지 않았다. 철
조망이 둘러쳐 있고 유류 드럼통까지 야적되어 확장하기가
여간 어렵지 않았다. 그러나 백 총장은 그곳으로까지 학교

---

* 　동국대학교는 장충단에 있던 재향군인회가 송파구 신천동으로 옮겨가
　면서 남은 부지와 건물을 매입하여 예술대학 건물로 사용했고, 장충단의
　중앙공무원교육원도 대전으로 내려가면서 동국대학교가 인수해서 농과
　대학 건물로 사용하게 되었다. 손정목, 《서울 도시계획 이야기 5》, 한울,
　2003년.

기념 식수하는 백성욱 총장. 동국대학교 동대신문사 자료 사진.

부지를 확장해 마침내 오늘의 위상을 갖추는 건물들을 조성
하였다. 백성욱 총장이 아니고는 이런 일을 해내기가 쉽지
않았을 것이다. 동국대학교 건축은 단순한 공사가 아니라 부
처님을 기쁘게 해드리고자 하는 백성욱의 실천 수행이었다.
그의 입과 손발에 장애가 있을 수 없었다. 이렇게 시작된 일
은 이후 모두 정식으로 불하받아 오늘날 동국대학교 대가람
의 터전이 되었다.

백 총장의 동국대학교 불사는 여러 채의 건물 신축에만 국한되지 않았다. 그는 유럽 유학 경험으로 선진국의 대학 캠퍼스 구성과 운영이 어떻게 이루어지고 있는지 잘 알고 있었다. 백 총장은 학과 개설은 물론, 기구의 내실화에도 특별한 관심을 기울였다. 특히 방송의 중요성을 내다보고 경기도 양수리 임학林學 연구 산림단지에 동국대학교 교육방송국을 창설하였다. 이는 한국 대학사에서 연세대학교 이후 두 번째 일이었다. 문화예술의 중요성에 대해서도 남다른 인식이 있어 연극학과를 개설하였다. 사람들은 연극학과 개설을 두고 광대학과, 딴따라학과라고 비아냥댔지만 동국대학교는 학교 발전과 이 나라 문화예술계 발전에 기여한 수많은 인재를 배출했다.

백성욱 총장의 '교수 중심제' 생각은 대학이 뛰어난 학자를 배출해야 하며, 잘 가르치는 교수들이 있어야 대학이 발전한다는 지론에서 나왔다. 유학 시절, 교수들이 연구와 강의에 집중할 수 있도록 대학들이 신경을 많이 쓰고 명망가들을 초빙하려 노력하는 모습을 보며 고무되었기 때문이다. 백 총장은 학교의 면모를 갖추는 일과 함께 천하의 인재를 모으는 일에도 집중하였다. 교수 중심제를 철저히 지키며 교수 절대권위하의 대학을 건설함으로써 한국 대학의 전향적·선진적인 모델을 동국대학교에서 창출하고자 하였다. 대학 내에서 절대권력을 가진 총장이라 해도 교수의 권위에는 간섭하거나 도전하지 않았으므로, 당시 동국대학교에는 '조선의 천재' '국보 1호'로 불리며 광복 전부터 국문과에서 명강의로 인기가 높았던 무애无涯 양주동梁柱東(1903~1977) 교수를 비롯하여 일급 교수들이 운집했다.

백 총장은 1953년 8월 학교를 부산에서 서울로 옮긴 직후 전남대학교에 재직 중인 정종 교수와 이동훈 교수에게 친서를 보냈다. "모교 재건을 위해 긴급히 동참해달라"는 교수 초빙 전문이었다. 정종 교수는 촉망받는 젊은 철학 교수로, 1937년 백성욱의 금강산 시절 친구 정근모와 함께 지장암으로 찾아왔던 신심 깊은 사람이었다. 그는 독실한 기독교 집안 출신으로 부모의 권유에 따라 기독교 계열인 배재고보에 진학했으나 중도에 포기하고 중앙불교전문학교에 편입한 불연 깊은 사람이었다. 그는 중앙불교전문학교를 마칠 무렵 당시 교장이었던 석전 박한영 스님의 추천장을 들고 선재동자의 '구도 나들이'인 양 참스승을 찾아 금강산으로 향했다. 금강산 수도 이후 정종 교수는 돈암동 시절은 물론 동국대학교 시절, 부천 소사 백성목장 시절까지 늘 백성욱을 찾아 평생 곁에서 함께했다.

함께 교수로 초빙한 이동훈 교수는 순천여자고등학교 교장을 지냈으나 여수 순천 십일구 사건*으로 은거하다가 전

* 1948년 10월 19일 여수 주둔 국군 제14연대 일부 병사들이 제주4·3사건의 진압 명령을 거부하고 봉기한 사건이자, 순천을 비롯한 전라남도 동부 지역에서 토벌군에 의하여 민간인이 희생당한 사건.

남대학교에 봉직하던 교무행정에 밝은 사람이었다. 두 사람을 초치하며 백성욱은 그들이 간부 양성에 필요한 인재라는 메시지를 담았다. 백성욱의 부름을 받고 이동훈 교수는 바로 상경하였으나 정종 교수는 재직 중인 전남대학교의 철학과 기틀을 다지던 중이라 바로 합류하지 못하고 5년이 지난 1958년에 백 총장 곁으로 왔다.

백성욱은 총장이자 학교법인 이사장, 총동문회장 등 삼권을 겸직한 절대권위를 가진 총장으로서 우수 인재를 영입하는 데 주저함이 없었다. 당시 연세대학교에 재직하던 최재서 (1908~1964) 교수를 초빙한 일화도 동국대학교 역사에 회자한다. 친일 행적으로 사람들의 눈총을 받았으나 뛰어난 수학자에 학구력이 투철하다는 평판을 듣고 파격적인 예우로 초빙하였다. 단 한 사람을 위한 학위 수여식을 중강당에서 성대히 거행하고, 대학원장 보직까지 맡겼다. 일부 교수들이 총장실까지 찾아와 그의 친일 전력을 문제 삼으며 인사에 항의하자 "내가 그것을 모르고 한 짓이겠느냐. 나도 그대들만큼 친일파를 미워한다"라고 했다.˙ 그런데도 그를 초빙한 것은

˙ 백성욱 또한 해방 후에도 친일 세력이 권력의 중심을 장악하거나 기회를 독점하는 상황을 잘 알고 있었다. "그런데 막상 독립을 해놓고 보니, 일본 사람한테 아첨하고 일본 사람 앞잡이로 다니던 사람들이 다 득세합디다. 시방도 국회에 가면 태랑太郎이, 차랑次郎이가 다 앉아 있고(태랑과 차랑은 일본 발음으로 '타로' '지로'로 읽는데, 일본 남자들에게 흔한 이름이다. 친일을 했거나 일제 때 득세했던 사람들이 국회에 많다는 의미), 장사판에도 일본 사람 심부름하던 태랑이, 차랑이가 다 앉았단 말예요."(백성욱, 《불법으로 본 인류 문화사 강의》, 김영사, 2021년, 364쪽)

"교수들에게 평생을 두고 공부하는 교수의 모델을 보여주고 싶어서"라고 하였다.

백 총장은 일제강점기 좌익 지하운동가이자 독립운동에 헌신한 이동화 교수(1907~1995)를 도서관장에 임명하였다 (1959년). 이 교수는 광복 직후 여운형이 조직한 조선건국준비위원회 중앙집행위원회 서기국 서기를 맡았고, 민주혁신당 정책위원장을 지냈으며, 진보당 사건에 연루되어 구속되는 등 대표적인 진보 정치학자이자 실천가였다. 임명 당시 이동화는 투옥되었다가 무죄 판결을 받아 막 풀려난 상황이었다. 실력 있고 양심과 소신에 따라 일하는 인물을 학교에 들이려는 백성욱의 인재 등용에는 이념이나 명분이 따로 있지 않았다. 같은 해 10월 30일 이동화 관장은 〈사상계〉 기자로 재직하던 유순덕과 혼인하였는데, 백성욱 총장이 혼인식 주례를 맡았다.

백 총장은 동국대학교 출신 우수한 인재들도 교수로 영입하였다. 동국대학교 연극학과 창설 주역이자 문화예술원장을 역임한 장한기張漢基 교수는 1954년 환도 다음 해에 학도호국단 문예부장이라는 학생 신분으로 서울 중구 저동에 위치한 한국광업진흥주식회사 집무실로 백 총장을 찾아갔던 사람이다. 사정이 있어 학도호국단장과 함께, 교내 총장실이 아닌 한국광업진흥주식회사 대표 집무실로 찾아가보니 책상 위에 놓인 신문지에 영어 메모가 빼곡하여 신문지가 푸르게 보일 지경이었다. 장한기 교수는 졸업 이후에도 백 총장

1959년 10월 이동화 도서관장의 혼인식 주례를 맡은 백성욱 총장.

을 자주 찾아와 안부 인사를 드렸다. 그때마다 백 총장은 "착하다, 착하도다" 하며 불전 옥야경玉耶經에서 부처님이 옥야 부인을 대하듯 하였다. 백 총장은 "내가 전생에 너의 집에서 밥 공양을 한 적도 있다"라고 하며 그의 등을 두드렸다. 장한기 교수는 1958년 국문과 조교수로 임용되고 교무과장 보직을 맡아 교무행정 발전에 크게 기여했다.

백성욱 총장이 교수로 발탁한 동문 출신에는 미당未堂 서정주徐廷柱(1915~2000) 시인도 있었다. 그는 자신이 스승으로 모셨던 석전 박한영 스님의 권유로 동국대학교 전신인 중앙불교전문학교에 진학하였으나 중퇴했다. 1954년 대한민국예술원 종신회원으로 추천될 정도로 예술적 재능이 뛰어났고, 주옥같은 불교 경향의 시를 쓰던 인재를 백 총장이 초야에 둘리 없었다. 정종 교수가 그를 추천하자, 즉시 동의한 백 총장은 이후 정종 교수와 서정주 시인이 총장실에 동행하여 방문하자, "내일부터 절차 밟고 강의하라"라고 했다.* 서정주 시인은 《불교학 논문집: 백성욱 박사 송수 기념》에서 "한반도 5,000년 역사 가운데 여자로서는 선덕여왕이 가장 매력적이고, 남자로서는 백성욱 총장이 가장 매력적인 남자"**라고 칭송하였다. 동국대학교는 그에게 1987년 동국문화상을 수여하고 그를 종신명예교수로 예우하였다. 그는 1961년 백 총장이 5·16 군사정변으로 물러나 부천 소사에 은거하자 정종 교수 등과 함께 백성목장에 찾아가 그 인연의 지중함에 고마움을 표시하고 백 총장의 건안을 축수하였다. 서정주 시인은 동국대학교에 재직하는 동안 한국문단과 불교계 안팎에서 고은, 조정래, 신경림 등 800여 명이 넘는 걸출한 인재들을 발굴 양성하는 데 기여하였다.

　백성욱 총장 시기 동국대학교에 들어와 백 총장을 보필하

•　　정종,《내가 사랑한 나의 삶 80(상)》, 동남풍, 1999년, 76쪽.

••　　서정주, 〈백성욱 총장〉,《금강산 호랑이: 내가 만난 백성욱 박사》, 김영사, 2021년, 208쪽.

며 학교 발전에 혁혁하게 기여한 인재들은 일일이 모두 열거하기 어렵다. 또한 학생 신분으로 만나 평생 그의 가르침을 교육 현장에서 실천한 교육자들도 그 수를 헤아리기 어렵다. 이들 가운데 김도경金禱慶 전 동덕여대 대학원장, 김삼룡 전 원광대 총장, 민영규 연세대 명예교수, 노재철盧載喆 서강대 교수, 한현 교수, 임덕규, 박병배 전 국회의원 등이《불교학 논문집: 백성욱 박사 송수 기념》에 회고문을 실어 백 총장의 동국 대가람 불사 발자취의 의미를 기렸다.

백성욱 특강
16

백성욱 총장, 그에게서는 권위와 위용이 절로 배어났다. 그것은 총장이라는 직위에서 나오는 것이 아니었다. 장관 출신이어서도 아니었다. 오히려 장관이나 총장으로서 그는 평소 위엄보다는 유연함과 여유로움, 무애자재自在함을 풍겼다. 대화에서는 해학과 풍자, 유머가 넘쳤다. 무엇에도 속박이나 장애가 없는 도인의 풍모, 자유롭고 거침없는 그의 '함이 없는 행行'이 때론 어린아이처럼, 때론 가장 대하기 어려운 어른처럼 보였다. ' '있지 않은 있음' '없지 않은 없음' '있는 것도 아니고 없는 것도 아닌' 제법의 실상에 통달한 경지에서 움직이는 그를 접한 사람들은, 생각지도 못했던 통쾌한 길을 제시해주는

• "선생님은 위용이 있었다. 범접하기 어려웠고, 바로 쳐다보며 편하고 다정하게 대화를 주고받기가 어려운 분이셨다. 선생님의 얼굴을 바로 쳐다보는 데 반년 이상이 걸렸다는 사람도 있었다." 김강유는 수행기에서 이렇게 회고하고 있다. (김강유, 〈스승을 찾아서〉, 《금강산 호랑이 : 내가 만난 백성욱 박사》, 김영사, 2021년, 716쪽)

혜안의 도인, 도무지 이해가 안 가는 기이한 사람, 아무리 머리를 굴려봐도 예측할 수 없는 두려운 대상이었다. 백 총장이 '인류 문화사 특강'을 연 것도 그의 이 같은 면모가 드러나는 일이었다. 그는 대학을 총괄 운영하는 격무 속에서도 학생뿐 아니라 평범한 대중까지 포함하는 강의를 개설하였다.

인류 문화사 강의는 매주 월요일 아침 9시에 한 시간씩 진행되었다. 특정 요건에 해당하는 대상이 아니라 학생들을 비롯해 교수나 외부인 등 누구나 부담 없이 들을 수 있도록 하였다. 800여 명을 수용하는 강의장인 중강실은 늘 만석이었고, 자리가 모자라 양쪽 복도와 2층 복도에 서서 청강하는 사람도 많았다. 학점 이수 강의가 아닌데도 학생들에게 인기가 높았으며 교수와 교직원 상당수가 참석했다. 명강의로 소문나 동숭동 서울대 학생들도 이 특강을 들으러 찾아왔다. 평이하면서도 역사, 철학, 문학, 예술, 과학, 정치, 경제 등 광범위한 분야를 망라한 내용이라 누구나 흥미와 관심을 가지기에 충분했다. 일부러 가다듬어 웅변조나 연설조로 강의하지 않고 구어로 이야기보따리를 풀어놓는 시간 같았다.

백성욱 총장의 강의에서는 어디에서도 접해보지 못한 특별한 통찰이 쏟아지곤 하였다. 그중 하나를 예로 들자면, 동양의 깨달음과 서양의 철학을 비교하여 설한 '종합적 즉각綜合的卽覺'이란 개념이다. 백 총장의 경지가 아니면 나올 수 없는 내용이다.

임마누엘 칸트의 《순수이성비판》이라는 논문을 보면 '종합적 즉각'에 대해 쓰여 있다. 우리의 마음은 경험이나 궁리로 분석하지 않고도 종합해서 느닷없이 그냥 알아지는 능력을 갖추고 있다는 내용이다.

예를 들어 여기 다섯이라는 관념과 일곱이라는 관념이 있다고 하자. 이들은 현실에 바탕을 둔 관념인데, 둘을 합치면 다섯하고도 관련이 없고 일곱하고도 관련이 없는 열둘이라는 새로운 관념이 나온다. 그리고 그 또한 부인할 수 없는 현실의 한 덩어리이다. 그것은 우리의 경험이나 생각으로 유추해 이끌어낸 결론이 아닌, 있는 그대로의 또 다른 현실이다. 그러므로 우리의 마음은 있는 현실을 종합해 또 다른 현실을 그냥 아는 능력이 있다 하여 '종합적 즉각synthetisches urteil a priori'이라고 표현한 것이다.

분별심이 소멸하고 마음이 밝아지면 나와 너의 구분이 없어지며 진리니 비非진리니 하는 분별심도 사라진다. 동양과 서양을 구분하는 분별심도 사라지며 이들이 모두 다른 것이 아님을 알게 된다. 모든 구분이란 다 밝지 못해서 발생하기 때문이다. 분별심이 사라진 사람이 보면 동양의 성현들이 말하는 지혜와 서양식 표현인 '종합적 즉각'이 하나도 다르지 않음을 알게 된다.

도통한 이들의 판단은 과거의 경험을 분석Analytic a posteriori하는 것이 아니라 '종합적 즉각'이라고 해야 하는데, 우리는 그것이 느닷없이 나온다고 말할 수밖에 없다. 그가 어떻게 철학 논문에서 도통의 경지를 언급하였을까?

칸트는 그 전생에 금강산에서 스승을 모시고 수도하던 중이었다. 그런데 많은 사람이 그가 모시는 스승을 도통하신 분이라며 찾아왔다. 칸트 생각에 도통했다면 여느 사람과는 무언가 크게 다를 것인데, 그의 스승에게 특별한 점이라곤 보이지 않았다. '사람들이 몰려오는 것을 보면 도통하긴 했나 본데…. 사흘만이라도 도통하여 그게 어떻게 생겼는지 구경이라도 해보았으면' 하는 것이 그의 소원이었다.

이 한 생각이 원인이 되어 그는 다음 생에 칸트로 태어났고, 세상의 이치를 탐구하는 철학을 공부하여 마침내 사흘 동안 도통하게 되었다. 도통하고 보니 세상이 그대로 훤히 알아졌다. 그는 3년 정도면 그 경지를 모두 글로 옮길 수 있다고 생각했으나 사흘이 지나자 다시 캄캄해지고 말았다. 그 바람에 그 경지를 기억해내서 옮기는 데 무려 11년이 걸렸다. 《순수이성비판》은 그렇게 세상에 나왔다.

만일 그가 동양적인 사고방식을 지니고 있었다면 자기가 깨친 바를 희미하게나마 유지할 수도 있었을 것이다. 그러나 분석하고 분류하는 서양식 연구 습관으로 말미암아, 고심 끝에 그것을 자루 열두 개에 나누어 넣고 말았다. 그것이 칸트의 12범주이다. 그러나 이 세상의 이치가 어떻게 겨우 자루 열두 개에 들어갈 수 있을까? 그 때문인지 칸트는 죽을 무렵 정신이 깜깜해져 사과와 달걀조차 구별하지 못하였다. 둘 다 동그랗다는 이유로 같은 주머니에 넣었으니까.

사실 서양에서 임마누엘 칸트가 나와 이 종합적 즉각을 이야기하기 전까지는 철학을 학문이라고 할 수 없었다. 다만 자기네 생각을 이야기하는 데 지나지 않았다.*

백 총장의 특강에서는 흥미로운 경험담도 펼쳐지곤 했다. 그중에는 자신의 미간에 달린 백호에 대한 것도 있었다. 그가 유럽 유학을 마치고 시베리아 횡단 열차를 타고 귀국길에 올랐는데 맞은편에 젊은 러시아 여자가 타고 있었다. 그런데 이 여자가 자신의 얼굴을 뚫어져라 쳐다보더라는 것이었다. 웬일로 이렇게나 나를 쳐다보나 싶어 계면쩍어 얼굴을 창밖으로 돌리니, 이 여자가 갑자기 자리에서 일어나 백 총장 무릎에 올라앉아 이마의 백호를 만지기 시작했다. 한 번 살짝 만져보고 마는 것이 아니라 어린 아기가 엄마 젖꼭지를 만지듯 손끝으로 조물조물하더니 당신 같은 미남은 여태껏 본 적이 없으며 이 이마의 혹을 떼어 갖고 싶다고 하였다. 그래서 이건 아무에게나 있는 것이 아니다, 드물게 아주 큰 인물에게나 생기는 것이니 탐내지 말라고 웃으며 타이르듯 떼어놓았다고 하였다.**

• 　　백성욱, 《분별이 반가울 때가 해탈이다: 백성욱 박사 법문집》, 김영사, 2021년, 341~344쪽.

•• 　　시베리아 열차에서의 백호에 대한 이야기는 다른 형태로도 전해진다. 러시아 여성이 오래도록 백 박사의 얼굴을 쳐다보더니 "눈썹 사이에 붙은 그 점은 당신이 만들어 붙인 것이오, 원래부터 있던 것이오?" 하고 묻기에, "당신 가슴에 달린 것과 다르지 않소"라고 답하였다고 한다.

백호에 관한 일화는 한 편 더 있었다. 6·25 때 부산 피난지에서 백 총장이 골목길을 걸어가는데, 길에서 놀던 아이들 가운데 한 명이 종잇장을 입에 넣고 껌처럼 씹다가 꺼내어 동그랗게 뭉쳐 제 이마에 붙이고는 "야! 이놈들아, 내가 백성욱이다"라고 소리치더라는 것이었다.

단 5개월이었으니 재임 기간이 짧았는데도 미간에 백호가 있는 범상치 않은 용모와 행적 때문인지 백 총장은 세인들에게까지 이름이 널리 알려졌고 호기심의 대상이었다. 당시 백성욱 총장의 백호는 활불의 상징이자 도인의 표식과도 같았다.[•]

백성욱 총장은 무엇이든 받기보다 주는 생활을 하라고 학생들에게 가르쳤다. "사람이 아무리 좋은 이팝(쌀밥)을 먹어도 얻어먹으려면 비굴해진다. 그러나 이팝보다 못한 조밥을 먹어도 주면서 먹으면 떳떳하다. 그러니 여러분은 인생을 주면서 살려고 생각해야 한다. 그래야 떳떳하다. 떳떳하게 살아야 큰 인물이 된다"라고 했다. 탐심을 제거하는 실천, 경제적인 문제를 해결하는 길을 백성욱 총장은 이렇게 가르쳤다.

백성욱은 인류 문화사 강의뿐 아니라 《금강경》 강의'도 열었다. 결국 "자기 한마음을 알아 처리하라"라고 "솔직하고 간단하게 (부처님) 당신의 회포를 얘기"하신 《금강경》이지

• 송재운, 〈시대의 활불〉, 《금강산 호랑이: 내가 만난 백성욱 박사》, 김영사, 2021년, 247~248쪽.

연단의 백성욱 총장.

만, 그대로 받아 듣지 못한 채 어려워하고 의심하고 두려워
하는 대중에게 바로 오늘의 말씀으로 2,500년 전 부처님께서
1,250명의 비구 대중 앞에서 설하신 바를 고스란히 다시 전

하였다.

《금강경》이 자체가 세상에서 얘기하는 소위 '종교宗敎'라는
것과는 정반대가 됩니다. 유럽 사람들은, 종교라는 것은 '최
고의 신神과 우리를 결부시키는 것'이라고 생각했는데, 여
기《금강경》서는 절대로 자기 한마음이 모든 것을 창조한
것이지, 따로 어떤 최고의 신이 있지 않다는 것입니다. 최고
의 신이 있다고 하면 자기를 약체화弱體化한다는 것입니다.
자기를 약체화하면 어떻게 밝을 수 있느냐는 것입니다.

그래서 이 아래《금강경》얘기하다 보면, 누구든지 '불법佛
法'이라고 하면 불법이 아니다. 왜 그러냐? '불법'이라는 관
념 하나를 미리 넣어두면 네 마음이 그만큼 컴컴하다, 그러
니까 불법이 아니다. 오직 네 마음이 밝아야 되겠다. 또 심
지어 어떤 때는 너희가 생각할 수 있는 모든 형상形相 있는
것은 다 아니다. 그것은 네 마음을 가린 것이다. 오직 모든
것이 실상實相이 없는 줄 알 때에 네 마음이 밝을 것이다. 이
렇게 알면 곧 밝은 이를 구경할 수 있을 것이다. 이런 얘기
들은 아마 이 세상 인류가 탄생한 이래 참 듣기 어려운 말
이었고, 앞으로도 그런 말이 없을 것이고, 현재에도 그런 말
이 잘 지탱하지 않습니다. 우레가 치고 비가 오면 모두 하느

---

* "부처님 말씀을 '자기 생각으로'가 아니라 '부처님 말씀대로' 전할 수 있는
사람, 그분이 '밝은 선지식' 아닐까 생각한다." (김강유, 〈스승을 찾아서〉,《금강산
호랑이: 내가 만난 백성욱 박사》, 김영사, 2021년, 723쪽)

님 장난이라고 하였지 '네 마음의 소산所産이다'라고 말한 이도 없었고, 또 그러려고 하지도 않고 지금 이 시대에도 여러 사람이 그런 거 잘 믿지 않습니다. 이것이 바로 《금강경》의 골자라고 할 수 있겠지요.*

지금 우리가 이 《금강경》을 놓고 읽는 것은, 삼천 년 전 석가여래를 향해서, 우리가 자꾸 아침저녁으로 시간 있는 대로, 자꾸 연습하는 것입니다. 이 연습을 하면 어떻게 되느냐? 마치 장님을 보고서, 자꾸 해를 향해서 환한 생각을 해보라고 하는 것과 같아요. 피부가 신진대사로 바뀌는 데 걸리는 시간이 천 일이라면, 천 일의 한 십 분의 일(백 일)만 연습해도 그 마비됐던 신경이 다시 흥분이 된다는 의학 기록이 있는 것과 마찬가지로, 우리의 감각도 자꾸 밝아지는 것입니다.**

재미있는 것은, 지나간 것이 아무리 좋다 하더라도 지나간 것의 결과는 오늘입니다. 오늘만 들여다보면 자기 과거가 좋았는지 안 좋았는지 알 거요. 그런데 '현재'라는 것은, 과거의 결과도 되지만 미래의 원인이 될 겁니다. 그러니까 지금 우리 재주로 미래를 좋게 하려면 현재에 진실할 수밖에

• 　백성욱,《백성욱 박사의 금강경 강화》, 김영사, 2021년, 17~18쪽.

•• 　백성욱, 앞의 책, 366쪽. 이 내용은 동국대 시절 이후의 강설임.

없지요.

그러므로 현재 현재가 진실하면, 미래 미래는 완전할 겁니다. 그건 누구도 부인 못 할 겁니다. 현재 현재에 자꾸 일어나는 생각을 "부처님, 부처님" "미륵존여래불" 해보라는 겁니다. 모르면 몰라도 부처님이 밝은 뜻이라면 우리가 밝지 않을 수 없고, 만약 우리가 밝는다면 컴컴한 것한테 미혹 당하지는 않을 것입니다.'

불교학자로서의 전문성을 바탕으로, 1955년에 대학원에서 원효의 《금강삼매경론金剛三昧經論》을 강의하였고, 1956년에는 《팔식규구송八識規矩頌》, 1957년에는 승조의 《조론肇論》과 혜심의 《염송拈頌》, 1958년에는 승조의 《보장론寶藏論》, 1959년에는 《화엄경》을 연이어 강의하였다.

종종 천주교 신자나 수녀들도 백성욱 총장에게 찾아왔다. 학교 일 같은 공적인 일 때문이었지만 만나는 동안 자연스럽게 친해져 나중에는 개인적인 속사정을 털어놓기도 했다.

어느 날, 수녀 한 명이 찾아와 괴로움을 토로하였다. 몸과 마음을 다 하느님께 바치겠다고 서약하고 수녀가 되었건만 자신들의 사회에서 빚어지는 마찰과 갈등 때문에 몹시 힘들다는 것이었다. 폐쇄적인 사회여서인지 시기와 질투와 증오

• 　백성욱, 앞의 책, 386~387쪽. 이 내용은 동국대 시절 이후의 강설임.

가 좀처럼 끊이지 않으며, 성직자라는 신분 때문에 가슴 밑바닥에서 끓어오르는 추악한 감정들을 차마 드러내지 못하고 속으로만 끙끙 앓는 모순 속에서 살아가야 할 때가 많아 더욱 괴롭다고 하였다. 수녀가 물었다.

"총장님, 어째서 근심 걱정이 생기는 걸까요? 해결 방법이 없을까요?"

"선입견에서 근심 걱정이 생기고, 선입견이 소멸할 때 근심 걱정은 사라집니다."

"어떻게 하면 선입견을 소멸할 수 있는데요?"

"내 말을 믿고 그대로 따라 한다면 수녀님은 틀림없이 평화와 안정을 되찾을 수 있을 것이오. 할 수 있겠소?"

"하겠습니다."

"내일부터라도 아침저녁으로《금강경》을 읽고, 밉다는 생각이나 괴롭다는 생각, 그 밖의 어떤 생각이라도 일어나면 그 생각을 부처님께 바치십시오."

수녀는 눈이 동그래지더니 말했다.

"아유, 총장님도⋯. 아무리 그래도 가톨릭 수녀인 제가 어떻게 불교 경전을 읽고 염불할 수 있겠습니까?"

"그리 어렵게 생각할 필요 뭐 있소. 일단 내가 일러준 방법대로 하여 번뇌를 해결하고 안정을 되찾으면 그때 가서 다시 하느님을 열심히 섬기면 될 것 아니오. 나를 믿고 찾아왔다면 내 말을 믿어보시오. 가톨릭의 가르침이 부처님의 가르침과 다르다고 보는 것은 모두 선입견에서 생긴 것이오.《금강경》이 무슨 경전인지 아시오? 부처님을 믿으라는 경전이 아니오. 모든 선입견이 다 허망하니 버리라는 가르침일 뿐이오. 이는 불교 신자건 가톨릭 신자건 다 받들어도 좋은 가르침일 것입니다."

"부처님께 바친다는 건 무슨 뜻인데요?"

"부처님이 형상이 없는 것은 마치 하느님이 형상이 없는 것과도 같습니다. 근심 걱정을 모두 부처님께 바치면 그 감정이 사라지고, 결국 나라는 존재까지 없어지게 됩니다. 나라는 존재가 없게 되면 불교와 가톨릭이 하나도 다를 것이 없다는 것을 알게 되는 것이지요."•

백성욱 총장의 동국대학교 중흥 불사 가운데 빼놓을 수 없는 부분이 있다면 바로 고려대장경 영인본 역경 불사다. 백 총장은 학교 기틀이 잡혀가던 1957년 10월 '고려대장경 보존 동지회'를 만들어 회장직에 취임했고, 역사적인 고려대장경 영인 작업에 착수했다. 외세의 침입으로 국난에 처했을 때 선조들이 대장경 각인 불사로 이를 극복하고자 했던 것처럼, 국토가 분단된 지금 평화통일을 염원하는 불자의 원력을 모아 대장경 영인 불사를 시작했다. 이에 대해 연세대학교 백낙준白樂濬(1895~1985) 총장은 《불교학 논문집: 백성욱 박사

•   백성욱, 《분별이 반가울 때가 해탈이다: 백성욱 박사 법문집》, 김영사, 2021년, 123~124쪽.

송수 기념》의 〈하서賀書〉에서 다음과 같이 백 총장의 고려대
장경 영인본 각인 불사의 의미를 칭송했다.

> 백 총장은 불교의 최고학부인 영도에 당當하여 시설 확장과
> 불교문화 전수에 유의하여 대하거루大廈巨樓(큰 전각과 교사)
> 를 세우고 《고려대장경》을 영인 반포影印頒布하려는 대업에
> 착수하였다. 옛날에 계단契丹(거란)의 입구入寇(침범)와 몽병蒙
> 兵의 내습에 우리 조선祖先들은 《대장경》 각성刻成을 외적 축
> 출을 위한 제불의 신통력을 간박懇迫하는 단성근고丹誠祈告
> (거룩한 불사)로 삼았다. 이제 국토 양단되고 공산호로共産胡虜
> 의 적들이 남아 있고 아직 기세를 허장虛張하는 오늘 백 총
> 장의 주재에 의하여 영인 반포되는 《대장경》은 문화 전수에
> 만 의미 있는 것이 아닐 것이다.˙

해인사에 있는 고려대장경의 경판당 총 길이는 68센티미
터 혹은 78센티미터이며 폭은 약 24센티미터, 두께는 2.7~
3.3센티미터 범위의 목판에 대략 가로 23행, 세로 14행으로
310자 내외가 새겨져 있다. 무게는 대개 3~3.5킬로그램 정
도이다. 그것을 실제 종이책으로 만들려면 경판 하나하나에
먹물을 칠하여 한지로 탁본 뜨듯이 한 장 한 장 떠내야 하므

˙　〈하서〉, 《불교학 논문집: 백성욱 박사 송수 기념》, 백성욱박사 송수 기념 사
　업위원회 지음, 동국대학교불전간행위원회 펴냄, 1959년, 333쪽.

고려대장경 영인본 완간 고불식(1976년 6월). 《사진으로 본 동국대학교 80년》 86쪽.

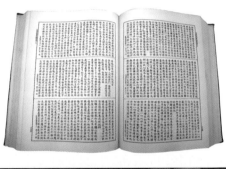

고려대장경 영인본 표지와 본문 일부. 동국대학교 동대신문사 자료 사진.

로 그것 한 질(8만 1,200여 장)을 찍어내자면 엄청난 시간과 물자와 품이 들어갔다. 이렇게 탁본을 떠서 만든 책자의 크기 역시 약 31×41센티미터로 방대했으므로 영인본이 출판(1976년 완성)되기 전에는 일반 학계에서 쉽게 참고하고 연구할 수 없었다. 그것을 1976년 4×6배판으로 영인 축소하여 영인본 47권과 전대장경에 대한 내용·주소註疏·번역자·연구서 등을 상술한 해제 색인본 한 권을 합쳐 총 마흔여덟 권의 현대식 양장본으로 간행하였다.

백성욱은 1955년 활동의 외연을 넓혀 대광유지주식회사 사장에 취임하였고, 1957년에는 재단법인 경기학원 이사장도 맡았다. 1958년에는 불교학을 연구하는 학생들에게 장학금과 연구비를 지급할 수 있도록 손혜정 보살이 기증한 건국국채를 기본 재산으로 재단법인 '동국대학교 불교장학회'를 설립하였다. 김기룡은 자신의 수행기를 기록한《미륵부처님 친견기》(불교통신교육원, 1983)에서 손혜정 보살이 출자한 금액이 4,500만 환*에 달한다고 회고했다.** 30만 환이면 중고등학교 장학재단을 설립할 수 있는 시대였다.

---

* 환圜: 1953년~1962년까지의 우리나라 화폐 단위.

** "혜정 선생은 본교 장학재단에 4,500만 환에 달하는 거액을 출자하여 동국대 육영에 헌신했다."(《동대시보東大時報》111호, 1959년 7월 20일, 1면)

5·16으로 대학을 떠나다
17

백성욱은 부지런한 총장이었다. 총장용 고급 승용차가 있는데도 광화문 한복판에서 캡에 반코트 차림으로 어디론가 바쁘게 움직이거나, 변장한 채 이른 새벽 교문으로 들어서 학교 신축공사 현장을 살피고 돌아가는 모습이 사람들 눈에 띄었다. 백성욱 총장 재임 당시 젊은 나이에 동국대 교무과장을 지낸 장한기 교수(연극학과)는 당시 백성욱 총장과 학내 상황을 다음처럼 회고하였다.

(백 총장님의) 사무실은 복도에서 전부 훤히 들여다볼 수 있게 투명 유리로 채웠으며, 총장께서는 아침 일찍 출근하셔서 복도를 한 바퀴 돎으로써 일하는 직원들은 긴장할 수밖에 없었다.

그래서 총장은 아침에 출근하자마자 누가 담배를 피우고 신문을 보며 커피를 드는 것까지도 훤하게 알고 계셨다. 이

만큼 철저하였기에 낡아 허물어진 절간 대신 석조관이 들어서고 도서관이 지어지고 대학 행정기구인 각종 사무실이 들어설 수 있었다.

그러나 총장께서는 교수들만은 극진히 위하였다. 어느 날 모 교수가 강의를 마치고 교수실에 들어와 손을 씻으려고 수도꼭지를 틀었다. 그런데 물이 안 나오니 불평 섞인 목소리로 학교 욕을 마구 해댔다. 이때 마침 복도를 지나다 이를 목격하신 총장께서는 들어와 우선 그 교수에게 깊은 사과를 하고 당장에 처과장을 불러 호통을 쳐 물을 떠오게 하여 그 교수의 노여움을 풀게 한 때도 있었다.

다분히 독재성 계급 사회에서나 있을 법한 일 같기도 하지만, 해이한 기강을 세우고 책임을 묻는 데 주저하지 않았다. 그리고 방학을 앞두고 12월 보너스와 1·2·3월 급여, 그리고 보너스 등을 합쳐 6개월치 월급을 한꺼번에 주시며 교수들에게 다음과 같은 말씀을 하시곤 하였다.

"아직 강의실밖에 짓지 못해 교수 연구실을 마련해 드리지 못한 것을 가슴 아프게 생각하니 그리 양해하시고, 추운 겨울방학 월급 타러 나오시라 할 수도 없으니 한몫에 타 가시어 여행도 하고, 연구 시간도 절약하시라."

당시 6개월치 월급이면, 시중 이자가 높은 때라 보통 10퍼센트에서 20퍼센트까지 이자를 받을 수가 있었다. 이 6개월 월급을 믿을 만한 곳에 주게 되면 그 이자만으로도 단출한 식구의 식생활이 가능했다. 그러니 총장께서는 모름지기

학교에서는 왕이요, 구세주처럼 받들어졌고, 총장·이사장·동창회장 등 삼권을 쥐신 그야말로 대단한 실력자였으며, 그만큼 권위도 컸었던 것이다.[*]

백성욱 총장은 교직원 복지를 위해 대형 전기밥솥을 미국에서 구입해 학교 식당에 들여놓기도 하였다. 당시만 해도 전기밥솥이 생소한 물건이라 사람들 가운데는 백성욱 총장이 돈을 횡령하려고 값비싼 물건을 사들인다거나 큰돈을 뒤에 숨겨두고 함부로 쓴다고 입방아 찧기도 하였다.

백성욱은 8년여 동안 총장직을 수행하면서 한국광업진흥주식회사 사장, 대광유지주식회사 사장 등 외부 영리사업도 병행하였다. 제법諸法이 모두 저마다의 모습을 갖추고 있는 듯하여도 실상은 모두 따로가 아니듯이 분야가 달라도 근본은 하나로 통하게 마련이었다. 백성욱은 사업에서도 탁월한 역량을 발휘하였다. 종단의 신임도 두터워 1954년 5월부터는 재단법인 동국학원의 이사장직을 겸하였다. 이는 다른 사학의 관례를 깨트리는 일이었다. 최고 교육자로서의 경영 능력과 그의 신심에 대한 불자들의 무한 신뢰가 있기에 가능한 일이었다.

백 총장이 62세였던 1959년 6월 24일(음력 5월 19일), 스승이

---

* 　장한기,《나는 하늘을 날았다》, 엠-애드, 2018년, 315쪽.

자 도반으로 모신 혜정 손석재 보살이 세수 78세로 장충동 자택에서 입적에 들었다. 곁에 있던 제자는 입적 당시 상황을 이렇게 기록하여 전하고 있다.

선생님께서는 열반하시는 날, 열반하실 시간이 임박하셔서 가실 시간을 말씀하시고도 여러 사람에게 예사로 여전히 법문을 하시다가 정좌 열반하시었다. 선생님께서 가실 시간을 말씀하심은, 시봉의 한 사람인 유승후柳承厚가 "선생님, 시장에 좀 다녀오겠습니다" 여쭈었더니, 선생님께서는 "내가 조금 있다가 생사가 결판날 것이니 가지 말아라" 하셨으나, 평상시와 같이 법문을 하시니까 깨치지 못한 중생으로서는 신심이 부족한 탓으로, 우리 중생으로서는 너나 할 것 없이 모두 다 선생님의 열반하시는 그날도 전날과 같은 법문이시거니 했을 뿐 아무 관심을 가지지 못하였는데, 아! 상상도 못했던 선생님은 열반하시다. 이 어쩌리, 물론 승후는 시장에 갔기에 선생님의 임종을 못 보았다.ˑ

27일 백성욱 총장을 비롯해 제자들과 동국대 교직원, 학생들이 참여한 가운데 장례식을 거행하고 사리를 자택에 봉안하였다.ˑˑ 조명기 학장(1905~1988, 불교사학자)은 시로써 이렇게 추모하였다.

•   김기룡, 《미륵부처님 친견기》, 불교통신교육원, 1983, 281쪽.

"빈손으로 오고 가고 / 때때마다 오고 가고 / 곳곳에서 오고 가고 / 오고 감이 사름인가 // 가는 것이 오는 거요 / 오는 것이 가는 거니 / 오고 감이 다름없네 / 어찌하여 분별이냐 / 가는 곳이 하늘이면 / 오는 곳은 땅이렸다 / 미륵부처 계신 곳은 / 땅과 하늘 같을 진저"[〈곡哭 혜정 선생〉]

백성욱은 8년간 동국대학교 총장으로 재직하면서 참으로 많은 일을 하였다. 그야말로 '무'에서 '유'를 창조하였다. 일제가 남긴 낡은 절과 6·25 전쟁 시절의 판자 교실을 뜯은 뒤 남산 한 기슭을 다져 운동장과 석조전, 도서관, 본관 건물을 세워 배움의 터전을 닦았다. 곳곳의 빼어난 석학과 제제다사才才多士를 최대로 끌어모았다. 당시 동국대학교는 교세가 충천하고 학생들의 사기와 자부심 또한 대단하였다. 백성욱 총장의 의욕과 도량, 지모와 사자후를 닮아 한없이 뻗어나가던, 그야말로 백화난만百花爛漫 시대였다.

그러던 1960년 4월, 당시 이승만 정권에 항거해 학생과 시민이 들고일어났다. 이승만 대통령의 자유당 정권이 저지른 3·15 부정선거에 대한 국민의 분노와 시위가 들불처럼 일어나 전국으로 확산되었다.

•• "그런데 혜정 손 선생이 장서長逝한 후 몸에서 작은 팥알만 한 사리가 42개나 나왔다고 한다."《동대시보》 111호, 1959년 7월 20일, 1면)

（一）　檀紀四二九二年一月八日　（木曜日）　東大時報　The Doug Kook University Press　（4288. 10. 18第三種郵便物認可）　（第九十七號）

《동대시보》(1959년 1월 8일) 1면. 백성욱 총장의 연두사, "현실적 지식 함양涵養, 밝아온 기해己亥는 전통傳統 살리는 기대期待의 해", 동국대학교 자료.

4월 19일 화요일, 2교시가 채 끝나기도 전에 동국대 학생들도 여덟 명씩 어깨동무로 데모대를 형성하여 지금의 후문 쪽인 황건문 밖으로 질서정연하게 쏟아져 나갔다. 강의를 단념하고 본관 건물 옥상에 올라가 긴장 속에서 시위행렬을 바라보던 철학과 정종 교수 뒤로 백성욱 총장이 올라왔다. 시위 부대는 두 사람이 굽어보는 눈앞에서 속속 발진하고 있었다. 잠시 후 백 총장의 독백이 들려왔다.

"우리 백성들 데모 하나는 질서 있게 잘한단 말이야."

학생들은 빨간 명주에 흰 글씨로 '동국대학교'라고 쓴 현수막을 앞세우고 통의동 경무대 입구까지 시내 여러 대학 시위대의 앞장에 섰다. 이후에 옆에서 학생들을 염려하는 말을 하는 사람들에게 백성욱은 "놔둬라. 불의를 보고도 항거할 줄 모른다면 어디 젊은 피가 살아 있다 하겠는가!"라고 일갈했다고 전해진다.

변화와 혁명의 시기였기에 관념과 이익, 생각이 더 많이 충돌하는 것은 당연하였다. 동시대, 같은 하늘 아래에서 함께 인연 지으며 살아가기에 백성욱 총장 또한 그 소용돌이에서 예외일 수 없었다. 더구나 건국 시기에는 나라다운 나라를 신속히 세우고자 치열하게 정치 전면에 나섰고, 국고를 튼튼히 하고자 다양하게 기업 활동을 펼쳐갔으며, 인재를 양성하기 위해 교육 불사를 대대적으로 펼쳐왔기에 백성욱 또한 충돌은 불가피했을 것이다. 정종 교수는 훗날 당시를 이렇게 회고하였다.

•   송재운, 〈시대의 활불〉, 《금강산 호랑이: 내가 만난 백성욱 박사》, 김영사, 2021년, 245쪽.

"휘몰아쳐 온 4·19의 태풍이 백 총장의 집무실을 강타할 때의 난동과 혼미의 장인즉 나로서는 차마 목불인견의 참상이었다. 제발 평화스럽게 진행되면 좋겠는데, 그게 전연 불가능한 가위 혁명적인 단죄를 주장하는 격동 상 앞에서 나는 속수무책이었고, 그래서 더욱 가슴 아팠다. 선생(백성욱)의 춘추 63세, 앞으로 20여 년을 더 살 수 있고 한창 일할 수 있는 나이에다 건강도 좋으시다. 내가 지금 그 나이가 돼가고 있으므로 미루어 짐작할 수도 있지만, 하시던 대역사를 중도이 폐하자니 얼마나 억울하고 원망스러웠을까를, 이제 와 새삼 추체험하게 되면서 그의 혼령 앞에 합장하고픈 심정이다.

4·19의 강타가 이른바 앙시앵 레짐에의 반항으로 나타나자, 옥석 혼효混淆의 상태에서 '눈 감았다, 시비 마라'는 식으로 단죄가 자행되었고, …동대의 경우는 지금 돌이켜보아도 이해하기 어려운 퇴진 이유다."*

1960년 9월, 당시 서울지검에 백성욱 총장을 피고인으로 한 고발장이 접수되었다. 주된 내용은 백 총장이 학생들의 등록금 10여억 환을 횡령 및 착복했으며, 3·15 선거 당시 학생 1,000여 명을 강당에 앉혀놓고 부정선거를 조장하는 발언을 하였을 뿐 아니라, "4·19 때 총에 맞아 죽은 인간들은 원심怨心(원망하는 마음)이 많아 총알이 찾아가서 죽인 것이다"라고

* 　정종,《내가 사랑한 나의 삶 80(상)》, 동남풍, 1999년, 83쪽.

백성욱 총장은 동국대 장학재단 창설자인 손혜정 보살의 공로를 기려 1960년 4월에 동상과 사리탑을 동국대학교 교정에 건립해 모셨다. 이 동상과 사리탑은 1961년 7월 백 총장 퇴임과 함께 철거되었다. 현재 동국대 상록원 뒤편 남산 둘레길에 모셔져 있다.

하는 등 4·19 영령과 신익희 의원 등의 명예를 훼손하는 발언을 하였다는 것이었다. 또한 백 총장이 동국대 교정에 정체불명의 여인 동상을 건립한 다음 이 여인이 자기 스승이며 동국대에 600만 환을 기부하여 장학재단을 설립한 여도사女道士인 손석재 여사라고 말하였으나 알고 보니 손 여사는 백 총장의 처였으며,˙ 학생들의 투쟁으로 결국 동상을 철거하였으나 동국대 학생 한 명이 백성욱 총장이 조종하는 깡패에게 구타당하여 전치 2주의 부상을 입었다는 내용도 들어 있었다."

이어 구속영장이 발부되었고, 백 총장은 특검에서 조사를 받기에 이르렀다. 특검이 정리한 세 가지 혐의는 첫째로 백 총장이 박완일이라는 학생에게 120만 환을 주어 전국 사찰을 돌아다니며 자유당 선거운동을 하게 했다는 것, 둘째로 졸업식장에서 이승만 박사를 찬양하여 간접적으로 이 박사의 선거운동을 했다는 것, 셋째로 문화사 강의 시간에 학생들에게 원심을 가진 사람은 이번 4·19 때 모두 총 맞아 죽었다고 말하여 혁명정신을 모독했다는 것이었다.

검찰관은 백 총장이 선거운동비 조로 120만 환을 주었다는 박완일을 조사했다. 박완일은 '동계 포교 순회경비'로 17만 환을 받았으나, 처음엔 포교 순회경비로 쓰지 않고 '전국 학생 질의대회'에 썼다고 하였다. 그래서 백 총장에게 불려가 혼났고, 이후부터는 예정대로 포교 순회를 하는 데 썼다고 하였다. 경리 장부상으로도 그러했다. 더구나 박완일이 포교 당시 전국 사찰의 주지들로부터 받은 포교 내용이 좋았

• 　동국대학교 법과대학 2학년 오국근 군 외 2명이 고소장에서 "혜정 손석재 보살이 백성욱 총장의 처"라고 주장한 것처럼, 백성욱과 손혜정 보살이 부부로 언급되는 경우가 종종 있었다. 도반이자 사제지간이었지만, 남녀가 지극히 각별한 관계로 긴 세월을 함께해왔기에 세인의 눈에 자연스레 부부로 보인 것이다. 1938년 4월 의령경찰서에 압송될 당시에도 경찰들은 "홍일점의 격으로 여자인 백(성욱)의 애인 손혜정까지를 검거"했다고 표현했고, 언론에서도 그대로 보도하였다. 이와 별개로 "백성욱 박사가 징용에 끌려가지 않도록 일부러 부부로 호적에 이름을 올렸다"는 설도 전해진다.

•• 　《동아일보》 1960년 9월 20일 참고.

다는 내용이 담긴 감사 편지까지 찾아내는 데에 이르렀다.

둘째로 졸업식장에서 이 박사를 찬양했느냐 하는 문제에 대한 검찰관의 조사에서 백성욱 총장은 "인간 이 박사는 사고 싶다. 그러나 이 박사의 정치 노선이나 독재성은 받아들일 수 없다고 말했으며, 그의 투지만은 찬양할 만하다고 말했다"라고 밝혔다. 도리어 백 총장은 "졸업식장에서 인간 이 박사를 찬양한 것이 부정선거 관련자 처벌법과 무슨 관계가 있느냐"라고 되물었다.

셋째로 혁명 정신을 모독했다는 말에 대해서도 "5월 2일이면 이미 정권이 완전히 거꾸러진 판국인데 혁명에 앞장섰던 학생들 앞에서 그렇게 말할 수 있겠느냐"라고 반문하였다. 이런 형편이니 특검 검찰관은 두 손을 들고 말았다.

마지막 수단으로 검찰관이 양쪽 증인을 모두 불러놓고 대질시켰다. 그 자리에서 백 총장 측 증인들이 상대에게 증거를 대라고 추궁하자, 상대측 대표 격인 김의정이 "비슷한 이런저런 말을 듣고서 백 총장이 미워서 조작한 말"이라고 털어놓고 말았다. 연극치고도 아주 서투른 연극이 되고 말았다. 일이 이렇게 되자 처음 구속영장을 청구했던 검찰관조차 수사관에 따른 견해의 차이라면서 주장을 흐렸다.*

42일간의 특검 결과, 1961년 2월 28일 백성욱 총장에 대한

---

* 《경향신문》 1961년 3월 11~12일 참고.

고발장은 무혐의로 불기소 결정되었다.* 백성욱 총장이 이승만 대통령과 가까운 사이였고, 사회의 주류 인사였기에 누군가는 백 총장을 자신의 관념에 따라 판단하고 오해하였을 것이다. 하지만 이 세상 그 무엇도 고정된 실체가 없고 변하지 않는 것은 없다는 도리 안에서 살아가는 이가 백성욱 총장 아니던가. 그때그때 찰나의 조건과 인연에 따른 선택이 있었을 뿐 옳고 그르고 낫고 부족한 것이 있어 그걸 정해놓고 살아온 백 총장이 아니었다. 깨끗하고 더러운 것, 아름다운 것과 추한 것이 본래부터 따로 있다고 여기는 이들에게 백 총장의 판단과 행동은 때로 이해되지 않을 수 있고 오해를 낳을 수도 있을 것이다.

이쪽에서는 최고의 영웅이 저쪽에서는 최악의 학살자일 수 있는데도 각각 어느 하나에 사로잡혀 있다면 서로 옳고 그름을 따지며 영원히 싸우게 마련이다. 실상은 영웅인 것도 아니고 영웅 아닌 것도 아니며, 학살자인 것도 학살자 아닌 것도 아니다. 다만 자유와 해탈을 향해 이야기가 펼쳐지고 있다. 백성욱 총장의 '행行'은 '행함이 없는 행', 이 세상 그 어느 촘촘한 그물에도 걸림이 없는 행, 허공에 점을 찍는 일과 같은 행이었다.

백성욱 총장은 이승만 대통령과 가까운 사이였으나 일찍

---

* 《경향신문》 1961년 2월 28일.

이 인류 문화사 특강에서 현실 사회가 어떻게 잘못 돌아가고 있는지, 어떻게 변해야 하는지에 대해 견해를 제시하기도 하였다.

나라 형편이 기울기 전에 아집과 독선이 나라를 지배한다. 교만과 아집과 독선이 횡행한다면 그 나라의 정신생활은 이미 회복하기 불가능하다고 보면 된다. 정신생활의 파탄은 풍속과 규범을 바로 세우지 않은 국가의 잘못이다. 통치자의 입맛대로 돌아가는 나라는 멸망한다. 어떤 놈이 보기 싫으면 '그놈은 공산당이다' 하면 되는 것이다. 공산당이어서 공산당이 아니라, 보기 싫고 죽여버리고 싶으면 '망할 자식, 너는 공산당이다!' 하고 몰아서 죽이는 일이 비일비재했다. 이것은 무엇을 의미하는 것이냐? 파괴를 의미한다. 개개인을 망치고 나라를 망치는 것이 화와 욕심과 어리석은 교만과 아집과 독선이다.

올바른 정신생활이 되려면 다른 사람이나 다른 민족이나 전 세계를 이해하고 공감하는 것이 중요하다. 정신생활은 제 잘난 생각이 없어야 한다. 제 잘난 생각이 적어질수록 정신상태가 완전해진다.

• 백성욱, 《분별이 반가울 때가 해탈이다:백성욱 박사 법문집》, 김영사, 2021년, 620~621쪽.

또한 평소에도 "데모는 필요하므로 늘 할 수 있어야 한다. 데모는 국민의 참정권으로 반드시 보장하고, 그 요구를 반영하여 정부 계획을 수립해야 한다. 정치가와 정부 당국자는 이런 데모 모임을 할 수 있도록 일정한 장소를 만들어주어야 한다"라고 하였으며, 훗날 "민중의 입과 눈을 막으려는 정권이 앞으로는 나타나지 않게 하려면 우리가 깨어 있어야 한다"라고 말하였다.

시작도 끝도 있지 않지만, 시작이 있으면 끝도 있게 마련. 세상은 공업중생共業衆生의 인연으로 하나로 돌아간다. 백성욱의 불교 종립학교인 동국대학교와의 인연도 매듭을 짓는 때가 왔다.

1961년 5·16 군사정변으로 정권을 장악한 군부는 '교육에 관한 임시특례법'을 만들어 만 60세 이상은 모두 교단에서 물러나게 하였다. 한국 대학과 교육 발전에 기여한 각 대학의 총장은 물론 많은 교수가 학교를 그만둘 수밖에 없었다. 또한 문교부를 통해 재단 분규, 경리 부정 등을 이유로 대학 정비의 1단계라며 동국대학교를 비롯해 성균관대, 한양대, 경희대, 조선대, 인하공대 등 열두 개 대학의 총장 및 학장의 취임 승인을 취소, 해임하게 하였다.

이때 백성욱의 나이 64세. 한 교직원이 백 총장이 물러난

•   백성욱, 앞의 책, 805쪽.

다는 소식을 듣고서 다급히 집무실을 향해 달려왔다. 그는 모든 것을 정리하고서 담담하게 앉아 있었다. "총장님…" 하며 교직원이 말을 잇지 못하자 백성욱은 예의 그 '싱긋 웃음'을 보이며 "인연이 다 되었구나" 하였다.

1961년 7월, 백성욱은 총장직과 당연직이었던 학교법인 이사직에서도 물러났다. 순간 동국학원은 구심점을 상실하여 혼란상을 연출할 수밖에 없었다. 백 총장 퇴임 후 3대 정두석 총장에 이어 1963년 4대 총장에 오른 김법린은 취임 후 이렇게 말했다고 전해진다.

"내가 이 자리에 앉고 보니 백 박사가 불과 7~8년 동안에 이 많은 일들을 해냈다는 게 놀랍고, 나로선 족탈불급이라는 생각이 앞선다. 밖에서 보기와는 전연 다르다는 것을 알았노라."[•]

백성욱은 남산 기슭의 대학 교정을 뒤로하고 내려와 남쪽으로 향했다. 경기도 소사리에 이르러 이번 생의 또 다른 회향回向을 준비하기 시작했다.

•　　정종,《내가 사랑한 나의 삶 80(상)》, 동남풍, 1999년, 66~67쪽.

미
륵
존
여
래
불

4

"'미륵존여래불'을 마음으로 읽고 귀로 들으면서 어떤 생각이든 부처님께 바치도록 연습하십시오. 가지면 병이 되고, 참으면 폭발합니다. 아침저녁으로 《금강경》을 읽으시되, 직접 부처님 앞에서 법문을 듣는 마음으로 하시고, 이를 실행하여 습관이 되도록 하십시오. 몸은 움직여야 건강해지고 마음은 안정함으로써 지혜가 생기니, 육체로는 규칙적으로 일하시고, 정신은 절대로 가만두십시오. 그저 부지런히 《금강경》을 읽으시고 '미륵존여래불' 하여 자꾸 바치십시오. …이렇게 하여 무슨 일을 당하거나 무슨 생각이 나더라도 오로지 절대로 제 마음을 들여다보고 바치면, 이 세상은 그대로 낙원일 것입니다."

응작여시관
18

1962년 봄. 백성욱은 제자 몇 명을 데리고 경기도 부천군 소사읍 소사1리 윗소사에 있는 성주산 중턱에서 걸음을 멈췄다. 성주산은 경기도 부천시 소사본동과 인천광역시 남동구, 시흥시 대야동 사이에 있는 산으로 부천의 동남쪽에 있다. 소사1리 윗소사는 소사 삼거리에서 약 2킬로미터 정도 비포장 길을 걸어야 하는 한적한 곳이었다. 30여 호가 옹기종기 모여 복숭아 농사를 짓고 있었다. 당시 소사에 닿는 교통편은 하루 몇 번밖에 운행하지 않는 경인선, 노량진발 인천행 시외버스, 신촌에서 소사, 부평을 거쳐 인천을 오가는 삼화고속버스뿐이었다.

백성욱이 매입한 땅은 양지바른 산기슭이었다. 이 땅은 내무부 장관 재임 당시, 차관을 역임했던 대법원 대법관이자 훗날 동국대 이사장을 지낸 김갑수金甲洙(1912~1995)의 소개로 구입한 것이었다. 백성욱은 훗날, 당시 계약한 소사 백성

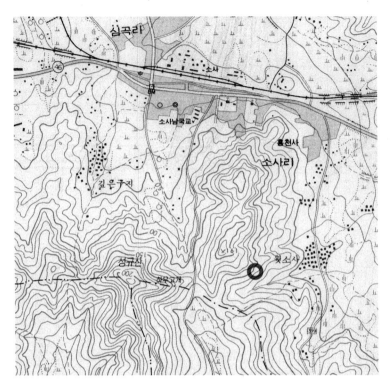

소사 백성목장의 위치(1966년 촬영하여 1970년 인쇄된 부천지역 지도에 'O' 표시).

목장白性牧場 자리가 신라시대 전생에 자신의 수행터였다고
말한 바 있다.

현재 백성목장 소 키우는 곳 위쪽의 안온한 터에 암자를 짓
고 승려로서 수행하고 있었는데, 어느 날 신라 공주가 이곳
을 지나다 암자를 발견하고는 전생의 백성욱을 찾아왔다. 당
시에는 신라 영토가 한강을 넘어 대동강 유역까지 펼쳐져 있
었는데, 활달하고 진취적인 성격이었던 공주가 직접 말을 타

고 이곳까지 영토를 시찰하러 나온 것이었다.

스님을 본 공주는 단숨에 마음을 빼앗겼다. 혼인 적령기가 넘어가는데도 남자에게는 좀체 관심을 보이지 않아 왕에게서 시집가라고 압박받고 있던 공주는 스님을 만나고 나서 완전히 바뀌었다. 스님에 대한 공주의 마음이 왕에게까지 전해졌고 혼인하라는 명이 떨어졌다. 그러나 스님은 따르지 않았다. 공주가 아무리 매달려도 스님의 마음을 바꾸지는 못했다. 공주는 하는 수 없이 포기하고 암자 일대의 땅을 스님에게 공양하였다.˙

백성욱은 산새 소리만 가끔 들려오는 적막한 자리에 30평 남짓한 단층 양옥집을 지었다. 전기는 아랫동네에서 끌어왔다. 수도는 올라오지 않는 곳이어서 우물을 팠다. 동국대학교에서 나와 소사에 거처를 마련하기 전까지 70여 일 동안은 국제극장 사장 김부전金富全의 효자동 한옥에 머무르며 도움을 받았다. 이 시기 최의식 부부는 매일같이 백성욱에게 문안하였다. 백성욱은 허리 통증이 극심하여 치료를 받기도 하였다. 서울대학병원에서도, 세브란스병원에서도 고치지 못했으나 나중에 신당동의 이름난 침쟁이를 불러와 긴 침을 맞고서 마침

˙ 전생의 신라 공주는 이번 생에 백성욱의 부인이 되었다. 1962년 백성욱이 매입했던 소사 땅은 1965년 부인 정형재鄭瀅載(1929~2011)의 명의로 바뀌었는데, 그때 공주와 스님이 주고받은 소사 터 인연이 금생에 되갚는 일로 된 셈이다. 장녀 일수逸秀(1956~)와 차녀 영수英秀(1959~)가 있다.

내 다 나았다.

대문 옆에는 '응작여시관應作如是觀'이라 써서 문패를 달았다. 《금강경》 제32분의 그 유명한 "일체유위법一切有爲法 여몽환포영如夢幻泡影 여로역여전如露易如電 응작여시관應作如是觀" 사구게의 한 부분이다. "일체의 모든 소작所作이 있는 것들은 다 꿈과 같고, 환영과 같고, 거품과 같고, 그림자와 같고, 이슬과 같고, 또한 번개와 같으니 이렇게만 생각하면 실수가 없느니라"*라는 뜻이다.

백성욱은 금강산에서 '대방광불화엄경'을 10년 수행의 중심으로 삼아 불법의 진수를 깨달았고, 질곡의 해방공간으로 나와 그 공부를 건국으로, 교육 불사로 회향하였다. 그리고 이제 다시 소사 땅 야트막한 언덕에 작은 도량을 개설했으므로 여기에서 인연 닿는 이들에게 《금강경》의 대의를 전하는 일로써 부처님 시봉 잘하기를 발원하였다. 이런 연유로 새로 마련한 소사 주석처에 《금강경》 사구게의 마지막 구절 '응작여시관'을 주련처럼 문 옆에 내걸었다. 집주인에 대하여, 이미 보고 들은 것으로써 선입관을 갖지 말고 지금 눈앞에 나타나 보인 그대로 보라는 뜻이기도 했으리라.

소사 성주산 아래 살 집을 완성한 백성욱은 한미재단 교육장에서 온 4H** 영농지도자들이 조언해준 대로 산비탈에 우사

• 　백성욱, 《백성욱 박사의 금강경 강화》, 김영사, 2021년, 345쪽, 346쪽.

牛舍 한 동을, 조금 위쪽에 소먹이를 저장할 사일로silo 2동을 지었다. 우유를 팔려면 농장 이름이 있어야 한다는 영농지도자들의 조언에 따라 입구에 '백성목장'이라는 간판도 달았다.

당시 서울우유협동조합에서는 부평 십정농장과 소사 일대의 목장에서 나오는 우유를 수거하는 차를 정기적으로 운행했다. 백성욱은 덩치가 큰 홀스타인종 미국산 젖소 세 마리와 한우 한 마리를 구입했다. 소를 사육한 경험은 없지만 다겁생을 닦아온 이가 지닌 특유의 밝은 안목으로 처음 접하는 일도 경험 많은 이들처럼 해냈다. 한미재단에서 영농지도자와 훈련생들도 보내와 큰 어려움 없이 소를 키우면서 우유를 수거해 '서울우유'에 보낼 수 있었다. 한미재단으로서도 시골에서 올라온 미래의 영농지도자를 위한 훈련장이 한 곳 더 생긴 것이나 다름없어 훈련생들을 번갈아 보내 실습하게 했다.

백성욱의 일과는 일찍 시작되었다. 어린 시절 봉국사에서 시작된 이 습관은 젊은 시절의 불교 강원과 금강산 수도 시절까지 이어졌다. 새벽 2시 30분에 일어나 경을 읽던 생활 그대로 같은 시간에 일어나 몸을 씻고 옷을 갈아입은 뒤 《금강

•• 두뇌Head, 마음Heart, 손Hand, 건강Health의 이념으로 실천을 통해 배우려는 취지를 지닌 청소년 단체. 1902년 미국에서 조직되어 1947년 우리나라에 들어온 뒤 전문 농업인의 자질을 배양하며 지역과 나라에 보탬이 되도록 하는 운동으로 발전하였다.

경》을 독송했다. 백성욱은 이 같은 수행 습관이 대해 이렇게
말하였다.

"우리 속언俗言에도 그런 말 많아요. 새벽에 일찍 일어나는
사람 치고 골치 안 밝은 사람이 없고, 밤중에 늦게 자는 사람
치고 밝아지고 재앙이 없는 사람이 적다. 그거 왜 그럴까요?
이 우주에는 태양이… 있는데, 태양 기운이 시작해 오를 적
에 눈을 감고 있으면 신경이 예민해져서 여러 병이 발생한
다는 것은 아마 정신을 다루는 사람들이 많이 설명할 겁니
다. 그러니까 낮에 눈을 뜨지 않으면 그만큼 밝은 거 연습하
는 것이 적어지고, 밤중에 눈을 감지 않으면 그만큼 껌껌한
것을 연습하는 시간이 많아지는 겁니다. 이게 무얼 말하려는
걸까요?

밝은 것을 자꾸 연습하면 밝아지고, 껌껌한 것을 연습하면
껌껌해진다는 것입니다. 아침에 일찍 일어나는 사람은 밝은
기운을 자꾸 연상하게 되니까 그 사람은 재앙이 적어지고,
밤중에 늦게 자는 사람은 껌껌한 기운을 연습하게 되니까 그
만 껌껌해집니다. 껌껌해진 것이 원인이 되어 그 결과 나오
는 것을 재앙이라고 합니다."*

"잇속으로 따지자면, 껌껌한 기운이 완전히 돌 때가 밤 열
시쯤인데, 열 시에 일어나 앉아 있으면 밝은 기운하고 역행
이 되어서 어딘지 모르게 고단합니다. 새벽 세 시부터는 이

---

* 　백성욱,《백성욱 박사의 금강경 강화》, 김영사, 2021년, 365쪽.

(우주) 자체가 밝으려고 노력하는 때입니다. 밝으려고 노력하기 때문에, (일어나 앉으면) 심심은 하지만, 신경계통이 아주 괴롭게 되지는 않는 것입니다."*

백성욱은 수행하는 방법을 물어온 어느 사찰의 한 학인에게 보낸 편지에서 《금강경》을 독송하고 마음을 바치는 공부법에 대해 다음과 같이 썼다.

'미륵존여래불彌勒尊如來佛'을 마음으로 읽고 귀로 들으면서 어떤 생각이든 부처님께 바치도록 연습하십시오.
가지면 병이 되고, 참으면 폭발합니다.

아침저녁으로 《금강경》을 읽으시되, 직접 부처님 앞에서 법문을 듣는 마음으로 하시고, 이를 실행하여 습관이 되도록 하십시오.
몸은 움직여야 건강해지고 마음은 안정함으로써 지혜가 생기니,
육체로는 규칙적으로 일하시고, 정신은 절대로 가만두십시오.
그저 부지런히 《금강경》을 읽으시고 '미륵존여래불' 하여 자꾸 바치십시오.
이와 같이 백 일을 일기一期로 대략 10회 되풀이하면 몸뚱

•   백성욱, 앞의 책, 김영사, 2021년, 379~380쪽.

이로 인한 모든 근심 걱정이 사라지고 '장차 어떻게 사느냐'
하는 문제가 해결됩니다.
이것은 아상이 없어졌기 때문입니다.

오직 이렇게 공부하시되 주의하실 일은
'공부하겠다' 하면 탐심이요,
'공부가 왜 안 되나?' 하면 진심이요,
'공부가 잘된다' 하면 치심이니,
너무 하겠다고 하지 말고 안 하지만 않으면 됩니다.
고인古人은 "꾸준히 하되 허덕허덕 바쁘게 하지는 말라斯可以
綿綿 不可以勤勤(사가이면면 불가이근근)"라고 했지요.
이렇게 하여 무슨 일을 당하거나 무슨 생각이 나더라도 오
로지 절대로 제 마음을 들여다보고 바치면, 이 세상은 그대
로 낙원일 것입니다.·

백성욱은《금강경》독송을 마친 후 간단하게 식사한 후 성주
산 둘레를 한 바퀴 돌았다. 한미재단 훈련생들이 올 무렵이
면 작업복으로 갈아입고 그때부터 그들과 우사에 가서 소의
상태를 살피거나 먹이를 주고 똥을 치웠다. 그런 뒤에는 산
중턱에 있는 옥수수밭으로 갔다. 소에게 줄 사료로 쓰기 위

·   백성욱,《분별이 반가울 때가 해탈이다:백성욱 박사 법문집》, 김영사, 2021년,
    18~19쪽.

284 웅작여시관:백성욱 박사 전기

해 경작하는 밭이었다. 그곳에서 일하다 점심때가 되면 일꾼들과 집으로 내려와 식사했다. 집 뒤쪽 텃밭에서 키운 상추, 쑥갓, 호박, 오이, 고추가 반찬이었다. 1960년대 초반은 밥이 반찬이던 시절이라 밥만 고봉으로 올리면 반찬 투정을 하는 이가 없었다. 식사 뒤 농장 일이 끝나면 훈련생들은 산에 가서 나무를 해다 우사 옆에 갖다둔 뒤 한미재단 숙소로 돌아갔다. 백성욱도 집으로 돌아와 옷을 갈아입었다. 하루 2식만 했기 때문에 저녁 식사는 하지 않았으며, 잠자리에 들기 전에도《금강경》을 독송했다.

소사에 온 지 오래지 않은 때였다. 그때는 외지外地에서 사람이 새로 이사를 오면 동네 사람들이 텃세를 부리는 일이 심심치 않게 있었다. 더구나 백성욱이 동네 사람들과 따로 어울리지 않는 점을 고깝게 여겨서인지 그를 골탕 먹이겠다며 벼르던 젊은이들도 있었다.

어느 날 밤, 백성욱이 거처하는 방의 창 위에 괴상한 옷자락이 너울대더니, 뒤이어 누가 괴성을 지르며 공포 분위기를 자아내기 시작했다. 백성욱은 금세 마을 사람들 장난임을 알아챘으나 이럴 때 어떻게 해야 좋을지 알 수 없었다. 그는 우선 마음을 들여다보고 진정시키며 원을 세웠다. 반응이 없자 밖에서는 귀신 장난이 한층 더 심해졌다. 그때 홀연히 장난하는 녀석의 정체를 알게 되었다. 백성욱은 냅다 호령하였다. "이 아래 사는 천수 아니냐? 몸뚱이 멀쩡한 녀석이 몸뚱이 없는 귀신 흉내를 내서는 못쓰느니라!"

그러자 동네 사람의 앞잡이가 되어 백성욱을 시험해보려던 천수라는 청년은 깜짝 놀라 뒤도 돌아보지 않고 도망쳤다. '내 이름을 어떻게 알았을까? 정말 이분은 소문처럼 대단한 신통이 있나 보다'라고 생각하면서. 그 뒤 다시는 같은 일이 생기지 않았다.

백성욱이 그자의 정체를 궁금해한 것은 아니었다. 다만 마음을 들여다보며 어떻게 할까 하는 마음을 부처님께 바친 뒤 원을 세우고 앉아 있으려니 부처님의 응답이 입에서 그렇게 나온 것뿐이었다.*

소사 거처로 가끔 동국대학교 관계자들이 찾아오기도 했다. 백성욱은 "또 학교 얘기 하려고 왔니? 난 이제 빼도 좋을 사람이야" 하여 미리 말문을 막아버렸다. 그는 총장으로 재직하면서 혼신을 다해 종합대학교의 기틀을 다졌다. 그때그때 인연 따라 최선을 다해 부처님을 기쁘게 해드리고자 했을 뿐 지난 일을 붙잡을 이유가 없었다. 설령 허망 무상한 그놈을 붙잡으려 한다고 해서 붙잡을 수나 있겠는가. 그는 총장에서 물러난 뒤 학교 관계자들이 총장실을 정리하며 남겨놓은 수표와 현금 등을 가져가라고 수차례 연락해와도 일체 걸음하

•   백성욱, 《분별이 반가울 때가 해탈이다: 백성욱 박사 법문집》, 김영사, 2021년, 116~117쪽.

지 않았다. 모두 꿈속의 일일 뿐이었다.

백성욱은 당시의 내적 탐구와 성찰에 대해 다음과 같이 회고하였다.

"이상과 같은 관점에서 볼 때, 최근 내가 처하고 있는 심경은 자못 무참한 가운데서, 지내온 일들을 검토해보는 일이다. 과거는 이미 죽은 것이고, 미래는 허虛이니, 현재에서 진실되게 살아야 한다는 생각에 집요되어 있으면서도, 한편으로는 '내가 아직 오십 대의 젊음만 지녔어도!' 하는, 나이에 대한 자탄 같은 것은 어찌할 수 없는가 보다.

일찍이 원각圓覺을 닦는 체하다가 세진世塵과 망념에 불리어 적멸궁에서 멀리 떨어져 있는 심경은 참으로 안타까운 일이다.

…(중략:조국 광복과 정계 투신, 한국광업진흥주식회사 사장 활동의 배경을 설명)… 또한 다시 몸을 돌려 동국대학교에 뜻을 품고 일한 것은, 원래 내 모교이기도 하거니와, 이를 장차 우리나라의 유일한 불교의 전당으로 쌓아 올리려고 내 딴엔 무진 봉사했던 것이었다. 그러던 것이, 한 가지도 뜻을 이루지 못하고 내 인생의 일부를 소비해버린 셈이 되었다.

그러나 지금 나에게는 아직 인생을 낙망해보는 일 같은 것은 없다. 늙은 사람은, 앞에 올 미래가 짧으므로 그만큼 더 생명에 대한 강인성을 지니고 있는 것인지도 모른다. 자기 생명력을 신장할 줄 앎으로써 생명은 끊임없이 발전하는 것으로 믿는다. 세상에 할 일은 얼마든지 있는 것이고, 자기 몸뚱이에 따라올 수 있는 적당한 일을 하면, 생명은 유지 발전해 가는 것이다.

이 우주는, 우리가 먼 여행을 하는 하룻밤 여관집일지언정 이것이 전 인생의 극치는 아니다. 이 여관집을 뒤에 오는 사람이 편안히 쓸 수 있도록 하는 것이, 자기 앞길에 장애가 적어진다는 뜻이 아니겠는가."*

지장암의 제자였던 동국대 정종 교수는, 백성욱 총장 퇴임 후 그가 잠시 머무르던 효자동 한옥, 그리고 이후 정착한 소사 백성목장으로 자주 찾아갔다. 교수이다 보니 학교 총장실의 문턱이 한편으론 높게 느껴졌지만, 지장암과 돈암동의 선방과 소사의 그것은 시대와 장소만 다를 뿐, 그곳의 주인공이나 절 방 같은 그윽한 분위기 모두가 한결같았다. 서먹서먹하지 않은 안온함과 마음 편함이 거기에는 자리 잡고 있었다. 세월이 그렇게 변했건만 그 마음의 편안함과 변함없음은 어디서 온 것일까 생각하며, 그는 당시 소사를 방문한 날의 풍경을 이렇게 적었다.

"위엄스러운 그 옛날의 상호相好에 '싱긋 웃음' 아닌 조용하고도 청정무구한 만면의 웃음을 더러 볼 수 있었다. 동국대학교를 세계의 대학으로, 아니 도이치의 전통에 빛나는 정도

---

* 백성욱, 〈나를 발견하는 길〉, 정종 편, 《나의 청춘 나의 이상:60인사의 인생 역정》, 실학사, 1965년, 79~81쪽.

의 대학으로 한번 가꾸어냄으로써 한국 불교의 자존심을 되찾아보자던 큰 꿈과 치밀한 계획을 하루아침에 중단 포기하고 난 실의와 좌절로 원망과 분노의 얼굴 아닌, 그 자리에 나는 자주 원만구족상 같은 걸 읽을 수 있었다. 필동이 소사로, 넓은 총장실이 좁은 온돌방으로 바뀐 것과 어느새 서로가 연치를 더했을 뿐이라는 차이가 거기에 있을 따름이었다.

그런데 언제부터인가, '대방광불화엄경'의 제창 소리가 안 들리게 되고, 염불을 외우시며 축원해주시곤 하는 절차로 만남의 문은 열리곤 했다. 염불이 끝나고 나면 부드러운 미소로 으레껏 '요즘 어때? 잘되어 가는 거야'라고 하셨다."•

•   정종, 《내가 사랑한 나의 삶 80(상)》, 동남풍, 1999년, 85쪽.

왜 '미륵존여래불'인가
19

백성욱은 《금강경》은 곧 부처님이요, 부처님이 계시는 경전
이라고 했다. 《금강경》 공부는 '부처님께 자신의 생각을 바
치는 공부', 곧 떠오르는 생각이 있다면 모두 그 생각에 대
고 '미륵존여래불' 하는 것이라고 가르쳤다. 왜 미륵존여래불
인가?

　소사 시절 이후 입적에 이르기까지 백성욱의 가르침은
"2,500여 년 전 부처님 앞에서 설법을 듣는 마음으로 아침저
녁 《금강경》을 독송하고, 온종일 올라오는 생각은 '미륵존여
래불' 하여 부처님께 바쳐라"로 요약된다. 그런데 왜 일반적
으로 불가에서 염하는 '나무아미타불' '관세음보살'이나 '석
가여래불' 하라고 하지 않고 '미륵존여래불' 하라고 하였는
가. 제자들은 물론 기성 종단의 성직자들까지, 많은 사람이
백성욱의 신행信行 지도 방식에 대해 질문하곤 했다.

　"왜 미륵존여래불입니까?"

백성욱은 이렇게 설명하였다.

"석가여래가 도를 이루고 법을 펴신 지 스무 해쯤 지난 뒤였습니다. 한번은 설법하려고 대중을 보시니 부처님을 향해 있는 그 사람들 마음 환한 것이 그냥 부처님이었습니다. 그대로 고정되면 마음이 밝게 되어 있었습니다. 그래서 부처님께서 그들을 향해 '아하! 제 한마음 닦아 성불이로구나. 그대들이 오직 한마음으로 부처를 향하니 그냥 밝은 부처로구나' 하셨습니다. 그런데 순간 그들 모두 일시에 캄캄해지고 말았습니다. 하지만 기이하게도 오직 한 사람만 오히려 더 밝아지는 것이 보였습니다. 저 사람은 왜 그런가 하고 보시니, 다른 사람들은 '제 한마음 닦아 성불이로구나' 하신 말씀에 그게 좋아서 '옳지, 내 마음이지' 하고는 제 마음을 들여다보았기 때문에 모두 다시 어두워지고 말았는데, 그 가운데 오직 미륵이라는 동자는 '참 고맙습니다, 부처님. 이런 말씀은 부처님이 아니면 하실 수가 없습니다' 하고 부처님을 향해 더욱 공경심을 내었던 것입니다.

동자가 그렇게 안팎이 없이 그냥 밝았으므로 석가여래께서 그를 보고 '너는 내세에 내 뒤를 이어 부처가 될 것이니 그 이름을 미륵존여래라 하리라' 하고 수기授記를 주셨던 것입니다. 여기서 부처님을 향해 공경심을 냈다는 것은 '제 한마음 닦아 성불이다. 네 마음이 밝아 그냥 부처로구나' 하신 부처님의 칭찬을 그대로 받지 않고 '고맙습니다, 부처님. 저희가 이렇게 밝을 수 있는 것을 아시고 밝아지도록 말씀하시는 것은 부처님이 아니면 하실 수가 없습니다' 하고 오히려 부처님께 '바쳤다'는 것입니다. 그러니까 부처님께서도 그걸 그냥 받고 그치신 것이 아니라 더욱 큰 것, 곧 수기로 다시 돌려주셨습니다."[*]

어느 학인에게는 이렇게 말하였다.

"'석가여래'라고 부르는 것도 아주 좋지. 그런데 석가여래께서 '관세음보살을 부르면 좋다' '나무아미타불을 부르면 좋다' 하시니까 사람들 모두가 그저 그 좋은 것만 빼앗아 돌아서지, 행여 그 좋은 것을 가르쳐준 석가여래께 '고맙습니다' 하는 일은 꿈에도 없어요. 이것이 바로 한두 생生 가지고 밝기가 좀 어려운 까닭이에요. 마치 석가여래께서 '제 한마음 닦아 성불이로구나' 하시니까 그게 좋아서 모두 제 속으로 가지고 들어가기 바빠 고마운 생각은 아예 내보지 못한 것과 같은 일이지요.

그러나 '석가여래께서 '나무아미타불, 관세음보살'을 하라고 하셨으니, 그런 말씀 하시는 석가여래는 여간 영검(밝고 신령스러움)하시지 않겠구먼' 이렇게라도 마음이 되는 사람은 효과를 보더라는 말이지."[**]

"아, 그러니까 '관세음보살'이나 '아미타불' 대신 '미륵존여

* 　백성욱,《분별이 반가울 때가 해탈이다:백성욱 박사 법문집》, 김영사, 2021년, 72~73쪽.

** 　백성욱, 앞의 책, 74~75쪽.

래불' 염불을 하라는 말씀이시군요."라고 말하는 이들에게는 염불 수행과의 차이점을 들어 이렇게 설명하였다.

"'아미타불'이나 '관세음보살'을 염불하는 사람들은 '착득심두절막망着得心頭切莫忘', 곧 한순간도 잊지 않고 마음속에 붙들어 매는 것, 다시 말해 집중하는 것을 목표로 공부한다. 그러나 '미륵존여래불' 염송은 그렇게 하는 것이 아니다. 올라오는 생각에 대고 소리를 내어 '미륵존여래불' 하거나 마음속으로 부르는 것이다. 심하게 분별이 올라올 때에는 그 생각에 대고 한 시간이나 두 시간 동안 '미륵존여래불' 정근을 하더라도, 종래의 염불처럼 부처님 명호에 몰입하는 것은 아니다. 왜냐하면 '미륵존여래불' 염송은 그 마음을 부처님께 바치는 행위요, 모르는 마음을 아는 마음으로 바꾸는 행위요, 염불 수행이 아닌 선禪 수행이기 때문이다.

경전을 보려고 하면 상당한 지식과 시간의 여유가 있어야 한다. 반면 염송은 별 지식이 없어도, 어느 때 어떤 일을 하면서도 오직 성의만 있으면 할 수 있다. '미륵존여래불, 미륵존여래불' 하고 부처님 명호名號를 부르는 것이다. '부처님, 부처님' 하고 부르는 것은 배고픈 어린아이가 엄마를 찾아 울

---

* 고려 말 나옹 선사懶翁禪師(1320~1376)가 누이동생에게 지어주었다는 게송 가운데 한 구. "아미타불은 어느 곳에 계시는가. 마음에 붙들어 두고 부디 끊어지지 않게 할지니, 생각이 다하여 생각 없는 곳에 이르면, 보고 듣는 모두가 그 언제나 부처님 광명이라[아미타불재하방 착득심두절막망 염도염궁무넘처 육문상방자금광阿彌陀佛在何方 着得心頭切莫忘, 念到念窮無念處 六門常放紫金光]."

듯 하는 것이다. 이 이치로 부처님을 참으로 그리며 '부처님, 부처님' 부르면 헛되지 않을 것이다."•

"사람들은 마음에 평화와 행복을 얻기 위하여 불교를 신앙한다. 그런데 불교의 궁극적인 목적은 부처가 되는 데 있다. 석가모니 부처님께서 사바세계에 출현하신 큰 뜻도, 고해苦海에서 윤회하는 중생을 제도하여 부처로 만드는 데 있었다. 부처가 되면 중생이 가지는 일체의 번뇌와 고통과 부자유에서 벗어나 원만하고 자유자재하게 된다. 성불이 곧 해탈인 것이다.

그러면 성불은 어떻게 하며 해탈은 어떻게 이루어질까? 석가모니 부처님께서는 모든 것을 버리라고 말씀하셨다. '나'를 버리고 탐심과 진심을 버리라고, 아만과 집착과 아집을 버리고 아상을 떠나라고 가르치셨다. 매에게 쫓기는 비둘기의 생명을 구하기 위해 자신의 육체를 매에게 던져주시던 당신처럼(부처님의 전생 이야기를 담은 《본생담》에 나오는 이야기. 부처님이 전생에 어느 나라 '시비왕'이었을 때, 매에게 비둘기 대신 자신의 육신을 보시했다), 모든 것을 버릴 수 있어야 성불이 가능하고, 해탈의 길이 열린다고 하셨다. 모든 것을 버리지 않고는 윤회의 굴레에서 벗어날 수 없고, 피안의 길 또한 아득할 수밖에 없다고 말씀하셨다." 백성욱은 다시 그때 그 자리의 그들에게 "성불

•   백성욱, 《분별이 반가울 때가 해탈이다: 백성욱 박사 법문집》, 김영사, 2021년, 84~85쪽.

과 해탈을 위해 모든 것을 부처님께 바쳐라"라고 말하였다.

"우리는 자신의 모든 것을 부처님 앞에 바칠 줄 알아야 한다. 몸도 마음도 탐욕과 성냄과 어리석음도 부처님께 바치고, 기쁨도 슬픔도 근심도 고통도 모두 바쳐라. 모든 것을 부처님께 바칠 때 평안이 오고, 법열이 생기는 것이다. 오욕伍慾(집착을 일으키는 5가지 욕망. 재욕財慾·색욕色慾·식욕食慾·명예욕名譽慾·수면욕睡眠慾)도 바치고 팔고八苦(사람이 세상에서 면하기 어렵다고 하는 8가지 괴로움. 생고生苦·노고老苦·병고病苦·사고死苦·애별리고愛別離苦·원증회고怨憎會苦·구부득고求不得苦·오음성고伍陰盛苦)도 바쳐라. 부처님께서는 우리가 바치는 모든 것을 기꺼이 받아주신다. 그리고 이렇게 모든 것을 바침으로써 부처님의 가르침이 받아들여지는 것이다.

중생의 원인이 되는 무명無明(세상의 실상[緣起, 空]을 깨닫지 못한 상태. 고통과 번뇌의 근본 원인)을 바치면, 부처님의 지혜가 비친다. 부처님의 광명이 우리에게 비칠 때, 우리는 비로소 윤회의 굴레에서 벗어나게 된다. 생사를 바치면, 거기에는 불생불멸의 영원한 삶이 있다. 모든 것을 부처님께 바치지 않고 자기 소유로 하려는 마음에서 일체의 고통이 따르고 번뇌가 발생한다. 명예를 자기 것으로 하고, 재물을 자기 것으로 하고, 여(남)자를 자기 것으로 하고, 자식을 자기 것으로 하려는 데서 중생의 고뇌가 생긴다. 이러한 모든 것은 영원토록 자기 것이 될 수 없다. 어찌 명예가 재물이, 남녀의 사랑이, 자식이 완전한 자기 것이 될 수 있겠는가? 무상한 중생의 것은 부처님께 바치면, 무상하지 않은 부처님의 지혜와 진리가 대신 내 안에 차게 된다.

　모든 것을 부처님께 바치라 함은 우리가 항상 부처님을 모시고 살아간다는 뜻이기도 하다. 부처님과 잠시라도 떨어져 있게 되면 일시에 번뇌와 망상이 생기기 때문이다."•

백성욱 박사가 소사에 머무르고 있다는 사실이 알려지면서 그곳을 찾는 이가 늘어나고, 아예 거기서 숙식하며 가르침을 받겠다는 이들이 생겨났다. 이들에게 농장 일은 복 짓고 마음 바치는 수행거리였다. 그러다 보니 한미재단 훈련생들은 더이상 오지 않아도 되었다. 홀스타인 젖소는 새끼를 잘 낳아 여덟 마리로 늘어났고, 서울우유협동조합의 수거 트럭이 싣고나가는 우유 양도 늘었다.

•　백성욱,《분별이 반가울 때가 해탈이다:백성욱 박사 법문집》, 김영사, 2021년, 77~78쪽.

백성목장 사람들
20

백성욱 박사가 소사에서 소를 키우며 산다는 소문은 불교 수행에 관심 있는 이들에게 큰 뉴스였다. 그 대단하다는 도인이 어찌 사나 하고 호기심으로 찾아오는 이도 있었고, 묻고 물어 어렵사리 진정한 스승을 찾아오는 구도자들도 있었다. 가끔 와서 법문만 듣고 가는 이가 대부분이었지만, 그러기를 반복하다 선생님 옆에서 공부하고 싶다며 아예 짐을 싸서 들어오는 이들도 있었다. 초기에는 최의식, 김철수, 전덕순 등이 그랬고, 어느 정도 백성목장의 살림이 정착되어 갈 즈음 김재웅, 김동규, 남창우, 이선우, 김원수 등 목장에 거주하며 수행하려는 젊은이들이 생겨났다. 시간이 흐를수록 소사법당 식구는 점점 늘어 정익영, 이광옥, 김강유(구명 정섭), 허만권, 김현주, 강대관, 신금화, 이병수, 이지수 같은 이들이 선생님 백성욱의 곁에 머물며 주야로 《금강경》을 독송하고 미륵존여래불 정근을 하면서 수행 생활을 이어갔다.

백성목장이 소사 성주산 언덕에 터를 일군 지 두 해가 되어 갈 무렵 때때로 소 울음이 주변에 자욱하게 울리고, 새벽이면 《금강경》 독송 소리가 여명을 재촉했다. 성주산 기슭에는 밝고 상서로운 기운이 감돌았다. 밭 둔덕 여기저기에 복숭아 꽃이 환할 무렵, 바쁜 걸음으로 윗소사 오르막길에 들어서는 젊은이가 있었다. 스물두 살 약관의 김재웅이었다.

김재웅은 1942년 포항에서 태어났다. 그가 처음 백성욱을 찾아온 건 1964년 4월이었다. 교육에 나라의 운명이 달렸다고 생각한 그는, 좋은 사범대학을 세워 참다운 스승을 배출하면 이 나라 국민 전반의 의식 수준과 인격을 향상시켜 민족의 고질적인 악습을 타파할 수 있을 거라 생각해왔다. 그 바탕을 마련하려 자그마한 돈벌이를 시작하고, 조언을 얻기 위해 훌륭하다고 생각되는 분이면 빠짐없이 만나러 다녔다. 백성욱을 찾아간 것도 그 때문이었다. 동국대학교 대학원생인 라동영으로부터 경기도 부천시 소사리 산 66번지에 백성욱 선생이 있다는 말을 듣고, 길을 물어 찾아왔다.

김재웅이 백성목장 문을 두드리며 "을지로2가에서 여기까지 백 선생님을 찾아뵙고자 왔습니다" 하니, 당시 목장에 머무르며 공부하던 김철수가 안내해주었다. 설레는 마음을 가누며 고즈넉한 법당에 들어서니 백성욱의 모습이 눈부신 불빛처럼 들어왔다. 좌정坐定한 주위에 환한 기운이 가득했다. 엄숙한 가운데 담담한 표정으로 누구의 마음도 꿰뚫어 보는 듯한 도인의 모습 그대로였다. 그 앞에 절하고 앉는 순간 김재웅은 모든 분별심이 한순간에 가라앉은 듯하였다. 잠시 침묵이 흐른 뒤 그는 여기까지 오게 된 동기를 밝혔다.

"특수 사범대학을 설립하고자 하는데 이를 빨리 성취하는 길이 없겠습니까?"

백성욱이 그를 관觀하더니 말했다.

"내가 시키는 대로 하면 된다."

김재웅은 반가운 마음에 얼른 여쭈었다.

"선생님께서 시키실 일이 무엇입니까?"

"네가 하겠다고 해야 가르쳐주지."

김재웅은 약속하면 꼭 지켜야 하는 성미라 선불리 확언할 수 없어 침묵했다. 다시 한참이 흘렀다.

"내 시키는 대로 할래, 안 할래?"

"……."

그래도 대답이 나오지 않자 가만히 앉아 있던 백성욱이 다시 물었다.

"시키는 대로 할래, 어쩔래?"

"……."

침묵이 다시 이어졌다.

"할래, 어쩔래?"

김재웅은 세 번 거듭하여 묻는 백 선생님 말씀 뒤에 무엇인가 그득하고 환한 희망이 연상되었다. 좋은 일일 것 같은 생각이 들었다.

"예, 하겠습니다."

"옳지, 그래야지. 아침저녁으로 《금강경》을 읽고, 올라오는 생각이 있거든 무슨 생각이든 '미륵존여래불' 하고 부처님께 바쳐라."

그때까지는 경 읽고 기도하는 방법으로 사회적인 일을 성취한다는 것은 불가능하다고 생각하고 있었기에 그 말씀이 무척 당혹스러웠으나 "예" 하고 대답했다. 그런데 그 순간 흰빛이 가슴을 가득 채우는 듯 마음이 밝아지면서 깊은 행복감이 몰려왔다. 밤바다에서 풍랑에 흔들리며 갈피를 못 잡고 고생하던 배가 등댓불을 발견한 기분이었다.

김재웅은 이때부터 소사에 찾아와 궁금한 점을 묻다가, 나중에는 일주일에 한 번씩 찾아와 점검받으며 스승의 가르침을 좇아 공부하였다. 그러다 1965년 4월, 소사법당에 들어와 본격적으로 공부하기 시작하여 7년 6개월 동안 상주하며 정진했다.*

1966년 새해 아침, 성주산 골짜기를 타고 내려오는 바람이 매서웠다. 얼음장 아래로 흘러내려온 계곡물은 우사 옆 샘터로 흘러들었다. 조계사에서 《금강경》을 공부하던 몇 명이 신촌에서 삼화고속버스를 타고 소사 삼거리에서 내려 백성목장에 도착했다. 성주산 아래에 칩거하며 소를 키워도 백성욱

• 김재웅, 〈그 마음을 바쳐라〉, 《금강산 호랑이:내가 만난 백성욱 박사》, 김영사, 2021년, 392~409쪽.

의 소식과 명성은 입에서 입으로 전해졌다. 버스에서 내린 일행도 당대의 천재이자 도인, 선지식으로 존경받는 이를 찾아 세배하겠다고 나선 이들이었다.

하얀 페인트를 칠한 나무 대문 오른쪽 기둥에 '응작여시관'이라는 문패가 보였다. 일행 중 한 사람이 초인종을 누르자 젊은이가 나와 대문을 열었다. 김재웅이었다. 백성욱 박사님께 세배드리러 왔다며 일행이 그에게 합장했다. 그는 잠시 기다리라며 들어갔다 나오더니 안으로 안내했다. 그러고는 함석으로 덧씌워진 출입문을 가리키며 자신이 들어가 문을 열어주겠다고 했다. 그가 안쪽에서 문을 열자 일행은 신발을 벗고 방으로 들어갔다. 콘크리트 바닥으로 된 복도를 지나 앞쪽의 문지방이 높은 방문을 통해 방에 들어서자 중간에 장지문이 열린 넓은 방이 나왔다. 방 두 칸을 하나처럼 만들었지만 벽에는 아무 장식도 없었다. 김재웅은 문간 쪽 방 한구석에 쌓인 방석 몇 개를 내놓으며 자리를 안내했다.

잠시 뒤 백성욱이 안채 쪽에서 들어오더니 방 가운데 놓인 방석에 앉았다. 일행이 삼배를 올렸다. 백성욱은 절을 받으며 원을 세웠다.

"제도하시는 영산교주 석가모니불 시봉 잘하기를 발원. 이 사람들이 모두 각각 무시겁無始劫 업보 업장을 해탈 탈겁해서 모든 재앙을 소멸하고 소원을 성취해서 부처님 시봉 밝은 날과 같이하여 복 많이 짓기를 발원!"

세배를 마친 일행이 준비해온 공양물을 드리며 좋은 말씀

들으러 왔다고 하자 백성욱은 다시 한 번 발원했다.

"제도하시는 용화교주 미륵존여래불 시봉 잘하겠습니다. 이 물건 주는 사람, 받는 사람 모두 각각 무시겁 업보 업장을 해탈, 탈겁해서 모든 재앙을 소멸하고, 소원을 성취해서 부처님 시봉 잘하기를 발원!"

백성욱은 사람들이 찾아오면 이와 같이 원을 세우면서 궁금한 것이 있으면 무엇이든 물어보라고 했다. 일행 중 한 사람이 물었다.

"저는 경을 읽은 지 몇 년이 되었지만 이론상으로만 느껴질 뿐 올바른 공부의 길에 접어들지 못하고 있습니다. 불법 공부는 어떻게 해야 되겠습니까?"

"잘 물었다. 가끔 나를 찾아와 이렇게 묻는 사람들이 있다. 그때마다 나는 《금강경》을 읽으라고 이야기해준다. 《금강경》이란 2,500년 전 석가모니 부처님께서 제자 1,250명을 앞에 두고 수보리 존자와 대화하신 것을 적어놓은 것이다. 그러므로 읽을 때에는 자기 자신이 영산법회靈山法會에 1,250명 중 한 사람으로 참여하고 있다고 생각하고 공경하는 마음을 내어 읽으면 된다."

일행 중 다른 한 사람이 물었다.

"그런데 《금강경》은 너무 어려워 이해하기가 어렵습니다."

그는 빙그레 웃으며 말했다.

"흔히들 《금강경》이 너무 어렵다고 한다. 인류 역사상 전무후무하게 밝으신 석가여래 부처님의 밝은 광명 덩어리를 그대로 담은 경전이니 일반 대중에게 쉽사리 이해되겠는가? 그러나 공경심으로 자꾸 독송하다 보면 어느새《금강경》에 담긴 부처님 광명 덕분에 재앙은 소멸하고, 업장은 해탈되며, 성리性理가 밝아지는 것을 직접 체험할 수 있을 것이다."•

백성욱은 잠시 멈췄다가 다시 말을 이었다.

"《금강경》은 반야부 경전의 핵심 내용을 체계적으로 갈무리한 경으로 부처님으로 가는 확실한 방법을 담고 있다. 그중 제3분 대승정종분大乘正宗分이 경의 대의를 밝힌 말씀이고 나머지 부분은 그에 따라 제기될 만한 의문들을 풀어나간 것이다.《금강경》이 한문으로 되어 있어 읽고 이해하기에 힘들겠지만, 한문은 뜻글이기 때문에 애써 알려 하지 말고 꾸준히 읽으면 자연히 그 뜻을 터득하게 된다. 무슨 소린지 모르겠거든 일주일만이라도 아침저녁으로 읽어보아라. 틀림없이 무언가 달라지는 것을 느낄 수 있을 것이다."

《금강경》을 중심으로 세배 문답은 계속 이어졌다. 그러다 한 사람이《화엄경》에 대해 묻자 "화엄부는 용수 보살이 부처님의 살림살이 그 자체를 그려놓은 것인데 부처님의 생활 그 자체가 곧 화엄이라는 것"이라며 간단명료하게 설명하고는 일행을 향해 말했다.

"모두들 절에 다니면서 참선을 많이 해본 모양인데, 이 시

대에는 자기 근기에 맞춰 공부해야 한다. 공부하는 사람은 우선 자기 어두운 것부터 알고 이를 밝히도록 해야 한다. 자기가 밝아지면 주위가 밝아지고 주위가 밝아지면 전체가 밝아진다. 자기와 주위가 둘이 아니기 때문이다. 그래서 공부는 일상생활의 간단한 것부터 바로잡는 데서 시작해야 할 것이다. 오늘 이후로 무슨 생각이든지 떠오르는 생각을 즉시즉시 부처님께 바치도록 연습해보아라. 바친 만큼 밝아질 것이다. 이게 무슨 뜻인지 알아듣겠니?"

아무도 입을 열지 못하고 백성욱만 바라보자, 그는 빙그레 웃으며 말을 이었다.

"마음속에 있는 모든 생각, 가령 배은망덕한 마음이나 남에게 의지하는 마음이나 숨는 마음이나 스스로를 과장하는 마음이나 정신이 이상하여 이랬다저랬다 하는 마음 따위를 모두 다 부처님 만들겠다고 하라는 뜻이다. 그런데 중생이 어떻게 중생을 부처님으로 만들 수 있겠는가? 바치는 방법으로 무슨 생각이든 제도하시는 부처님께 맡기자는 것이다. 생각을 부처님께 바친다는 것은 어두컴컴한 자기 생각을 부처님의 밝은 마음으로 바꾼다는 뜻이다. 마음속 망념을 부처님 마음으로 바꾸었으니 제 마음은 비었을 것이요, 제 마음이 비었다면 지혜가 날 것이다."•

•   백성욱,《분별이 반가울 때가 해탈이다:백성욱 박사 법문집》, 김영사, 2021년, 32~33쪽.

진지하게 경청하는 이들을 향해 백성욱은 말을 이었다.

"네 생각을 네가 가지면 재앙이고, 부처님께 드리면 복이 되느니라. 그 생각에다 대고 '미륵존여래불' 하고 부처님 명호를 부르는 것이 바치는 방법이다. 어렵게 생각하지 말고 절에 가서 공양물을 올릴 때 쟁반에 받쳐 올리듯이 '미륵존여래불' 하며 부처님께 드리면 된다."

그전까지 관세음보살, 석가모니불, 지장보살 명호를 염불하던 일행은 떠오르는 생각에 대고 '미륵존여래불' 하는 것이 '바치는 방법'이라는 말이 생소했으나, 백성욱의 무애자재한 위의威儀와 명료한 설법에 여기 오기 전 품고 있던 복잡한 생각들이 아침 해를 만난 새벽안개처럼 사라져 더 물을 말도 잊었다. 그들은 한결같이 이대로 법문을 계속해서 듣고 싶을 뿐이었다.

백성욱은 잔잔한 목소리로 일행을 일으켜 세웠다.

"이제 해가 저 창문에 이르렀구나. 태양이 저기까지 오면 저녁때가 가까워졌다는 것이지. 그대들도 갈 길이 바쁘지 않겠는가?"

일행이 물러가며 세 번 절하자 백성욱은 "제도하시는 용화교주 미륵존여래불 시봉 잘하기를 발원. 이 사람들이 모두 각각 무시겁無始劫 업보 업장을 해탈 탈겁해서 모든 재앙을 소멸하고 소원을 성취해서 부처님 시봉 밝은 날과 같이하여 복 많이 짓기를 발원" 하며 두 손을 모았다.

이날 백성욱 박사를 방문한 이들 중에는 한국은행에 근무하는 이광옥이란 수자修者가 있었다. 그녀는 조계사에서 신도회, 청년회, 학생회 활동을 열심히 하여 '아기보살'로 불렸다. 그녀는 '어떻게 하면 내 생각을 내 마음대로 할 수 있는가?'에 대한 답을 찾고 있었다. 큰스님들을 찾아뵙고 유명한 불교학자, 철학박사들도 만나보았지만 시원한 답을 얻지 못했다. 열심히 관세음보살, 석가모니불, 지장보살 염불을 해왔지만 마음이 마음대로 안 되는 때가 많아 답답하던 차에 조계사에 다니던 지인들과 함께 백성욱 박사를 찾아온 것이었다. 올라오는 그 생각에 대고 "미륵존여래불 하고 바쳐라"라는 법문을 듣는 순간 이광옥은 오랫동안 안고 있던 '숙제'를 풀 수 있겠다는 생각이 들었다. 소사 삼거리로 걸어 내려오는 동안 몸은 깃털처럼 가뿐했고 마음도 파란 하늘처럼 후련했다. 먼지가 잔뜩 끼어 있던 유리창이 투명하게 닦인 기분이었다.

이광옥은 당시 한국은행 국고과에서 양곡 관리 특별회계 업무를 맡고 있었다. 숫자 하나도 틀리면 안 되는 일이었다. 머릿속에 조금이라도 잡념이 들면 실수가 생겼는데, 백성욱 박사를 만나고 온 뒤 '미륵존여래불' 하고 바치기 시작하자 실수가 없었다. 그렇게 한 달을 지내자 촛불을 켜고 살던 사람이 백열등을 만난 것처럼 매일이 환희심으로 가득했다. 이전에는 경험해보지 못한 것이었다. 마음이 너무 조용해지자 '아, 이러다 내가 미치는 게 아닐까?' 하고 두려워졌다. 한 달 뒤, 그녀는 혼자 끙끙 앓지 말고 백 박사를 뵙는 것이 좋겠다는 생각에 다시 백성목장을 찾아갔다. 삼배를 올리고 인사를 드리자 백성욱은 "제도하시는 용화교주 미륵존여래불…"하고 원을 세운 후 말했다.

"응, 내가 너를 잘 안다. 네가 이광옥이니라."

그녀는 깜짝 놀랐다. '어떻게 세배하러 온 사람들 중 한 명인 나를 기억하고 이름까지 불러주시나?' 머리가 멍했다. 그녀는 정신을 가다듬고 조심스럽게 여쭈었다.

"선생님, 제가 혹시 미치는 게 아닐까요?"

이광옥은 '선생님'이라 불렀다. 그렇게 부르고 싶었다. 백 선생님은 빙그레 웃으며 말했다.

"아니, 네가 미칠 일 없느니라. 아무 염려 말아라."

대답을 듣는 순간 그간의 두려움이 사라지면서 마음이 편안해졌다. 백성욱은 그녀에게 《금강경》과 '미륵존여래불'에 대해 차근차근 설명해주었다. "마음속에 넣어둔 모든 것을 꺼내 부처님께 드리는 것이니 불공으로 이만한 것이 없다. 싫은 것이건 좋은 것이건 자기가 가지고 있는 모든 마음을 부처님께 바칠 수 있으면 항상 씩씩하고 밝게 된다"라고 하였다. 그것은 다른 말로 "자기 마음을 부처님 마음으로 바꾸어나가는 과정"이라고도 하였다. 이광옥은 다시 백 선생님에게 질문하였다.

"보통 절에서는 백일기도니 사십구일 기도니 하는 것이 있는데 그렇게 정해놓고 공부해보면 어떻겠습니까?"

"그렇게 정해놓고 해보면 자기 공부가 진전되는 것을 측정해볼 수 있을 것이다. 그러나 힘에 겨운 일을 정해놓고 못한다고 하기보다는 그때그때 자꾸 공부하는 것이 낫다. 공부란 일정 기간에 몰아서 한꺼번에 하는 것이 아니라 일생 동안, 이번 생에 못 하면 다음 생에, 그렇게 세세생생 계속해야 하는 것이니라."

이광옥은 백 선생님의 법문을 들으며 마음이 가볍고 밝아지는 것을 느꼈다.

"그런데 이번과 같이 《금강경》이 잘 읽어지지 않을 때는 어떻게 해야 합니까?"

"《금강경》을 자기가 읽겠다고 하니까 점점 더 안 읽어지지."

"그러면 어떻게 해야 하겠습니까, 선생님?"

"무슨 말인고 하니, 《금강경》을 잘 읽겠다고 욕심을 내어 읽으면 오히려 잘 안 된다. 《금강경》을 읽다가 읽기가 싫어지면, 그럴 때마다 '모든 중생이 《금강경》 잘 읽어서 부처님 잘 모시기를 발원' 하든가, '모든 중생이 신심 발심해서 부처님 전에 복 많이 짓기를 발원' 해보거라. 그러다 보면 어느 틈에 바로 자기 입에서 《금강경》 읽는 소리가 날 것이다."

"그런데 수없이 나오는 생각을 언제까지 바쳐야 하나요? 끝이 있습니까?"

백성욱은 빙그레 웃었다.

"그런 걱정 말고 자꾸 바쳐라. 한 생각 바치지 않고 놓아두면 그것이 다시 올라올 때가 언제일지 알 수 없고 그만큼 네가 밝아지지 못한다. 마음 바치는 법이란 평소 방심치 않고

자기 마음 들여다보며 올라오는 마음에다 대고 '미륵존여래불, 미륵존여래불' 하며 부처님께 마음 공양 올리는 것이다. 사람의 분별은 8만 4,000가지가 있는데 이런 업장분별이 올라올 때마다 하나하나 부처님께 바치면, 바치고 난 밝음의 자리가 바로 여래如來이니라."

"선생님, 제가 자주 찾아뵈어도 되겠습니까?"

백성욱이 웃으며 대답했다.

"그러려무나."

이때부터 이광옥은 근무가 없는 일요일마다 소사로 백성욱 선생님을 찾아갔다. 지하철이나 전철이 없던 시절이라 청량리 집에서 신촌까지 가서 한두 시간 기다려 삼화고속버스를 타고 소사 삼거리에서 내린 뒤 다시 30~40분을 걸어야 도착할 수 있었다. 가는 데만 서너 시간 걸렸지만 그래도 선생님을 만나 법문까지 듣는 재미에 빠져 열심히 찾아갔다. 하지만 간다고 금방 뵐 수 있는 건 아니었다. 당시는 토요일까지 근무하던 때라 일요일이 유일한 휴일이었다. 그래서 백성욱을 찾아가는 이들 대부분이 일요일에 집중되어 있었다. 먼저 도착한 사람이 있으면 그들이 이야기를 마치고 나올 때까지 기다려야 했다.

이광옥은 1년여 동안 한결같이 일요일마다 소사를 찾아 공부하다 아예 이곳에 머무르며 공부에 전념하면 좋겠다고 생각하게 되었다. 남자들과 달리 여자가 묵을 방이 없어 '이 근처에 하숙을 하나 정하고 다니면 좋겠다'라고 생각하면서 백 선생님을 찾아갔다. 늘 하던 대로 절하고 법문을 들은 뒤 마

백성목장에서의 백성욱 박사와 이광옥.

당으로 나가 텃밭의 푸성귀를 솎았다. 그때 백 선생님이 방에서 나와 "얘" 하고 부르더니 이렇게 말했다.

"저기 올라가면 방이 하나 있느니라. 거기를 치워라. 누가 왜 치우느냐고 묻거든, 있으려고 그런다고 그래라."

이광옥은 그저 "네" 하고 대답한 뒤 우사 아래쪽 조그만 집으로 올라갔다. 그곳은 백 박사가 처음 이곳에 와서 머무르던 집으로, 가운데에 불 때는 아궁이가 있고 양쪽으로 방이 있는 일―자형 집이었다. 그중 한 칸을 치우라고 하신 거였다. 이광옥이 방을 치우고 있으니 조계사에 함께 다니며 알고 지내던 김현주 수자가 다가와 방을 왜 치우는지 물었다. 선생님이 일러준 대로 "있으려고 그래"라고 말하니 김현주가 "나도 여기 있으면 안 돼?"라고 물었다. 이광옥은 "선생님께 가서 여쭤봐"라고 대답했다.

방을 깨끗이 치우고 나니 해가 뉘엿뉘엿 넘어가며 땅거미가 내렸다. 저녁 해가 자취를 감추고 난 뒤 이제 가겠다고 인사드리려고 내려가니, 백성욱이 마당을 거닐다 이광옥을 보고는 "다 치웠니?" 하고 물었다. 이광옥이 "네"라고 답하자 백성욱은 "그럼 어서 올라가거라"라고 하였다.

이광옥은 '네!'라는 대답밖에 생각나지 않았다. 사전에 아무런 준비도 하지 못한 채 그날부터 소사법당에 머물며 공부했다. 소사 백 박사에게 간다고 한 딸이 집에도 오지 않고 한국은행에도 출근하지 않았다는 사실을 알고, 부모님이 백성목장으로 찾아왔다. 여기 눌러앉아 공부하겠다는 딸에게 어머니는 "집에서 다녀도 되지 않아?"라고 물었지만 딸의 의지는 굳건했다. 이광옥의 어머니는 백 박사에게 딸의 공부를 잘 부탁한다며 합장하고 돌아갔다. 이광옥 가족은 조상 대대로 부처님을 잘 모셨다. 이광옥의 고모할머니와 백성욱의 어머니는 연건동에서 이웃하며 친구 사이로 지냈으며, 백성욱의 아버지가 세상을 떠난 이후 어머니가 장사하러 나가면 이광옥의 할아버지가 백성욱을 업어 돌봤던 인연도 있었다. 이광옥은 이렇게 1967년부터 10여 년간 소사법당에서 백 선생님을 모시며 수행했다.*

당시 백성욱 박사를 찾아오는 사람 중에는 김원수도 있었다. 서울대학교 금속공학과를 졸업하고 ROTC 장교로 복무하던 그는 1966년 4월 친구를 따라 백성목장에 와서 백 박사를 처음 만났다. 대학 1학년 때 현실과 이상 사이에서 몹시 갈등하다 불교를 처음 만났고, 그때부터 불교에 심취해 큰스님들의 법문을 들으러 다녔다. 하지만 마음의 안정을 찾지 못했고 수도의 마음을 내어 실천하려 해도 구체적이고 용이하게 실천할 수 있는 수행법을 발견할 수 없었다.

김원수는 '보살만의 큰 깨달음이나 중생제도, 군자만의 안빈낙도安貧樂道를 보통 사람이 어떻게 일상에서 즐겁게 실천할 수 있을까?'라는 물음을 갖고 있었다. 그래서 '한국인 최초로 독일에서 철학박사 학위를 받은 천재' '전생을 훤히 꿰뚫어 보는 숙명통과 다른 사람의 마음도 훤히 다 아는 타심통을 통달했다는 도사'라는 별칭을 지닌 백성욱에 대한 소문을 듣고 친구와 함께 찾아왔다. 거창한 깨달음을 강조하지도, 비현실적인 군자의 길을 가도록 요구하지도 않는 백 박사의 법문을 듣자 부처님의 가르침에 대해 새로운 믿음이 샘솟았고, 그 길로 계속 나아가면 결국 부처님처럼 밝아지리라는 믿음이 생기기 시작했다. 무엇보다 "무슨 생각이든 부처님께 바쳐라"라는 법문이 쉽게 이해되었고 실감났다.

• 이광옥, 〈'미륵존여래불' 하느니라〉, 《금강산 호랑이: 내가 만난 백성욱 박사》, 김영사, 2021년, 452~521쪽.

김원수는 평소 이런저런 별 엉뚱한 생각이 꼬리에 꼬리를 물며 일어나고 거기에 지배되어 필요한 때에 생각을 멈추지 못해 괴로워했다. 고통이 제법 심각해 그런 생각들을 없애고 자 여러모로 노력하고 억누르기도 해봤지만 별달리 성과가 없었다. 겉으로는 멀쩡한 듯했지만 속으로는 몹시 괴로웠고, 생각을 참고 누르려고 할수록 생각의 기세가 더욱 커지는 것 같았다. 마음의 병을 고치라는 부처님의 가르침을 만난 뒤 그 말씀에 공감했지만, 그 가르침을 어떻게 적용해야 할지 알 수 없었다. 그러던 중에 백성욱 박사를 친견하고 "그 생각 을 부처님께 바쳐라"라는 말씀을 만났다. 그 말씀이 자신의 병을 치료하는 데 꼭 알맞았다. 군대로 돌아와 말씀대로 실 천해보았더니 마음이 한결 부드러워지는 느낌이었다.

김원수는 백성욱 박사를 자주 만나고 싶어졌다. 그러나 춘 천에서 군대 생활을 했기에 자주 서울에 올 수 없었다. 한 달 평균 두 번 서울에 올 수 있었는데 그때마다 백 박사를 찾아 갔다. 백성욱 박사의 법문은 어렵지 않고 재미있었으며 마음 깊이 느껴지게 하는 것이 있었다. 질문하는 사람의 말을 분 석하기보다 그의 마음을 보고 거기에 대응해 법문하기 때문 이었다. 질문자의 관심 대상을 밖으로 향하게 하기보다 대상 에 얽힌 질문자의 마음을 끄집어내는 방식으로 답변했다. 백 성욱을 향한 그의 존경심은 점점 더 깊어갔다. 그사이 해가 바뀌었다.

1967년 2월경, 김원수는 전역을 두 달쯤 앞두고 전역 이후

생활을 생각하며 여러 번민이 들어 마음이 몹시 어수선했다. 당시 집안 형편을 생각하면 전역하자마자 취직해야 했지만, 직장생활보다 백성목장에 머물면서 공부하고 싶다는 생각이 들었다. 당시 백성목장 우사 옆 가건물 방에는 김재웅과 허만권이 머무르고 있었다. 두 사람은 농장 일을 하면서 아침저녁으로 백 박사의 법문을 들으며 공부했다. 김원수는 백 박사를 만나러 갈 때마다 그들처럼 공부하면 숙원이었던 '내 마음 다스리는 일'을 해결할 수 있을 것 같다고 생각했다. 그는 직장과 공부, 두 가지 선택지 앞에서 방황했다. 그때 아는 이가 괜찮은 취직자리를 추천해주었고, 이틀 안에 승낙 여부를 알려야 했다. 이 생각 저 생각을 거듭해도 결정할 수 없어서 김원수는 백 박사를 찾아갔다. 백 박사의 대답은 매우 간단했다.

"취직할 마음이 있으면 그 마음을 부처님께 바칠 것이요, 공부할 마음이 나면 그 마음을 부처님께 바쳐라."

김원수는 망연자실한 표정으로 백성욱을 바라봤다. 취직을 결정해야 할 날이 얼마 남지 않은 시점에 자신이 듣고자 했던 대답은 취직 또는 공부 둘 중 하나였다. 이렇게 급박한 때에 마음을 바치라는 것은 그 생각을 억지로 잊어버리는 데에는 도움이 될지언정 문제 해결법은 아닌 것처럼 생각되었다. 그때 백성욱이 말했다.

"생각을 부처님께 바치면 진실한 것은 될 것이고, 진실치 아니한 것은 아니 될 것이다. 비록 시급한 일이라도 원을 세우고 해야 한다."

김원수는 고개를 떨궜다. 그리고 100일을 목표로 소사법당에서 생활을 시작했다. 일과는 아침 일찍 일어나《금강경》을 읽고 '미륵존여래불' 정근을 한 다음 법문을 듣는 일로 시작되었다. 식사는 하루에 두 번 하였다. 처음엔 공양주供養主 노릇을 하다가 나중에는 젖소도 사육했다. 일할 때 올라오는 생각을 부지런히 부처님을 향해 바치다가 잘되지 않으면 그 생각에 대고 '미륵존여래불'을 외웠다. 일과가 끝난 저녁에도 대략 정해진 시간에《금강경》을 읽고 '미륵존여래불' 정근을 했다. 바깥세상 사람들이 즐기는 즐거움이라고는 아무것도 없는 단조로운 생활, 조용하고 적막한 주위 환경 그리고 처음엔 부드럽게 보였던 도반들이 생각했던 것과 매우 다른 데서 오는 실망감 속에서 김원수는 까닭조차 알 수 없이 솟아나는 춥고 무거운 마음을 바치고 또 바쳤다.

모든 문제를 부처님께 바치면 다 해결될 것 같았던 어느 날, 바쳐도 해결되지 않는 문제가 생겼다. 소 사료 창고에 수많은 쥐가 모여들기 시작한 것이다. 소가 좋아하는 밀기울이라는 사료를 쥐도 매우 좋아했다. 쥐 한두 마리도 아니고 수십 마리가 겁도 없이 몰려오는데 쥐약이라도 놓아 퇴치하고 싶은 유혹이 몇 번이나 들었지만 불살생不殺生의 계를 지켜야 하는 수도장에서 쥐약을 놓을 수는 없었다. 쥐약 없이 쥐를 몰아내는 방법은 과연 무엇일까? 이것은 마치 '어묵동정語默動靜을 떠나 말하라'는 화두와 같은 난제였다. 쥐약이나 쥐덫을 쓰지 않고 어떻게 이 도량에서 쥐를 쫓아낼 것인가? 별다른 묘안이 없자, 결국 제자들은 백성욱에게 쥐 퇴치 방법을 물었다.

"어떻게 하면 저 많은 쥐를 쥐약 없이 이 목장에서 몰아낼 수 있겠습니까?"

"쥐가 싫다, 쥐가 많다는 생각을 부처님께 바쳐라."

"그렇게 바치면 쥐가 사라집니까?"

"어째서 쥐가 그렇게 들끓는지 아느냐? 너희 마음속에 쥐의 마음, 즉 빈궁한 마음이 있기 때문이니라. 쥐가 싫다는 마음을 자꾸 부처님께 바치면 너희 마음속에 쥐의 마음인 거지 마음, 거저먹으려는 마음이 사라지게 될 것이다. 너희 마음에서 거지 마음이 사라지지 않는 한, 쥐가 좋아하는 사료가 있는 한 아무리 쥐를 내쫓으려 하여도 쥐는 목장에서 사라지지 않을 것이다."

스승의 말을 듣고 보니 과연 자신들의 마음이 거지 마음, 궁한 마음으로 꽉 차 있는 것을 알게 되었다. 마음속에 궁한 마음을 그대로 둔 채 제 마음 밖에서 찾아 해결하려는 마음이 쥐가 들끓게 하는 원인이었음을 깨달았다. 그때 마침 어떤 도반이 자신의 집에서 키우던 고양이를 법당에 선물하였다. 고양이를 보는 순간 반가운 마음이 들면서 이제부터 이 고양이가 목장의 모든 쥐를 소탕하리라 기대하였다. 그러나 그것도 잠시, 고양이는 수많은 쥐에 겁먹고는 쏜살같이 도망갔다. 산속으로 도망간 고양이는 돌아오지 않았다.

그 뒤로는 쥐 떼가 소 사료를 겁 없이 먹어 치우는 것을 뻔히 보면서도 안타까운 마음을 부처님께 바치기만 할 뿐이었다. 역시 스승의 말씀처럼 '우리 마음속에서 쥐의 마음이 정리되지 않는 한 쥐 떼를 몰아낼 수 없나 보다'라고 생각했다. 그때부터 김원수와 도반들은 "거지 마음, 궁한 마음을 부처님께 바쳐 시봉 잘하기를 발원" 하였다. 마음속의 빈궁貧窮을 부처님께 바치자 이상한 현상들이 나타나기 시작했다. 야생으로 돌아간 고양이가 다시 돌아왔다. 야생화한 고양이는 쥐를 보면 달아나던 때와 달리 슬슬 쥐를 잡기 시작하였다. 수십 마리의 쥐도 야생 고양이 한 마리의 기운에 압도당해 하나둘 사라지더니 결국 하나도 남지 않았다. 잡을 쥐가 없어지자 고양이도 다시 사라졌다. 고양이가 사라지면 당연히 쥐가 돌아와야 하는데, 그 후 수년이 지나도 쥐는 나타나지 않았다. 마음속 쥐의 궁한 마음, 갉아먹는 마음을 공부하면 쥐가 없어질 것이라는 말씀 그대로였다.

김원수가 소사 생활에 점차 익숙해지고 바치는 연습이 지속됨에 따라 도무지 개선될 기미가 보이지 않고 사납게 날뛰던 생각들은 점차 약해지고 무수히 많던 생각도 그 가짓수가 줄어드는 것 같았다. "무슨 생각이든 부처님께 바쳐라. 네 생각을 바치면 바쳐질 것이요, 바친 자리에는 부처님의 광명이 임하게 된다" 하던 스승 백성욱의 가르침대로 많은 생각을 쉬이고 마음이 가벼워진 것은 부처님의 광명이 임해진 결과인 듯했다.

그때부터 김원수는 생각에서 자유로워졌다. 숨도 제대로

쉴 수 있게 되었다. 마음이 부드러워지자 자신을 둘러싼 것들이 점점 부드러워졌고 굳게 닫혀 있던 입도 열리기 시작했다. 주위 사람과의 대화도 점차 많아지고 바깥 사람을 대하는 빈도도 늘었다. 타인을 대할 때도 대체로 부드러워졌다. "일심이 청정하면 다심多心이 청정하다"라는 스승의 말씀이 이런 경우에 적용되는 듯했다. 공부도 점차 어떠한 것인지 알게 되는 것 같았고 성현들의 말씀이 전처럼 막연하지 않고 조금씩 실감났다. 김원수는 1967년부터 1971년까지 소사법당에서 백 선생님을 모시고 공부했다.[*]

그즈음 김강유라는 대학생도 백성욱 박사를 찾아왔다. 어린 시절부터 청년기까지 김강유는 현실 생활의 어려움을 거의 겪지 않았다. 그렇지만 실존의 문제로 때로 몸서리치게 괴로워했으며, 꼭 풀고 싶은 문제의 해결 방법을 찾아 헤맸다. 그는 본래 기독교 신자였지만 어느 날 도서관에서 읽은 일엽 스님의《청춘을 불사르고》라는 책을 통하여 백성욱 박사를 알게 되고는 그분을 스승으로 모셔야겠다고 생각했다. 그러다 1970년 5월 25일 '삼보학회'에서 "백성욱 박사를 모시고 《금강경》 총설' 법회를 한다"는《불교신문》기사를 보고 찾아가 백성욱 박사를 멀리서나마 처음 뵙게 되었다. 여기에서

· 김원수, 〈무슨 생각이든 부처님께 바쳐라〉,《금강산 호랑이:내가 만난 백성욱 박사》, 김영사, 2021년, 410~451쪽.

백성욱의 《금강경》 법문을 처음 들었다.

대학생 신분으로 백 박사를 직접 뵙고 싶어 소사에 찾아가자, 백성욱은 김강유를 보더니 준비한 말을 꺼내기도 전에 이렇게 말했다.

"요는 마음이 편해져야 되지 않겠니?"

마음을 훤히 꿰뚫어보고 말하는 듯했다.

"마음이 편해지려면 네 불편한 마음을 자꾸 부처님께 바쳐라."

알 만한 것은 다 알았고 더 알 것도 없는 것 같으나 여전히 마음이 편하지 않아 이를 여쭤보려고 작정하고 찾아뵈었는데, 여쭈기도 전에 자신 안에 응어리져 있던 문제를 꼭 집어 말씀하셨다.

"네 생각을 네가 가지면 괴로움이고 재앙이다. 그러나 부처님께 바치면 평안하고 복이 되느니라. 그

삼보회관에서 열린 백성욱 박사의 '《금강경》 총설' 법회를 정리하여 보도한 《대한불교》 1970년 5월 31일 신문. "《금강경》 읽으면 밝아져, 대·소승 총섭한 최상의 지혜"

러니 네 생각은 다 부처님께 바쳐라. 바치는 방법은, 올라오는 생각에 대고 '미륵존여래불' 하는 것이다. 아침저녁 《금강경》을 독송하거라."

원래 말수가 적은 김강유는 더이상 여쭐 말이 없어 절하고 나왔다. 이후에도 그는 계속해서 《금강경》을 독송하며 주기적으로 백성욱 박사를 찾아갔다. 그렇게 1년 넘게 백성욱의 가르침을 받으며 마음의 평온을 얻었다. 대학을 졸업하던 봄, 김강유는 백성욱 박사의 가르침을 실천하며 살리라 다짐하고 소사 도량에 들어와 본격적으로 수행을 시작했다.*

백 박사를 찾아오는 이 중 가장 연장자는 '삼선교 큰 할머니'로 불리는 장선재 보살이었다. 장 보살은 금강산에서부터 백성욱 박사를 모셨던 분으로 삼선교에서 법당을 운영하였다. 나이가 구순에 가까웠지만 매월 스무하룻날이면 어김없이 음식을 장만하여 백성욱 박사를 찾아왔다. 자신의 딸 전경림과 진진묘, 송재영, 강말원·신원 자매 등 불자 10여 명을 대동하고 법문을 들으러 왔다.

진진묘는 장욱진 화백의 부인 이순경 여사의 불명이다. 당시 장욱진 화백은 그림을 일절 판매하지 않았다. 진진묘가 동성중·고등학교와 보성중·고등학교 근처 혜화동 로터리에

---

* 김강유, 〈스승을 찾아서〉, 《금강산 호랑이:내가 만난 백성욱 박사》, 김영사, 2021년, 686~724쪽.

서 '동양서림'이라는 서점을 운영하면서 집안 살림을 꾸려나가고 다섯 남매를 교육시켰다. 처음에는 삼선교 장선재 보살과 함께 백성욱 박사를 찾아갔는데, 시간이 지나면서는 혼자오거나 남편 장욱진 화백, 자신의 아들딸도 데리고 왔다. 백박사에게 가르침을 얻던 진진묘는 훗날 명륜동에 법당을 만들고 백 박사를 모셔와 법문을 들었다.

이 외에 치악산에서부터 백성욱을 뵙고 가까이 모시며 비서실장이자 집사와도 같은 역할을 했던 한국은행 간부 최의식, 마지막까지 소사 도량을 지키며 수행했던 해병대 장교 출신이병수, 4성 장군 최영희, 영산대학교 총장을 역임한 정천구일행과 박현희·현식 자매, 당시 서울대학교병원 전공의로서백성욱 만년에 건강을 보살폈던 박강휘(구명 은숙) 박사와 이명순 박사, 손양보 등 많은 학인이 《금강경》을 독송하고 '미륵존여래불' 하고 마음을 바치면서 삶의 문제와 공부를 지도받으러 찾아와 백성 목장에는 사람들 발길이 끊이지 않았다.

어느 부처님 회상
21

소사 도량에서는 여러 수행자가 선생님 백성욱의 곁에서 정진을 이어가고 있었다. 김재웅, 김동규, 남창우, 이선우, 김원수, 정익영, 이광옥, 김강유, 허만권, 김현주, 강대관, 신금화, 이계숙, 권 양, 이병수, 이지수 등 많은 학인이 전국에서 모여들어 각각 수개월에서 수년까지 백성욱을 선지식으로 모시며 낮에는 일하고, 아침저녁으로는 《금강경》을 독송하고, 일어나는 생각을 '미륵존여래불' 회향하면서 공부하였다.

이들은 누가 시킨 것도 아닌데 한창 젊은 나이에 스스로 찾아와 고된 목장 일을 하며 생활과 수행을 병행했다. 아침과 점심, 하루 두 끼를 먹으며 종일 많은 일을 했지만 불평하지 않았다. 남자는 우사 옆 창고 건물에 딸린 두세 평 남짓한 방에 머물렀고, 여자들은 그 아래 백성욱이 이곳에 처음 왔을 때 기거했던 대여섯 평 남짓한 작은 초막을 거처로 사용하였다. 수행자들은 4시에 일어나 자신의 거처에서 《금강경》을 독송하고 '미륵존여래불'을 염송하면서 정근하였다.

《금강경》을 독송할 때에는 장궤나 호궤 자세를 취했다. 장궤란 '부처님을 공경하는 자세'라고 불리는, 무릎을 바닥에 대고 수직으로 펴서 상반신을 일으킨 형태이다. 무릎을 꿇은 채 반몸을 세워 합장하면 처음에는 무릎이 아프고 다리가 저려온다. 또 손을 합장해 양어깨도 뻐근해진다. 호궤는 장궤 자세에서 두 무릎을 꿇고 앉아 읽는 것이다. 수행자들은 각자의 형편과 체력에 따라 장궤에서 호궤로 바꿔가며 독송하고 '미륵존여래불' 정진을 하였다.

각자 독송과 정진을 마치면 법당에 모여 함께 법문을 들었다. 스승의 일방적인 설법이 아니라 각자 어제 하루 어떻게 마음을 공부했는지 말씀드리고 그에 대해 법문을 듣거나, 각자 조금 더 알고 싶은 점을 여쭈고 답을 듣는 형식이었다. 김강유는 소사 백성목장과 법당의 모습을 보면서 2,500년 전 석가모니 부처님과 제자들이 모여 계신 곳의 모습이 바로 이와 같을 것이라 생각하였다. 백성욱의 법문은 경이나 어록을 교재로 강론한다거나 어떤 주제를 가지고 일방적으로 하는 이야기가 아니었다. 늘 간단명료하게 대기對機설법을 했다.

외손뼉이 우는 법은 없다. 한쪽이 마음을 쉬면 서로 사이의 그 업보가 그친다.*

남을 공격하는 마음이 있어서는 안 되겠지만, 남이 공격해 올 때 방어하는 마음이 없어서는 아니 된다.**

눈을 똑바로 뜨고 볼 때 남의 잘하는 모습이 보여야 하느니라. 그 마음을 닦아서 네 눈에 남의 잘하는 것이 보일 때에 네 마음이 그만큼 넓어진 것이니라.***

누구나 다 밝은 어른을 절대로 공경하면, 그냥 그이가 되어 버리느니라. 밝은이를 가짓껏 공경하면 제가 그이가 되어 그냥 밝아지느니라.****

백성욱의 법문은 그때그때 학인들의 형편과 필요에 꼭 맞게 처방해주는 맞춤 약과 같고, 훗날 생길 일을 미리 알고 처방해주는 상비약이나 백신과도 같았다. 먹지 못할 약을 주어 무엇 하겠으며, 필요할 때 눈앞에 약이 없으면 무슨 소용 있

---

* 백성욱,《분별이 반가울 때가 해탈이다:백성욱 박사 법문집》, 김영사, 2021년, 800쪽.

** 백성욱, 앞의 책, 797쪽

*** 백성욱, 앞의 책, 796쪽

**** 백성욱, 앞의 책, 796쪽

겠는가. 미리 병을 알고 항체를 가졌다면 문제가 생겼을 때 즉시 대응할 수 있지 않겠는가. 이와 같은 그의 법문에 대해 어느 학인은 이렇게 말하였다.

"백 선생님 얘기는 단순히 재미있는 옛날이야기가 아니라 그 사람 그 사람에게 하는 수기隨機 설법이었습니다. 그때는 그냥 재미있어하며 들었는데 나중에 보니 '바로 이때를 염두에 두고 미리 얘기하신 거였구나. 내게 다 필요한 설법이었구나' 하고 알게 되었습니다."

새벽 법문이 끝나면 목장에 올라가 젖을 짜거나 주변을 정돈한 다음 8시경 아침 공양을 들고 우사와 밭에서 맡은 일을 하였다. 일하는 동안에도 수행자들은 늘 '미륵존여래불' 하며 바치는 마음과 함께였다. 오후 3시경이면 늦은 점심을 먹고 다시 우사나 밭, 산으로 흩어져 해 질 녘까지 일했다. 온종일 목장 일, 농사일, 집 관리, 부엌일로 힘들고 피곤했으나 일과를 모두 마친 저녁 8시면 숙소에 들어가 몸을 씻고 다시 《금강경》을 독송하였다. 마지막으로 미륵존여래불 정근까지 마치면 대체로 10시 넘어 잠자리에 들곤 하였다.

수행자들에게 일과는 그 자체로 수행이었다. 남성 학인들은 아침마다 소젖을 짰다. 생각보다 쉽지 않은 일이었다. 특히 무더운 여름날 소의 다리와 배에 오른쪽 어깨와 얼굴을 대고 손으로 젖을 짤 때는 온몸에 땀이 비 오듯 흘렀다. 더욱이 소가 파리를 쫓느라 오줌똥이 묻은 꼬리를 휘둘러 눈과 입을 칠 때는 욕지기가 나기도 했다. 학인들은 그때마다 올라오는 마음에 대고 '미륵존여래불' 하고 바치며, 드럼통에 물을 붓고 우유 양동이를 담갔다. 양동이를 돌리며 막대기로 그 안의 우유를 저어서 식힌 다음 스테인리스 용기에 담아두었다가, 우유 수거차가 오는 시간에 맞추어 큰길이 나오는 삼거리로 갖고 나갔다.

여성 수자들은 아침 설거지가 끝나면 우사에 올라가 바닥을 청소했다. 소똥을 대강 치우고 나면 물로 우사 바닥을 씻어냈다. 물이 부족하면 우물에서 길어오거나 우유를 식히고 남은 물을 사용했다. 네모난 큰 삽으로 긁어낸 소똥은 손수레에 퍼 담아 퇴비장에 쌓아두었다. 학인들에게 소는 바치는 공부를 연습하고 실천하게 해주는 생활 현장의 스승이었다.

목장 위쪽 산언덕 밭에는 소 사료로 쓸 옥수수를 가꾸었고, 가까운 텃밭에는 고추와 상추 같은 채소를 심었다. 취사나 난방은 연탄을 때서 해결했다. 연탄 실은 차가 와서 1킬로미터쯤 떨어진 삼거리 큰길에 사용할 연탄을 내려놓고 가면, 수행자들이 소에게 손수레를 끌게 하여 연탄을 담아 날랐다.

백성목장에 해내야 할 작업 계획이 따로 짜여 있던 건 아니었다. 이래라저래라 하는 사람도 없었다. 그렇지만 작업은 쉼 없이 이어졌고 육체노동도 고되었다. 처음 들어와 수행을 시작한 사람은 아침에 일어나면 손가락이 굳어 바로 펴지 못하기 일쑤였다. 한 손으로 다른 손을 주물러 뻣뻣해진 손가락을 충분히 푼 다음에야 일을 다시 시작할 수 있을 정도로 고

되고 벅찼다. 어미 소가 송아지를 낳기라도 하는 날에는 잠을 자지 않고 기다렸다가 송아지를 받아 씻기고 어미 소도 보살폈다. 잘못하면 둘 다 죽을 수도 있어 정성을 다해 돌보았다. 그럴 때면 새우잠을 자고도 새벽 3시에는 어김없이 일어났다.

백성욱은《금강경》을 읽으라고 했지만 내용을 구구절절 해설해주지는 않았다. 그렇지만 누군가 혹 "이 구절의 뜻은 무엇입니까?"라고 물으면 쉽고 자세하게 설명해주었다.

소사에 들어와 생활하기 시작한 지 두 달 정도 된 한 학인이 어느 날 꿈을 꾸었다. 꿈속에서 그는 눈물을 펑펑 쏟고 흐느끼면서《금강경》을 읽고 있었다. 잠에서 깨어나 '도대체 이건 뭔가?' 하는 마음이 들어 아침에 백 선생님에게 꿈을 말씀드렸다. 백성욱은 이렇게 대답하였다.

"네가《금강경》을 읽고 감동해서 눈물을 흘렸구나.《금강경》제14분에도 있지 않니? '수보리 존자가 부처님 법문을 듣고 감격해서 눈물을 흘린다[爾時 須菩堤 聞說是經 深解義趣 涕淚悲泣]'라는 말씀이…."

---

* 백성목장의 우사는 현대식 구조로 되어 있었다. 소똥이 떨어지는 위치에 도랑을 만들어서, 소들이 방목 나간 시간에 도구로 소똥을 도랑으로 주욱 밀어내면 우사 밖의 구조물로 소똥이 모이는 시스템이었다. 이를 참고하기 위해 전국의 우유협동조합에서 견학을 오기도 하였다. 당시 선진국 등에서 사용하던 좋은 방식이 있으면, 우리 생활에도 모두 알뜰하게 적용하곤 하던 백성욱의 방식이 여기에도 응용되어 있었다.

학인이 대답했다.

"그런데 저는 아직 《금강경》 뜻을 잘 몰라 눈물 흘릴 정도의 감동이란 말씀이 전혀 실감 나지 않는데요?"

백성욱이 말하였다.

"그건 지금 너라고 하는 몸뚱이가 궁리하는 생각이고, 너의 근본 마음은 이미 깨닫기 시작한 것이지!"

당시 그는 한자를 제대로 알지 못해 한글로 된 《금강경》을 독송하고 있었다. 한자 뜻도 모르거니와 문장이 내포한 의미는 더욱 알 길 없었다. 그런데 백성욱 선생님 말씀을 듣고 보니 절로 고개가 끄덕여졌다.·

그는 실생활을 예로 들어 자신의 말로 법문했기 때문에 내용이 어렵지 않았다. 흔히 사용하는 불교 용어 없이, 오늘의 말씀으로 설명하여 오히려 상대가 그 깊이를 헤아리지 못하는 경우도 있었다. 어느 수행자가 마음이 어지럽고 힘들다고 하자 백성욱은 이런 법문을 들려주었다.

"마음에 온갖 분별이 올라올 때 그 마음을 부처님께 바치지만 잘 안 될 경우, 즉 어떤 생각이 끊임없이 자꾸 올라오는 경우가 있다. 그럴 때는 그 생각에 대고 일정 시간 동안 집중적

·   이선우, 〈돌팔이 수행기〉, 《금강산 호랑이:내가 만난 백성욱 박사》, 김영사,
    2021년, 648쪽.
    백성욱, 《분별이 반가울 때가 해탈이다:백성욱 박사 법문집》, 김영사, 2021년,
    698~699쪽.

으로 '미륵존여래불'을 염송하라. '미륵존여래불'을 염송하는 것은 분별심을 부처님께 바치는 또 다른 행위이다. 예를 들어, 어떤 사람에 대해 몹시 미운 생각이 날 때 그 미운 얼굴에 대고 '미륵존여래불' 하라. 그렇게 하면 두 가지 결과가 나타난다. 하나는 분별심이 부처님께 바쳐지면서 '괜히 미워했군' 하는 마음이 드는 경우이다. 이것이 선정禪定이다. 또 하나는 분별심이 완전히 소멸되면서 바로 눈앞에 상대방과의 인연이 소상하게 나타나 그 원인을 알게 되는 경우이다. 이것이 지혜이다. 이렇게 되기 위해서는 더욱 많은 준비가 필요할 것이다.

이처럼 그 원인까지 확실히 알게 되어야 대뇌 깊숙이 침투된 분별이 녹아 선입견 없이 세상을 있는 그대로 보게 된다. 분별이 걷잡을 수 없이 쏟아져서 '바친다'는 마음조차 내기 힘들 때에는 '바친다'는 마음도 쉬고 그대로 지켜보기만 하라. 이것도 힘들 때에는 다 덮어두고 그냥 내버려두어야 한다. 하루 12시간씩만 살아라. 하루 서른 시간, 아니 30년을 살려 한다면, 몸뚱이 착著이 커져서 마음이 더욱 분주해진다."*

모두 수행을 위해 머무르며 공부하지만, 함께 지내고 일을 하다 보면 의견 충돌도 생기고 미워하는 마음이 불쑥불쑥 일어나기도 하였다. 서로 얼굴조차 마주하려 하지 않는 경우도

* 　백성욱, 앞의 책, 96~97쪽.

있었다. 이때 스승은 이렇게 말했다.

"성내는 마음을 어떻게 닦을 것이냐? 성내는 마음은 어떻게 해야 하느냐? 간단히 말해 제 마음이 편안하면 화낼 일이 없다. 제 마음은 자존심이라는 거짓으로 만들어진 허깨비 같은 것인데 진짜인 양 행세하며 누가 자기를 이상한 눈초리로 본다고 착각만 해도 성을 내는 것이다. 우리가 주위에서 보면 자존심 센 사람들과는 말 섞기를 불편해하는데 언제 자존심에 상처를 입고 싸우자고 덤빌지 모르기 때문이다.

부처님은, 우주는 연기법으로 만들어진 조합으로, '나'라는 존재는 없다고 했다. 자기가 없는데 무슨 자존심이 있겠는가? 그러나 부처님이 그런 말씀을 했다고 해도, 아무리 고심해도 '세상에서 가장 소중한 나는 여기 있다'는 관념을 떨칠 수가 없다. 그만큼 우리는 복잡한 구조로 만들어진 허깨비이다. 그 허깨비가 진짜라는 착각을 일으키게 하는 것이 자존심이다. 허깨비가 울고 웃고 화내고 별짓거리를 하는 것이다."*

다소 다른 상황에서 타인 때문에 괴롭다고 말하는 학인에게는 또 이렇게 법문하였다.

"제 마음속에 있는 분별을 제 마음이 아니라고 한다든지, 또 남의 마음이라고 한다든지, 누구 때문에 그렇게 됐다든지 이런 생각들, 또 그건 옳지 못한 생각이라든지, 그건 또 좋은 생각이겠다든지, 이런 분별을 낸다면 영원히 그 마음을 항복

• 　백성욱, 앞의 책, 192쪽.

받기 어렵다.

자기 마음속의 전부는 자기 것이지 남의 것이 있을 수가 없다. 그런데도 아무개 때문에 내가 속이 상했다고? 제 마음이 약하니까 속상하고 괴롭지 왜 아무개 때문에 상하겠는가? 그러니까 자기 마음속에는 자타自他가 전연 없는 줄 알아야 마음이 닦아지지, 자타가 있다면 마음은 닦아질 수 없을 것이다."•

백성욱은 수행자들에게 다양한 상황에서 '미륵존여래불' 하고 그 마음을 바치는 공부를 할 수 있도록 이끌었다.

"'왜 미륵존여래불을 지송하라고 하나?' 하는 생각이 올라오거든, 거기다 대고 '미륵존여래불' 하고 자꾸 바쳐라. 그러면서 스스로 깨쳐보라. '미륵존여래불'은 석가여래 부처님께서 마음을 두신 곳이다."

그는 수행자들의 마음을 읽고 그때그때 필요한 법문을 하였다.

"부처님께 생각을 바친다는 관념을 반드시 가져야만 생각이 바쳐지는 것은 아니다. 익숙하지 못한 일에 익숙하게 되는 것 또한 모르는 사이에 바친 결과라 할 수 있다. 예를 들자면, 풀을 처음 베는 사람은 누구나 낫질이 서툴다. 그러나 계속해서 낫질하는 동안 본인도 모르게 '서툴다'라는 생각을 바치는 연습을 하게 되어, 이윽고 능숙하게 낫질할 수 있게

• 　백성욱, 앞의 책, 319쪽.

된다. 처음이라 잘 모르던 일이라 해도, 누가 꼭 가르쳐주지 않더라도, 그 일에 몰두하다 보면 알아지게 된다. 이것도 바친다는 관념 없이 바치는 경우다."•

수행자 중에는 공부가 어느 정도 된 뒤에 다시 세상에 나가면 무엇을 하며 어떻게 살아갈지 걱정하는 이가 있었다. 백박사는 그에게 이렇게 말했다.

"세상에서 성공하고 싶거든 마음에 미안한 짓을 하지 말고, 부지런히 선업善業의 씨앗을 심어야 한다. 착한 사람이 약해빠졌다고 하는데 그렇지 않다. 착한 습관이 있는 사람들이 굳건하고 강하다. 인자한 사람에게는 적이 생길 연유가 없으니 무적이 아니겠는가?"••

백성욱 박사를 찾아오는 사람 중에는 신통이나 도통을 바라는 사람이 적지 않았다. 백성욱은 그들에게 이런 이야기를 하곤 하였다.

"검은콩 한 가마니에 들어 있는 흰콩 한 알을 골라내려면 어떻게 해야 할까? 대부분은 흰콩 한 알을 찾기 위해 검은콩을 마구 헤집을 것이다. 그러나 지혜로운 사람은 그렇게 하지 않는다. 눈에 보이는 검은콩을 하나하나 주워낼 뿐이다. 주워내다 보면 언젠가 자연스럽게 흰콩이 나온다는 것을 알

• 　백성욱, 앞의 책, 118쪽.

•• 　백성욱, 앞의 책, 548쪽.

기 때문이다.

수행하는 사람도 마찬가지다. 마음속의 탐심, 진심, 치심을 제대로 닦지 않으면서 도통하겠다고 욕심만 내면 아무것도 이루지 못한다. 제 속의 탐심, 진심, 치심을 하나하나 닦아나가면 저절로 밝아지고 자연스럽게 도통한다. 흰콩 한 알을 빨리 찾겠다고 검은콩을 마구 헤집는 마음은 노력도 제대로 하지 않고 단번에 성과를 보겠다는 탐심이다."*

어느 날 한 학인이 몸이 성치 않은 걸인을 보았다. 불쌍하다는 생각이 들어 주머니에 있는 돈을 주고, 소사에 돌아와 백 선생님에게 좋은 일을 했다며 으스댔다. 백성욱은 그에게 말했다.

"불쌍하다는 생각을 갖지 마라. 그럼 네가 불쌍해진다."

학인은 '이게 무슨 말씀인가? 그런 사람을 보고도 측은하게 생각하지 말라는 뜻인가' 하며 고개를 갸웃하다 이어진 말씀을 듣고 이해하게 되었다.

"불쌍하다는 그 마음이 누구 마음이냐? 네 마음 아니냐? 네 마음에 불쌍하다는 것을 징하게 되면, 그 마음의 주인인 네가 불쌍하게 되는 것이다. 그러니까 도와주는 건 도와주는

---

* 백성욱, 앞의 책, 357쪽.

것이고, 네 마음에 불쌍하다는 생각을 징하면 안 된다."*

한 사람이 사무실에서 함께 근무하는 동료를 경쟁자로 느끼고 몹시 미워하고 괴로워하던 끝에 백성욱에게 찾아와 물었다.

"선생님, 저는 같은 사무실에 있는 아무개만 보면 정말 밥맛이 떨어집니다. 그렇다고 매일 안 만날 수도 없고요."

"아무개가 미운 게 네 마음이냐, 그 사람 마음이냐?"

"그 사람이 미운 건 제 마음이죠."

"이놈아. 그러면 네 마음을 닦아야겠니, 아니면 그 사람을 고쳐야겠니?"

"제 마음을 닦아야겠습니다. 그런데 그 사람 미운 마음을 어떻게 닦습니까?"

"떠오르는 그 사람 얼굴에다 대고 '미륵존여래불' 해라. 그리고 그 사람이 부처님 시봉 잘하기를 원願 세워라."

"아니! 그 미운 자식 잘되라고 축원을 해줍니까?"

"그게 바로 네가 네 마음을 제도하는 길이니라."

그가 그렇게 실천하자 몇 달 만에 미운 마음이 사라졌다. 그 사람을 만나서 인사해도 겉으로만 형식적으로 하는 것이

---

* 이선우, 〈돌팔이 수행기〉, 《금강산 호랑이: 내가 만난 백성욱 박사》, 김영사, 2021년, 658쪽.
백성욱, 《분별이 반가울 때가 해탈이다: 백성욱 박사 법문집》, 김영사, 2021년, 694쪽.

아니라 속까지 웃으며 인사하게 되었다.*

소사에서 학인들이 무언가를 사러 가게 될 경우, 백성욱은 예상되는 가격의 두 배 정도 되는 돈을 건네주었다. 돈이 이렇게나 많이 필요하지 않을 거라고 말하면 "그래도 혹시 모르니 헛걸음하지 않도록 일단 풍족하게 갖고 나가봐라" 하였다. 학인들은 늘 넉넉하고 풍요로운 마음으로 길을 나설 수 있었고 돌아올 때도 같은 마음이었다.

물건을 사는 과정에서 지켜야 할 사항에 대해서는 이렇게 말했다. 당시는 으레 흥정이나 에누리 과정이 꼭 있던 시절이었다.

"판매자와 흥정하되, 물건값을 너무 많이 깎지 마라. 팔 때는 사는 사람도 잘 샀다는 생각이 들어야 하고, 살 때는 파는 사람도 손해를 보지 않게 해야 한다."

파는 사람과 사는 사람 모두에게 이익이 가야 한다는 의미였다. 누구도 손해 보았다는 마음이 들지 않도록 한 것이다.*

백성욱은 무언가를 새로 하거나 안 하거나 할 때는 미리 꼭 얘기를 하였다. 한번은 이런 일이 있었다. 이광옥 수자가 공양 때 밥을 퍼서 밥알 한 자리도 비지 않게 밥그릇 둘레와 딱 맞게 예쁘게 담아드리면 다 먹었는데, 어느 날 밥상을 내주

•   백성욱, 앞의 책, 106쪽.

백성목장에서 제자들과 함께(1969년).
사진 왼쪽부터 이선우, 백성욱 박사, 남창우, 김동규.

면서 말하였다.

"애야—."

• 이선우, 〈돌팔이 수행기〉, 《금강산 호랑이: 내가 만난 백성욱 박사》, 김영사,
   2021년, 660쪽.
   백성욱, 《분별이 반가울 때가 해탈이다: 백성욱 박사 법문집》, 김영사, 2021년,
   696쪽.

"네."

"내가 이제 밥을 좀 남길란다."

"네—."

그렇게 얘기하고 그다음부터는 밥을 3분의 2 정도만 먹고 남겨놓았다. 그런데 이광옥은 선생님 진지를 조금만 담기엔 죄송한 마음이 들어서, 여전히 밥을 가득 담아드렸다. 그런데 백성욱은 "이제 좀 남길란다" 한 다음부터는 밥을 남겼다. 밥 하나 남기는 것에도 백성욱은 그냥 하는 법이 없이 매사에 공경을 다하였다. 학인은 선생님 곁에서 이 점을 깊이 배울 수 있었다.•

백성욱은 양치를 끝내면 바깥에 나와 걷기도 하고 담배를 피우기도 하셨다. 처음에는 담배를 방에서 피웠지만, 얼마 후 "내가 이제 방 안에서는 담배 안 피울란다" 하고는 반드시 뒤꼍에 나와 피웠다.•• 학생 때 처음 시작한 백성욱의 담배 습관은 금강산 수도 중에 끊었다가 이후에 다시 시작되어 소사로까지 이어졌다. 그는 자신의 흡연 습관과 금연 방법에 대해 이렇게 법문하였다.

"공부하는 사람도 다소 나쁜 버릇이 있다. 이 백 박사가 담배를 아주 잘 피운다. 학생 땐 하루 70개비씩 피우곤 했다.

• 이광옥, 〈'미륵존여래불' 하느니라〉, 《금강산 호랑이:내가 만난 백성욱 박사》, 김영사, 2021, 481~482쪽

•• 이광옥, 앞의 책, 482쪽

그거를 산중에 가서 간신히 큰마음 먹고 담배 피우는 마음을 쉬어 담배를 전혀 안 피우게 되었는데, 웬걸 중 속한이가 되었나 했더니, 중 속한이는 안 되었다. 그냥 중으로 내무부장관을 했다.

그런데 보는 사람마다 내미는 게 담배였다. 그 담배 안 받기가 어려운 것이, 안 받으면 '너 미워한다'라는 것이 되고 마는 거다. 비서들이 "각하, 그것도 안 받으시면 어떡합니까?" 그러는 거다. 그때부터 '하, 그거 참! 내가 젊어서 좋아하던 건데….' 그때부터 주는 거 다 받아먹었다.

그렇게 다시 피우다 보니 인제 나이 늙어서 아주 담배쟁이가 돼버렸다. 그래서 담배를 끊으려고, '이 백성욱이가 담배 안 피워서 부처님 전에 복 많이 짓기를 발원' 해봤자 잘 안 되었다.

그러니 어떡하겠는가. '모든 중생들이 담배 좀 안 피워서 부처님 전에 복 많이 짓기를 발원' 이렇게 하니까 되었다. 그래서 요샌 안 피우게 됐지만, 안 피우는 대신에 뭐든 물고 있는 버릇이 아직도 있다. 인제 그 버릇도 차차 쉬겠지."

이렇게 말하고 덧붙였다.

"자기 자신을 아무리 좋게 하려고 해도 안 될 때는, 자기 자신만 좋게 하려 하지 말고 '모든 세상 사람들이 좋게 되길 발원' 하라. 그러면 그 마음이 일어설 것이다. 그러면 어떤 사람은 말하기를 '그건 보살이나 하는 것이 아니오?'라고 할 것이다. 보살이라서 그러는 게 아니고 슬기로워서 그래지는 것이다. 그러니까 모든 사람을 위해서 자꾸 원을 세우는 것이 곧 제 마음이 자꾸 떳떳해지는 것이다."*

소사에서 수행하는 사람들은 따로 화장품을 사용하지 않았다. 그런데도 밖에서 찾아온 사람들은 소사 사람들은 어떻게 이리도 모두 피부가 좋으냐며 신기해했다. 백성욱은 평소 "공부를 하면 얼굴이 바뀌고 피부가 저절로 좋아진다"라고 하면서 "화장품 값은 나한테 가져오라"고 말하며 웃었다. 학인들은 "1,000일을 공부하면 피부 세포가 바뀌고, 3,000일을 공부하면 뼈세포가 바뀌고, 9,000일을 공부하면 뇌세포가 바뀐다"라는 말씀의 의미를 실감하였다.**

"제 생각을 제가 가지면 재앙이고, 부처님께 드리면 복이 된다. 어떻게 드리느냐 하면, 음식을 쟁반에 받쳐다가 법당에 올리듯이 '미륵존여래불' 그 쟁반으로 자기 생각을 다 올려서 바치면 된다"라고 처음 백성욱을 찾아왔을 때 말해준 제자와 인연을 맺은 지 10여 년쯤 지났을 때, 백성욱은 그에게 다시 이렇게 말했다.

"얘, 오죽 다급해야 턱을 까불면서 '미륵존여래불'을 하겠

• 　　백성욱, 《분별이 반가울 때가 해탈이다:백성욱 박사 법문집》, 김영사, 2021
　　　년, 561~562쪽

•• 　　백성욱, 앞의 책, 674쪽.

니? 그냥 저절로 바쳐지는 법은 없다더냐? '미륵존여래불'도 그게 아예 득성어인得成於忍*이 되면, 항상 바치고 있는 사람이 되는 것이다. 급하게 '미륵존여래불'을 할 일이 있다는 것은, 궁리가 많이 있거나 어떤 사건이 생겼을 때지, 그렇지 않으면 그럴 일도 없다."**

농장 뒷산에 뱀이 자주 출몰해서 특히 여성 수자들이 크게 놀라곤 했다. 백성욱은 뱀이 예뻐 보일 때까지 공부해야 한다고 했다. 어느 날 이광옥 수자가 산을 올라가는데 뱀이 또 스윽 나왔다. 그 순간 이광옥은 "미륵존여래불! 어이쿠, 뱀이야!" 하고 소리를 질렀다. 이전까지는 "어이쿠, 뱀! 미륵존여래불" 했는데 이날 순서가 바뀐 것이다. 산에 올라간 이광옥은 다른 이들에게 그동안 공부한 덕분에 뱀이 무섭지 않게 되었고 앞으로 무엇을 보고 무슨 일을 당하든 '미륵존여래불' 할 수 있을 것 같다며 이 경험을 이야기했다. 이 이야기를 들은 백성욱은 "결국은 죽을 때 한번 '미륵존여래불' 하자고

• 《금강경》제28분 불수불탐분不受不貪分 "지일체법무아 득성어인知一切法無我 得成於忍". '세상 모든 것이 고정불변함이 없음을 알아서 분별에 빠지지 않고 바치는 것이 몸에 배어 호흡처럼 습관이 된다면'이라는 의미.

•• 백성욱,《분별이 반가울 때가 해탈이다:백성욱 박사 법문집》, 김영사, 2021년, 104~105쪽.

이 공부를 하는 거다"라며 빙그레 웃었다.*

많은 수행법이 제 마음 들여다보는 것을 바탕으로 삼고 있지만, 백성욱의 방식은 그 마음의 처리 방법에서 차이가 있다. '용심用心(마음 씀)'이 다른 것이다. 자기 마음을 관찰하여 알아차리고 거기 머무르지 않는 길을 제시한다는 점에서는 유사하다고 할 수 있으나, 백성욱은 그 마음을 부처님께 바치고 회향하는 것으로써 해탈에 이르도록 한다. 부처님을 향한 공경심과 부처님을 시봉하는 마음에 바탕하는 수행법인 것이다. 김강유는 스승이 밝혀준 공부하는 법을 정리하면서 이렇게 썼다.

"자신의 힘만으로 이루려 할 때는 힘이 드는 것은 물론이요, 모함받고 시기당하며 도둑이 탐하는 바와 같이 되어 이루기 어렵다. 그러므로 지혜로운 사람은 모든 것을 제가 하겠다고 욕심을 앞세우기보다 밝은 이를 먼저 생각하고 정성스럽게 섬긴다. 마찬가지로 자신이 잘 닦고 깨쳐서 부처를 이루겠다고 하기보다는, 언제라도 부처님을 향하고 오로지 부처님을 시봉함으로써 자연히 부처님처럼 밝고 편안하고 자유로워질 수 있는 것이다."**

• 이광옥, 〈'미륵존여래불' 하느니라〉, 《금강산 호랑이: 내가 만난 백성욱 박사》, 김영사, 2021년, 498쪽.

•• 김강유 편, 〈공부하는 법〉, 《독송용 금강반야바라밀경》, 김영사, 2019년, 별지 참고 인용.

백성욱은 1971년 5월, 70대 중반의 노구였지만 젊은 제자를 병문안하였다. 정종이었다. 두 차례나 눈 수술을 받고 투병하던 중에 아내마저 잃은 오랜 제자의 고독한 병상을 찾은 것이다. 예고도 없이 찾아온 스승에 감사하고 감격한 그날의 일지를 정종은 구술로 남겼다.

"(백) 선생은 오늘도 환자에게 극동아시아의 정세로부터 불교의 보리[菩提]에 이르기까지 종횡무진으로 설파하여 그 옛날 지장암에서와 다름없이 혈기가 방장하셨다. '불법의 깨달음을 통하여 인생고를 극복해야 하지 않겠느냐?'는 임상설법이다. 금강경을 외우고 또 외우라고 당부하시며, '이렇게 만나 보니, 걱정이 덜어진다'는 말씀을 남기고 떠나셨다."•

선지식 백성욱의 가르침을 따라 소사 도량의 시간도 흘렀다. 백성욱 박사도 나이가 들면서 점차 수행 지도를 지속하기 어려워졌다. 백성욱은 제자들의 권유에 따라 쉽게 병원에 갈 수 있는 서울의 아파트로 이사했다. 백 박사가 농장을 떠나자 수행자들도 각자 형편에 따라 하나둘 백성목장을 떠나 세상 속으로 들어갔다. 정기적으로 찾아와 법문을 듣고 공부를 점검받곤 하던 한 학인은 소사 도량을 이렇게 회고하였다.

"선생님이 계시던 당시에 이곳 소사 도량은 그 평화로움과 밝은 기운이 동구 밖 동리 입구에 들어설 때부터 느껴졌다.

• 　정종,《내가 사랑한 나의 삶 80(상)》, 동남풍, 1999년, 86쪽.

특히 법당 주위에 아까시나무 꽃과 복숭아꽃 향내가 은은한 봄이면 선생님께서도 종종 흰옷에 밀짚모자 쓰시고 마당에 나오시어 풀을 고르고 계시는 때가 있었는데, 그러한 순간 선생님의 모습은 우리에게 말로 표현할 수 없는 깊은 감동을 주었다."•

• 정천구, 〈백성욱 선생님과 그 가르침〉,《금강산 호랑이:내가 만난 백성욱 박사》, 김영사, 2021년, 597~598쪽.

다 바쳐라
22

백성욱 박사를 찾아뵙고 공부하던 사람 중에는 장욱진 화백의 부인 진진묘도 있었다. 진진묘는 삼선교 장선재 보살을 따라 처음 백성목장에 다녀간 뒤로 꾸준히 백 박사를 찾아와 법문을 들었다. 고집불통이라고 소문난 남편 장욱진 화백도 순순히 따라나서 버스를 몇 번씩 갈아타며 백 박사를 만나 법문을 듣곤 하였다.

백성욱이 서울의 아파트로 이사한 지 얼마 되지 않았을 때였다. 진진묘는 혜화동 자택으로 백성욱 박사를 모셔서 대접하는 자리를 마련했다. 여기에는 삼선교 장선재 보살과 소사에 방문하던 다른 학인들도 함께했다. 다 같이 법문을 듣고 난 뒤 장욱진 화백이 절을 꾸벅하고 일어나려 하자 백 박사가 "장 교수!" 하고 장 화백을 불러 다시 방석에 앉혔다. 그러고는 진진묘를 바라보더니 이렇게 말했다.

"저이가 3,000년 전부터 법당 하는 게 소원이었는데, 지금

내 회상에서 안 열면 또 3,000년이 미뤄지겠지!"

백성욱의 말에 장욱진 화백은 "저희가 법당을 열겠습니다"라고 얼떨결에 대답했다. '법당'이라는 말이 나오자 어떤 신부가 파리에서 혼자서 성당을 하나 꾸몄다는 이야기를 본 것이 떠올라 얼른 그리하겠다고 답한 것이었다. 생활을 아내 진진묘에게 모두 맡기고 그림만 그리는 자신도 그 파리의 신부처럼 할 수 있을 거라고 생각했다. 장 화백의 대답에 노구의 백 박사도 "아, 그래!" 하면서 손뼉을 치며 응원해줬고, 함께 있던 학인들도 박수하며 좋아했다.*

이후 진진묘는 더욱 열심히 정진하면서 백 박사를 자주 찾아뵈었다. 하지만 수중에 법당을 마련할 돈이 없었다. 그러던 어느 날 현대화랑 관계자 한 명이 집으로 찾아왔다. 당시 학생 신분이던 도예가 윤광조尹光照(1946~)의 작품이 훌륭하다고 소문났을 때였다. 국립중앙박물관에 근무하던 최순우崔淳雨 (1916~1984) 미술과장(훗날 중앙박물관장)이 현대화랑에 들렀다가 지나가는 말로 "윤광조 도자기에다 장욱진 선생 그림만 그려 넣으면 그거는 보물이 될 텐데"라고 했다. 최순우와 장욱진은 광복 전에 함께 박물관에 근무하면서 답사를 다니기도 하고 장욱진이 박물관을 그만둔 뒤에도 자주 만나던 술친구였다. 그 말을 듣고 현대화랑에서는 구미가 당겼지만, 작

---

*   진진묘, 〈세상에서 더없이 복 많은 사람〉, 《금강산 호랑이: 내가 만난 백성욱 박사》, 김영사, 2021년, 539쪽.

품을 팔지 않는다고 고집을 부리는 장욱진 화백이 문제였다. 그래서 고집을 어떻게 꺾을까 하고 혜화동 집에 찾아온 것이 었다.

며칠 뒤 현대화랑에서는 윤광조가 가마를 냈다니 구경이나 한번 가자며 장 화백 부부를 데리고 나갔다. 가마에 가보니 최순우의 말대로 작품이 좋았다. 자신의 도자기에 장욱진 화백이 그림을 그리게 될 수도 있다 하니 학생이던 윤광조로서는 영광이었다. 그는 초벌구이 한 도자기 두 점을 탁자 위에 올렸다. 그러자 현대화랑 사람이 장 화백에게 권했다.

"선생님, 거기다 그림 한번 그려보실래요? 재밌을 것 같아요."

"그래? 그럼 그러지 뭐."

장 화백도 흥미를 느꼈는지 빠르게 두 점을 그렸다. 그러자 현대화랑 사람은 도자기를 얼른 치우고 나서 윤광조에게 또 하나를 가져오라고 눈짓했다. 장 화백은 계속 술을 마시며 그림을 그렸다.

일주일 뒤 현대화랑에서는 또다시 술과 음식을 준비했고, 장 화백은 재미있다며 도자기에 그림을 그렸다. 이렇게 한 달 넘게 작업하자 그림을 그려 넣은 도자기가 50점이 넘었다. 그림도 좋고 도자기도 좋았다. 도자기를 본 장 화백은 "내가 이렇게 많이 그렸나" 했고, 현대화랑에서는 팔아서 법당을 만드는 게 어떻겠느냐고 조심스레 물었다.

그러나 장 화백은 팔면 안 된다면서 법당에 시주하라고 했다. 형식은 파는 거지만, 현대화랑에서 시주기施主記를 만들어 시주하는 것으로 하였다. 절대로 파는 게 아니라고 강조했다. 그리하여 현대화랑에서 법당 건립 불사를 위한 비공개 도화전이 열렸고, 시줏돈이 500만 원이 되자 진진묘는 그동안 모은 500만 원을 합해 1,000만 원을 만들었다. 시내 조그만 집 전세 얻기도 빠듯한 액수였지만 진진묘는 백 박사에게 그동안의 과정을 말씀드렸다.

이때부터 진진묘와 이광옥은 법당을 열 만한 집을 찾아 성북동, 명륜동, 혜화동 일대를 돌아다니다 진진묘가 사는 바로 옆집이 매물로 나온 것을 발견했다. 법당으로 아주 맞춤한 집이라는 생각이 들었다. 문제는 집값이 3,000만 원이라 2,000만 원이 부족했다. 진진묘는 소사로 백 박사 법문을 들으러 다니던 일행 중 여유가 있는 어느 학인에게 사정을 이야기했다. 그가 자기도 같이하겠다고 하여 명륜동에 법당을 마련하게 되었다.

백 박사는 군대에서 전역하고 출판사를 운영하고 있던 김강유와 이광옥을 법사로 세워 이 법당을 꾸려나가게 했다. 백성욱 박사는 제자들이 마음을 바쳐 마련한 이곳에 가끔씩 와서 법문하였다.

1970년 1월 초, 장욱진은 아내가 새벽에 《금강경》을 독송하는 모습을 보고 난 뒤 경기도 덕소로 내려가 보름 동안 식음을 전폐한 채 잠도 미루고 아내의 모습을 그렸다. 신라 금동불에서 모티브를 얻어 완성한 이 작품은 늘 《금강경》을 곁에

장욱진 작품, 진진묘(캔버스에 유채, 33×24㎝, 1970) ⓒ(재)장욱진미술문화재단.

두고 마음을 닦으며 가계를 꾸려가는 아내에 대한 마음이었다. '진진묘'는 부처의 참된 이치를 재현해가는 사람이란 뜻이다. 그는 이 작품을 완성한 뒤 석 달 동안 앓아누웠다. 그가 온 마음을 던져 그린 〈진진묘〉는 장 화백의 대표작 가운데 한 점으로 꼽힌다.

장욱진 화백은 백 박사의 권유로 팔상도八相圖를 그렸다. 팔

장욱진 작품, 팔상도(캔버스에 유채, 35x24.5cm, 1976) ⓒ(재)장욱진미술문화재단.

상도는 말 그대로 여덟 가지 그림으로 보는 부처의 일생이다. 태몽-도솔래의상兜率來儀相, 탄생-비람강생상毘藍降生相, 고민-사문유관상四門遊觀相, 출가-유성출가상踰城出家相, 수행-설산수도상雪山修道相, 깨달음-수하항마상樹下降魔相, 설법-녹원전법상鹿苑轉法相, 열반-쌍림열반상雙林涅槃相 등 여덟 가지 장면으로 이루어져 있다. 글자를 몰라도 그림으로 부처의 일생을 볼 수 있는 그림 경전이다. 팔상도는 사찰에서 팔상전이나 영산전으로 불리는 전각에 모셔지는 대형 불화인데, 장욱진 화백은 A4 용지만 한 크기에 석가모니 부처님의 탄생과 생로병사에 대한 고민, 출가, 깨달음에 이르기까지의 고통과 유혹, 득도, 설법 등 팔상도의 모든 내용을 현대적으로 담아냈다. 불법에 대한 이해와 불심이 깊었기에 가능한 작업이었다.

혜화동 법당은 상주 인원이 서너 명이고, 정기적으로 모이는 사람이 20~30명 정도였다. 스승의 자리에 방석 하나를 올려놓은, 거창하지도 화려하지도 않은 규모였지만 모두 신심을 내어 공부했다. 법당에서 '법사' 소임을 하면서 김강유와 이광옥은 함께 백 박사의《금강경》법문을 녹취해 책으로 출판할 준비도 하였다. 그렇지만 집을 구입할 때 부족했던 2,000만 원 때문에 이 법당은 2년을 넘기지 못했다. 진진묘는 수안보로 내려가게 되었고, 김강유와 이광옥은 종로구 가회동에 새 법당을 마련했다.

이후 백 박사는 건강이 좋지 않아 바깥출입을 하지 못했다. 지근거리에서 보필하던 최의식이, 가족의 간호를 받으며 지내는 백 박사를 찾아와 곁을 지키곤 하였다. '선생님께서 연만年晩하시니, 우리 곁을 떠나면 우리는 이제 어떻게 하나' 하는 불안감을 갖고 있던 학인이 찾아왔을 때는, "언제라도 내

앉을 자리를 만들어 거기 방석 하나 놓고, 너희들이 그 앞에 앉아 있으면 되지"라고 하였다.

혜화동 서울대학교병원에 입원했을 때는 혜화동 법당에서 공부하던 몇 사람이 병원에 드나들며 간호하였다. 병상에 있던 백성욱 박사에게 "선생님, 저 왔습니다" 하고 인사드리면, "그래, 네가 왔니. 얘, 나도 지금 왔다"라며 인사를 나누었다. 육신에 매여 있지 않은 듯, 누워 있는 자리에 몸을 두고 마음대로 왔다 갔다 하는 듯했다. 백성욱은 낮에는 편찮은 몸으로 있다가, 밤이 되면 다른 몸이 되어 이야기를 들려주곤 하였다. 백성욱은 자신의 몸을 가리키면서 "본래 생사가 없는데, 이거를 놓고 가면 임자가 많다. 단일생을 살지 말고 영생을 살도록 해야 한다. 몸은 자동차와 같아서 헐면 새 자동차로 바꾸면 된다. 그런데 돈이 많으면 즉시 차를 바꿀 수 있지만, 돈이 없으면 계속 헌 차를 끌고 살아야 하지 않겠니. 그래서 마음을 넉넉히 닦는다고들 하는 거다"라고 하였다.

백성욱 박사는 1981년 음력 8월 19일[**] 입적에 들었다. 가고 옴에 경계가 없음을 말하는 듯 출생한 바로 그날이었다. 세수 84세였다.

• 　이광옥, 〈'미륵존여래불' 하느니라〉, 《금강산 호랑이:내가 만난 백성욱 박사, 김영사, 2021년, 518쪽.

•• 　양력 9월 16일(수요일).

백성욱 박사의 열반 소식이 전해지자 기자 몇 명이 취재차 빈소에 왔다. 한 기자가 물었다.

"백 박사님은 어떤 분이셨습니까?"

김강유는 조금도 망설임 없이 대답했다.

"그분은 살아 계신 부처님이셨습니다."

여래여거如來如去. 백성욱의 온 곳도 머문 자리도, 떠난 자리도 여여如如할 뿐이었다.

1897년 정유년 8월, 바람 부는 세상의 한복판 해동의 연화 방에서 태어났지만 홀로 그 한마음을 닦아가야 할 불제자의 화현이었기에 천애 고아가 되었고, 열세 살 동진童眞의 나이에 불문에 들었으니 이 또한 그의 발원대로였다. 나라 잃은 청년이자 불제자로서 독립운동을 하였으나 이는 그를 조국 한반도에 머무를 수 없는 길로 이끌었고, 결국 대양을 건너 시야와 공부의 범주를 넓히는 세계로 도약하게 하였다. 이미 수많은 생을 닦아 참된 지혜를 갈무리한 밝은 이였으므로 온 갖 시련에도 굴하지 않고 27세에 팔만사천 불문의 진수를 꿰 뚫어 불교철학으로 박사학위를 받았다. 세속에 칭찬이 자자했 으나 그것은 수행자의 가지를 웃자라게 할 뿐이었다. 그는 모 든 것을 버리고 금강산에 들어가 단신 수도하기로 마음먹었다. 유럽에서 돌아와 금강산에 들어간 것이 32세 가을, 그는 좀더 부처님 속에서 살고 싶었다. 부처님을 멀리하고는 허전해서 일할 수 없었다.《화엄경》을 부처님 가르침의 정수라고 믿고 그 가르침대로 실천하고자 '대방광불화엄경'을 염송하며 기도하였다. 그렇게 막힘없는 대자유의 길을 얻고서 10년 만에 돌아와 기울어진 나라의 기둥을 다시 세우고, 동국대 가람의 용마루가 되었으며, 3,500년 전 부처님 회중의 모습을 재현한 듯한 수행처를 만들어 가르침을 회향하였으니 그의 생애는 대방광불화엄성중의 시현이었다. 만선의 중생을 싣고 고해를 건너게 하는 미륵존여래불, 금강반야바라밀의 뗏목이었다.

백성욱은 자신의 수행에 대해 이렇게 말하였다.

> 돌이켜보면, 금강산에서 수도하던 시절보다 더 뜻있고 보람 찼던 때는 없었다. 그중에서도 안양암 단신 수도생활은 더욱 그렇다. 그때 나의 심신은 불타오르고 있었다. 모든 것을 부처님 앞에 바치고 있었다.
>
> 지금도 나는 부처님 곁을 떠나는 날이 없다. 마음속에, 그리고 생활 속에는 항상 부처님이 계시다. 이러한 신앙심은 부처님과 인연을 맺은 날부터 지금에 이르도록 변함없다. 나의 모든 고행은 명예와 이익을 얻고자 함이 아니고, 모든 것을 부처님께 바치려는 수행과 구도행각이었다.
>
> 모든 것을 부처님께 바칠 줄 알아야 한다. '나'라는 아만심, '내 것'이라는 집착을 훌훌 털어내서 부처님 앞에 바쳐보라.'

• 백성욱, 《분별이 반가울 때가 해탈이다: 백성욱 박사 법문집》, 김영사, 2021년, 647~648쪽.

백성욱이 세상 인연을 다하고 떠나자 사람들은 경기도 양주
군 대승사大乘寺에 사리탑과 비를 건립하였다. 그런데 그 어
떤 흔적도 무상한 것임을 보여주려는 그의 또 다른 법문이었
는지, 어느 해 호우豪雨에 모두 휩쓸려 떠내려갔다. 제자들은
사리탑과 비를 대승사 계곡에서 찾아내 그가 생전에 법문을
들려주던 소사 법당 옆 나지막한 언덕 위로 옮겼다.

제자들은 스승과의 시간 경계를 허물 듯 '금강경독송회'와

백성욱 박사 탑비와 사리탑. 부천시 소사구 소사1동 위치.

'청우불교원 금강경독송회' '바른법연구원' '백성욱 박사 교육문화재단' '백성욱연구원' '여시관如是觀' 등의 수행단체를 만들어 아침저녁 석가여래 앞에서 설법을 듣는 마음으로《금강경》을 독송하고, 순간순간 올라오는 생각에 대고 '미륵존여래불'을 염송하며 끝내는 바친다는 그 생각까지 바치라던 백성욱의 가르침을 이어가고 있다. 백성욱의 바치는 공부와《금강경》독송 수행의 물결은 오늘도 숨결처럼 바람처럼 세상 곳곳에 함께 흐르고 있다.

다 바쳐라

부처님께서 팔만사천이나 되는 많은 법문을
하셨다지만 그것은 다 부처님의 말씀이 아니다.
다만 중생의 무량한 번뇌일 뿐이다.
부처님께서 무슨
하실 말씀이 있었겠는가.
오직 한마디
'나는 밝은 빛이다'라는 정도가 있었을까?

내가 그대들에게 한 이런저런 말 역시
내 소리가 아닌 그때그때
그대들의 업장을 닦고 밝아지는 데 필요했던

그대들의 소리였다.
다른 사람을 대했다면
그이의 업장에 따라
나는 또 달리 이야기했을 것이다.

그러므로 내 말을 갖지 말고
다 바쳐라.*

---

* 백성욱,《분별이 반가울 때가 해탈이다:백성욱 박사 법문집》, 김영사, 2021년, 809쪽.

백성욱 박사.

"남을 대할 때는 주는 마음으로 / 미안未安은 마음에 두지 말고 후회後悔할 일은 적게 하고 /
남들은 성인聖人으로 여기도록 / 마음을 다듬으라", 백성욱 박사가 쓴 글.

백성욱 박사(1968년, 71세).

백성목장白性牧場 현판과 소사법당 응작여시관應作如是觀 문패.
백성목장 앞의 백성욱 박사(1968년).

소사법당 대문 앞의 백성욱 박사(1968년).

소사법당 모습.

법당 아래쪽에 남아 있는 샘물 터.

東大時報

發行人 白性郁
編輯兼人 崔鳳守
印刷人

發行所
서울特別市中區筆洞3
街26 東國大學校內
東大時報社
電話②1685 1687 6901

（週刊）

月定購讀料 貳百圓
一部定價 每年拾圓

東國育英事業에 獻身한

慧亭孫先生長逝

遺骸는自宅에奉安

本大學校獎學財團出資者인 慧亭孫昔哉先生은 七十八歲를 一期로 지난 六月二十五日長逝하였다 六月二十七日葬禮式을擧行하는同時 本大學校에서는 白總長을비롯 二百餘教職員및 三千餘在學生一同은 哀悼의 뜻을表하여 慧亭先生의 冥福을 빌었다

못하여 慧亭先生의 冥福을 빌었다 同慧亭先生은 育英事業에 獻身하였으니 萬事에通達한신분이다

追悼詩
哭 慧亭先生
趙明基

빈손으로
오고가고
때로마다
오고가고
곳곳마다
사람인가
오는것이요
가는것이요
어디갔다
오는건가
어제왔다
가는곳은
미욱하면
하늘밑이나
땅밑이라
불밑이나
하늘밑이면
멍이뿐이
잘못된적

故慧亭孫昔哉先生의 略傳

경기도 양주군 대승사에 모신 직후의 백성욱 박사 사리탑과 탑비(1981년).

"바라는 마음食心(탐심)은 고苦의 근본이요, 그것이 아니 되면 남을 원망嗔(진)하나니, 성내는 마음은 자기의 생명을 약하게 내지 말살하는가 하면, 바라는 마음이 되면 자기가 잘났다는 마음痴(치)을 내서 자기의 지혜를 말살하는 것입니다. 이 세 가지를 시시時時로 연습함으로(써) 미迷하고, 이것을 닦음으로(써) 밝(아지)는 것입니다. 육신을 가진 자를 좋아한다는 것은 애갈愛渴을 연습하는 것이니, 번수番數가 많을수록 갈망이 되고 업화業火가 일어나서 음화陰火가 육신을 살라버리는 것입니다. 그러니까 닦을 바는 진심嗔心이요, 일어나는 마음을 닦으면 탐심貪心을 깨치는 것입니다. 그러기에 아침마다 《금강경》을 읽고, "미륵존여래불"로, 일어나는 마음을 바꾸어서 참회기도를 하는 것입니다.", 백성욱 박사가 쓴 글.

백성욱 박사 연보

1897년(광무 원년)

음력 8월 19일 정유丁酉년, 종로구 연건동에서 수원 백씨水原
白氏 윤기潤基**의 장남으로 출생.***

1903년(6세)****

*3월, 원남동에 설립된 신식사립학교인 호동학교壺洞學校
입학.

- 정유丁酉년 음력 1897년 8월 19일=양력 1897년 9월 15일(수요일). 이하 음
  력이라 명기하지 않은 경우는 모두 양력 날짜임.

- 제적부에는 부친 성명을 백완철白完哲로 등록. 모친 회덕 송씨懷德 宋氏, 누
  이동생 봉희鳳姬.

- 제적부에는 1896년(개국 505년) 출생, 본적 가회동 37-1번지로 등록.

- 연도 뒤 괄호 속 나이는 모두 '만 나이'임.

1906년(9세)

* 만 3세(1900)에 아버지를 여읜 데 이어, 어머니 별세.
* 정릉 봉국사奉國寺에서 행자 생활 시작.

1910년(13세)

* 봉국사 최하옹崔荷翁(미상~1941) 스님을 은사로 출가. 권상로權相老(1879~1965) 스님이 강석講席을 열고 있던 문경 김룡사金龍寺를 비롯, 전국 큰 사찰의 불교전문강원佛教專門講院에서 8년에 걸쳐 사집과四集科·사교과四教科·대교과大教科를 이수하면서《화엄경》《원각경》《금강경》등 경전 공부.

1917년(20세)

* 서울로 올라와 동국대의 전신인 숭인동 불교중앙학림佛教中央學林 입학. 한용운 스님과 진관사 백초월 스님 등이 강사로 재직.

1919년(22세)

* 3월 1일, 한용운 스님의 명을 받아 불교중앙학림에 재학 중이던 신상완申尙玩(1891~1951) 스님, 통도사 박민오 스님, 김법린 등과 중앙학림 학생들을 인솔하여 탑골공원에서 기미독립선언서 배포. 이후 중앙학림 학생들과 남대문과 대한문에서 시위 주도.
* 3월 5일, 남대문과 서울역에서 독립선언서 배포. 대대적인

검문과 체포가 시작되자 정릉 봉국사로 피신.

*3월 15일경, 불광동 진관사 주석인 백초월白初月(1878~1944) 스님이 있던 마포 진관사 포교당이자 해외 독립운동가들과의 연결거점인 극락암으로 피신.

*3월 말, 초월 스님이 신상완, 백성욱, 김법린, 김대용에게 상하이[上海] 임시정부를 찾아가면 할 일이 있을 거라며 밀항 주선.

*5월 10일, 백성욱과 일행은 랴오닝성[遼寧省] 남부에 있는 잉커우[營口]항을 거쳐 상하이에 도착, 임시정부를 찾아감.

5월 말, 임시정부에서 활동하면서 신상완, 김법린과 함께 국내 불교계와 연계작업을 추진하기 위해 다시 국내로 잠입. 백성욱은 엿장수로, 신상완은 탁발승, 김법린은 노동자로 변장하여 서울에 와서 초월 스님 만남. 백성욱과 신상완은 초월 스님과 연계, 국내와 임시정부를 8~9회 오가며 독립운동자금 운반. 김법린은 임시정부에서 준비하던 사료편찬을 위해 국내 언론자료들을 운반하는 역할 수행.

*11월 15일, 임시정부 기관지인 《독립신문》**에 대표 스님 12명의 이름(모두 가명)으로 '대한승려연합회 선언서' 발표.

- "1919년 5월과 6월에 조직된 상해 임시정부 조직과 국내 불교단체 조직의 통신 심부름을 위해 8차례나 오갔다."(《동문을 찾아서:은거의 백성욱 박사》,《동국》 6호, 동국대학교, 1970년, 96쪽. 고영섭, 〈무호 백준(성욱)의 학문과 사상〉,《한국불교사연구》제14호, 한국불교사학회, 2018. 12. 31, 40쪽 재인용)

•• 상해임시정부에서 발행해 1919년부터 1926년에 걸쳐 총 198호가 발간됨.

이 선언서는 불교계의 독립선언서로, 임시정부와 한국불교계의 연계를 의미했고 백초월, 신상완, 백성욱, 김법린이 중간 역할을 담당.

1920년(23세)

* 봄, 국내에 잠입했던 신상완 체포를 계기로 국내 잠입 활동이 어려워지자, 임시정부에서 이광수·주요한·이영렬·조동호·옥관빈·박현환 등과 함께 《독립신문》 제작에 기자로 참여.*
* 늦여름, 충정공 민영환의 첫째 아들 범식과 둘째 아들 장식이 임시정부 도착. 백성욱은 임시정부의 추천서를 가지고 유법검학회留法儉學會를 담당하는 장시성[江西省] 교육부와 상하이 프랑스 조계에 있던 화법교육회華法教育會를 오가며 프랑스 유학을 위한 비자와 배편을 알아봄.

1921년(24세)

* 1월 15일, 민범식·장식 형제와 함께 프랑스 우편선인 앙드레 르봉André Lebon호 승선.
* 2월 25일, 프랑스 마르세유 항구 도착. 임시정부 파리위원

---

* "당시 《독립신문》의 사장 겸 주필은 이광수, 편집국장 주요한, 사원(기자)으로는 조동호, 옥관빈, 백성욱 등 9명이 근무하였다."(국사편찬회, 《국외 항일운동 자료, 일본 외무성 기록》, 《不逞團關係雜件−조선인의 部−上海假政府 2: 上海假政府의 신문 발간계획에 관한 건》, 1920년. 이현희, 《조동호 항일투쟁사》, 청아출판사, 1992년, 177쪽. 김광식, 〈백성욱의 삶과 한용운〉, 《만해학보》 제18호, 만해학회, 2018년, 25쪽 재인용)

부의 서기장 황기환(미상~1923) 만남.
* 1년 동안 프랑스 북부 보베Beauvais시에 있는 고등학교에서
민범식·장식 형제와 함께 프랑스어와 독일어, 라틴어 공부.

1922년(25세)

* 보베에서 1년 어학 과정을 마친 후 민범식과 함께 기차를 타
고 독일 남중부 바이에른주 뷔르츠부르크Würzburg 도착. 3·1
운동 후 압록강을 넘어 1921년부터 뷔르츠부르크 대학 의
대에서 공부 중이던 이미륵李彌勒(1899~1950)과 만남. 이미
륵의 도움으로 뷔르츠부르크 인근 뮌스터슈바르자흐Mün-
sterschwarzach 수도원에서 함께 생활하다가 철학과 한스 마이
어Hans Meyer(1884~1966) 교수를 소개받아서 어학시험 통과
를 조건으로 대학원 철학과 입학을 허락받음.
* 9월, 독일어 시험에 통과하여 뷔르츠부르크 대학교 대학원
철학과 입학.

1923년(26세)

* 여름, 민장식이 프랑스로 돌아가면서 경제 지원이 끊어짐.
여름방학 때 독일 서부 자를란트Saarland주로 가서 탄광 일
을 하여 생계 유지.
* 가을, 마이어 교수의 연구실에서 지내며 공부해도 좋다고
허락받고 이때부터 마이어 교수를 지도교수로 〈불교순전철
학〉 박사논문 작성에 매진.

1924년(27세)

* 2월, 마이어 교수의 도움으로 뷔르츠부르크 대학교 대학원 철학과 졸업.
* 5월 2일, '역사적 개념과 불교순전철학', '관념', '논리'로 구성된 〈불교순전철학佛教純全哲學, Buddhistishe Metaphysik〉 논문의 초고 완성.
* 9월, 마이어 교수가 〈불교순전철학〉을 박사학위 논문으로 인준(당시 독일에서는 지도교수의 인준이 박사학위 통과를 의미).
* 10월 7일, 《동아일보》가 독일 철학박사 학위 취득 보도.

1925년(28세)

* 1월 4일, 《동아일보》 3면에 박사논문 초록 소개.
* 《불교》지 1월호부터 8월호에 박사논문 연재(제7호~제14호).
* 프랑크푸르트, 베를린을 비롯해 독일의 여러 도시를 다니며 유럽 문화를 살펴본 뒤, 시베리아 횡단 열차를 타고 9월 9일 귀국.*
* 9월 14일, 조선불교 중앙교무원 백성욱 귀국 환영회. 귀국 후 돈암동 집에서 양계를 하는 한편, 무호산방無號山房 · 백준白峻 · 무호無號 등의 필명으로 《불교》지 등에 기고하면서 틈틈이 강의 활동.**

---

* 《동아일보》 1925년 9월 11일 자 기사.

1926년(29세)

* 1월~2월,《동아일보》에 '대입소大入小의 일리一理: 일모단一
毛端에 현보왕찰顯寶王刹'을 15회에 걸쳐 연재하고, 〈조선농
민〉에 '우리의 건설에 나아가서'를 2회에 걸쳐 연재.
* 2월,《조선일보》에 '석가모니와 그의 후계자'를 9회에 걸쳐
연재.
* 5월~6월,《동광》에 '나란 무엇일까' 연재.
* 1925년에 이어 매월《불교》지에 다양한 글을 실음. '평수잡
조萍水雜俎'라는 고정 코너를 통해 짧은 시나 에세이를 연재
하는 한편, '나의 신앙과 느낌', '현대적 불교를 건설하려면',
'곤륜산 절정에는 무엇이 있나' 등을 기고.

1927년(30세)

* 2월, 봉은사에 들렀다가 함경남도 석왕사釋王寺 선원으로 가
서 수행.
* 4월, 금강산 장안사長安寺를 거쳐 여름까지 보덕굴普德窟에
서 수행. 이후 장안사 선원에서 사분정진四分精進하고 강원
도 건봉사와 신계사에 들렀다가 9월에 장안사로 돌아와 겨울
수행.

•• 〈동문을 찾아서:은거의 백성욱 박사〉,《동국》 6호, 동국대학교, 1970년,
98쪽. 김광식, 〈백성욱의 금강산 수행 공동체 역사와 성격〉,《민족사상》 제
15권 제1호, 2021년, 103쪽 재인용.

1928년(31세)

*4월, 불교전수학교(舊 불교중앙학림) 개교와 함께 철학과 강사로 피임.

*5월,《불교》잡지사에 논설위원으로 입사. 6월에 김일엽金—葉(1896~1971) 또한 기자로 입사하여 가깝게 지냄. 이 무렵 종로기독교청년회관, 각황사, 천도교기념관 등에서 단독 또는 김법린 등과 함께 학술강연회 개최.

*9월, 불교전수학교 강사 사직.

*10월, 각황사에서 '나란 무엇인가'라는 주제로 대중강연.

*11월, '조선불교 선교양종 승려대회'의 11인 발기위원으로 참여하여 교섭위원으로 선출되고, 단상에 올라 승려대회 개최 취지문 낭독.

1929년(32세)

*1월 3일~5일, 각황사에서 열린 '조선불교 선교양종 승려대회'에 종헌제정위원 11인 중 주역으로 활약하며 종헌 종법 개정.

*1월 9일, 일제의 조선사찰령朝鮮寺刹令에 의해, '조선불교 선교양종 승려대회' 결과를 당국에 보고하기 위해 강대련, 백성욱, 도진호 세 명이 승려 대표로 총독부 방문.'

*2월 초, 경상남도 진주, 마산, 통영, 창원에서 시인 황석우와 함

---

* 《동아일보》1929년 1월 11일 자 기사.

께 '현대 사조의 방향' 등을 주제로 남방 순회강연. 부산 범어사를 거쳐 통도사에서 조선불교의 유래와 1월 승려대회의 사명을 설명하고, 울산, 양산을 거쳐 대구 동화사에서 강연 후 상경.

* 가을, 금강산 입산하여 장안사 보덕암普德庵에서 수행 시작.
* 수행 중 혜정 손석재慧亭 孫昔哉 선생이 찾아와 만남을 요청하였으나 거절. 지네에 물린 상처를 치료하기 위해 장안사로 내려왔다가 대웅보전에서 손혜정 선생과 처음 만나 법거량.
* 손혜정 선생의 권유로 오대산 상원사上院寺 적멸보궁寂滅寶宮으로 함께 가서 100일 기도 정진. 상원사 방한암方漢岩 (1876~1951) 스님이 법기法器임을 알아보고 친히 끼니를 나르며 수행 격려.

1930년(33세)

* 봄, 서울 가회동에서 머물다가 《불교》지에 기고 후* 금강산으로 돌아와 장안사 안양암安養庵에서 1일 1식 하며 '대방광불화엄경' 염송 수행 시작.

• 《불교》제72호, 1930. 6. '오만보살찬앙회가 발기함을 듣고(4월 29일 가회동에서)'.

1931년(34세)~1938년(41세)

* 1931년 5월, 중앙불교전문학교 학생들이 동맹휴학하면서 백성욱을 교장으로 추대하였으나 불응.*

* 안양암 3년 정진 중 얻은 바가 있어, 손혜정 선생과 함께 근대 최초의 수행공동체 운동을 전개하며 회중수도會衆修道.

* 안양암에 찾아오는 학인 대중이 늘어나자 안양암을 손혜정 선생에게 내주어 여성 전용 선원으로 개설. 수도 장소를 장안사 지장암地藏庵으로 옮기고 '선불장選佛場'이라는 간판을 직접 써서 내걸고 정신과 육체의 균형 잡힌 수행을 강조.

* 일제 식민지에서 벗어나 조국이 독립하기를 기도하며 '대방광불화엄경' 염송하고 이후 7년여 동안 500여 명의 제자를 지도. 대중은 100일 단위로 출가하여 항상 30여 명이 머물렀으며, 아침 서너 시에 일어나 한두 시간 '대방광불화엄경'을 염송하고 《화엄경》 법문을 들으면서 1일 2식으로 용맹정진.

* 1933년 9월, 김일엽은 수덕사에서 만공 스님 문하로 출가.

1938년(41세)

* 4월, 금강산 지장암에서 수행 중, '불령선인不逞鮮人'으로 지목되어 손혜정 선생 등 5명과 함께 경상남도 의령경찰서로 연행되어 취조를 받음.

---

* 《동아일보》 1931년 5월 10일 자 기사.

＊6월 3일, 의령경찰서에서 50여 일간 취조 끝에 부산지방법원 진주지청 검사분국으로 넘겨졌으나, 일주일 만에 불기소되어 무혐의 석방됨. 이후 금강산에서 하산.＊

1939년(42세)~1945년(48세)

＊서울 돈암동 자택에 칩거하며 좌선 수도.

- 《동아일보》1938년 6월 7일 자 기사: 금강산·경성을 무대로 한 인테리 설교단 타진, 검거한 지 2개월 만에 송국.
  [내용] 경성부 가회정嘉會町에 본적을 두고 내금강 장안사와 지장암에 현주소를 둔 백모와 경성부 계동정桂洞町에 있는 손혜정(가명)이란 여자를 비롯하야 황해도 모처에 사는 유춘형, 김기룡, 경성부 계동정에 있는 장운항, 합 5명이 불교의 요지를 정선하야 유한남녀들의 수양교과서와도 같이 출판물로 동지를 수양시켰다는 것이다. 경찰서에서는 그중에 수양을 시킨다 하고 혹시 금전의 수령으로 어떠한 죄악이 잠재하지 않았나 하는 것이 취조의 요점이 된 듯한데, 범죄만은 극히 간단하야 전기 5명 이외에는 별로 연계자가 없는 듯하며 그 수양단에 참가되었다고 하고, 의령군 가례면 박모까지도 동시에 피금되었다가 그는 전기 5명이 송국되는 지난 3일에 경찰서에서 석방되었다고 한다.
  이상 보도한 바와 같이 경남 의령경찰서에서는 금강산과 경성을 중심하고 불교의 요영으로 금강산 지장암에서 백모가 수반이 되어 수양과 불교 대의를 강의한다는 수양단원 5명을 검거, 취조하다가 지난 3일에 송국까지 하였다는 사건이 있었다는 바, 최초에 검거의 손을 내밀 때는 지방경찰서로는 비장한 긴장미가 있었으며, 경남경찰부와 경기경찰부와 강원도경찰부에까지 새로 호응이 아니될 수 없이 실로 3도가 호응하야 사건의 정체를 매우 중대시하였을 것이며, 의령경찰서에서는 안사법 주임 이하로 4반의 검거대원이 출동하야 1대는 경성으로 1대는 금강산으로 수양객과 같이 변장, 경관대가 활동하야 금강산 지장암에서 백모와 유모 김모를 검거하고 경성에서는 홍일점의 격으로 여자인 백의 애인 손혜정까지를 검거, 압래하여 왔다. 그리하야 금속 50여 일에 취조에 취조를 거듭한 후 송국하게 되었는데, 내용으로 보아서는 별다른 연루자가 없는 만치 소위 범행이란 것은 일반의 추측에 간단 경미한 듯하다고 한다.

1941년(44세)

*1월, 은사 하옹 스님이 흥천사興天寺에서 입적. 남겨준 재산을 1939년 화재 피해를 입은 봉은사奉恩寺에 복구비로 헌납하고, 만일회萬日會 신앙결사에 참여.
*8월, 봉은사에 '만일회 대공덕주 백성욱 박사 기념비' 건립.

1944년(47세)

*1월, 치악산 상원사의 한 동굴로 들어가 정진 수도. 일경에 쫓기던 최의식을 산속에서 만나 숨겨주고, 이후 함께 100일 수행 후 하산. 소설가 이병주가 이때의 백성욱을 소재로 〈백로선생〉이라는 작품을 썼고, 이 소설은 《한국문학》 1983년 11월호에 실렸다가 1984년 2월 KBS TV 문학관에 단막 드라마로 방영됨.

1945년(48세)

*8월 15일, 해방되자 애국단체인 중앙공작대中央工作隊를 조직하고 민중 계몽운동 시작.
*10월, 33년 만에 귀국한 이승만 박사를 조선호텔로 찾아가 만남.

1946년(49세)

*이승만 박사를 중심으로 한 건국운동 참여.

1947년(50세)

* 권영일 등 33명과 함께 돈을 모아 종로구 이화동 1번지에 이승만 박사 사저인 이화장梨花莊을 마련하여 기증하는 데 중추적 역할을 담당.

1948년(51세)

* 5월 10일 남한 단독선거로 제헌국회가 소집되자 이승만 박사가 국회의장이 되도록 헌신.
* 7월 20일, 국회에서 간선제로 초대 대통령을 뽑게 되자 이승만을 지원. '초대 총리 백성욱 박사설' 기사가 언론에 등장.

1950년(53세)

* 2월 7일, 제4대 내무부장관 취임.
* 6월 25일, 한국전쟁 발발.
* 7월 16일, 대구 피난 중 내무부장관으로서 국민에게 사과하는 성명을 발표하며 취임 5개월 만에 장관 사임.

1951년(54세)

* 2월, 한국광업진흥주식회사 사장 취임.
* 10월, 동국대학교 동창회장 취임.

1952년(55세)

* 8월, 제3대 부통령 선거에 무소속으로 입후보(낙선).

＊10월, 부산에서 정형재鄭瀅載(1929~2011)＊와 혼인.

1953년(56세)
＊7월 31일, 부산 피난 중 동국대학교 제2대 총장 취임(취임식은 11월 25일).
＊8월, 한국전쟁 정전 협정 후 서울 본교로 복귀. 이후 중구 필동에 동국대학교 교사를 건립하고 8년에 걸쳐 시설·학사·교수 등 다방면에 걸쳐 동국대학교 중흥의 기틀을 마련함.

1955년(58세)
＊동국대학교 대학원에서 《금강삼매경론》 《보장론》 《화엄경》과 인류 문화사 등 강의.
＊대광유지주식회사 사장 취임.

1956년(59세)
＊1월 25일, 장녀 일수逸秀 출생.
＊5월, 제4대 부통령 선거에 무소속으로 입후보(낙선).
＊9월, 한국광업진흥주식회사 사장 사임.
＊동국대학교 대학원에서 《팔식규거》 강의.

＊ 평양에서 피난 온 정태룡 판사의 장녀. 한국광업진흥주식회사에서 비서로 근무. 정 판사는 납북됨.

1957년(60세)

* 10월, 동국대에 '고려대장경 보존동지회' 만들어 회장 취임. 《고려대장경》영인影印 작업 착수. 1976년 6월에 영인을 완성하고 총 48권의 현대식 영인본 출간.
* 재단법인 경기학원京畿學院 이사장 취임.
* 동국대학교 대학원에서《조론》《염송》강의.

1958년(61세)

* 9월 17일, 손혜정 선생이 동국대에 기증한 약 4,500만 환의 건국국채를 기본재산으로 재단법인 동국대학교 불교장학회* 설립.
* 10월, 동국대학교 본관 석조관(현 명진관) 완공(2018년 문화재 제735호 등록).
* 동국대학교 대학원에서《보장론》강의.

1959년(62세)

* 음력 5월 19일," 도반이자 스승으로 모신 손혜정 선생, 세수 78세로 장충동 자택에서 입적. 동국대학교 구내에 동상 건립.

---

* 불교학의 연구를 하는 학생 및 인재에게 장학금 또는 연구비 지급을 목적 사업으로 하며, 1958년 설립 때에는 민법상의 재단법인이었다가 1975년 12월 31일 공익법인의 설립과 운영에 관한 법률이 제정, 공포되면서 공익 법인이 됨.

** 양력 1959년 6월 24일(수요일).

*6월 13일, 차녀 영수英秀 출생.

* 연말, 연극학과를 동국대학교에 창설 지원.

* 동국대학교 대학원에서《화엄경》강의.

*《불교학 논문집: 백성욱 박사 송수 기념》발간.

1960년(63세)

*《동국대학교 총장 백성욱 박사 문집》발간.

1961년(64세)

*5월, 재단법인 동국학원 제15대 이사장 취임.

*7월 20일, 5·16 군사정변으로 7월 2일 공표된 '교육에 관한 임시특례법'에 따라 만 60세 이상은 교단에서 물러나게 하여 동국대학교 총장 및 학교법인 이사 사임.

1962년(65세)

* 경기도 부천군 소사읍 소사리 산66번지 야트막한 산을 개간, 〈백성목장白性牧場〉을 경영하며 20년 가까이《금강경》강화講話, 인연 있는 후학 지도.

1968년(71세)

* 학인 김동규의 주도로 백성욱 박사 현토 독송본《금강반야바라밀경》초판 발행(발행인 백성욱, 발행처 금강경독송회).

1970년(73세)

＊5월 25일, 서울 인현동 풍전호텔(현 PJ호텔) 5층 삼보회관 개관 기념으로 '《금강경》총설' 강연.

1977년(80세)

＊장욱진 화백과 진진묘 보살 부부에게 법당을 열 것을 권유, 서울 혜화동에 법당(현 용인시 마북동 소재 여시관 법당, 백성농장) 설립. 이광옥, 김강유를 지도법사로 세워 운영을 시작, 백성욱 박사도 수차례 방문하여 법문.

1981년(84세)

＊음력 8월 19일,* 출생일과 같은 날 서울 용산구 이촌동 반도아파트에서 입적.**

＊경기도 양주군 대승사에 사리탑과 비를 건립. 이후 호우로 휩쓸려 내려간 사리탑을 다시 찾아 부천시 소사구 소사1동 소사본당 뒤편 언덕에 옮겨 '동국대학교 총장 백성욱 박사 탑'과 함께 세움.

＊후학들이 금강경독송회, 청우불교원 금강경독송회, 바른법

• 양력 1981년 9월 16일(수요일).

•• 《동아일보》1981년 9월 16일 자 부고 기사: 4대 내무부장관을 지낸 백성욱 박사가 16일 0시 45분 서울 용산구 이촌동 반도아파트 2동 205호 자택에서 숙환으로 별세했다. 향년 84세. 유족으로 부인 정형재鄭瀅載 여사(52)와 두 딸 일수(25), 영수(22).

연구원, 백성욱 박사 교육문화재단, 백성욱연구원, 여시관 등을 세워 가르침을 잇고 있음.

감사의 말

경기향토문화연구소 양경직 연구위원은 백성욱 박사의 삶에 관심을 갖고 자료를 발굴, 연구하여 〈부천의 독립운동가 백성욱〉(2013)으로 정리한 바 있다. 이번 작업을 위해 보유하고 있던 자료를 모두 모아서 제공해주었으며 방향에 대해서도 조언해주었다. "이렇게 훌륭한 분이 계시다는 걸 널리 알리고 싶다. 백 박사가 독립운동가로 정식 인정되지 않은 상태여서 아쉽다"는 의견을 전하였다. 한편 양 연구위원이 확보하고 있던 사진과 육필원고 등의 자료는 제자 김동규 법사의 노력과 정성에 힘입은 바 크다. 고영섭 교수, 김광식 교수, 김강녕 원장 등의 백성욱 박사에 대한 참신하고 싶도 깊은 연구 성과는 원고 작성에 많은 도움을 주었다. 안목을 넓혀주었을 뿐 아니라 발견하기 힘든 자료들도 접할 수 있게 해주었다. 연구 결과를 인용하기도 하였고, 일부 자료는 재인용하기도 하였다.

정종 교수와 정천구 총장, 김재웅 법사, 김원수 법사, 이광옥 법사, 김강유 회장, 이선우 선생, 박강휘 원장, 장녀 백일수 원장이 수행기 집필과 인터뷰, 원고 검토를 통해 전해준 일화와 법문, 각종 사실 확인 자료 등은 백 박사의 생생한 모습을 살려내고 오류를 덜어내는 데 결정적인 도움을 주었다. 동국대학교에서는 보유하고 있던 오래된 사진첩을 다시 꺼내 백 총장의 사진들을 골라주었고, 국가기록원에서는 내무부장관 시절과 부통령 후보 출마 사진을 제공해주었다. 희귀한 한국 근대의 불교 사진은 민족사에서 발행한《한국 불교 100년(1900~1999)》을 통해 확보할 수 있었다.

당대 최고의 전기작가로 인정받고 있는 이충렬 선생의 헌신적인 도움과 초고 작업, 또 함께 작업을 진행해준 장용철 시인이 있었기에 이 작업은 첫 단추를 꿰는 게 가능했다. 바른법연구원의 김희종 거사는 법인에서 보유하고 있던 관련 자료를 제공해주었으며, 회원들과 함께 원고 정리 작업에도 참여해주었다. 지속적인 관심과 응원이 힘이 되어주었다.

김영사 편집부의 김동현, 전무규, 태호, 김성태, 고정용 등은 2년여의 시간 동안 자료를 모으고 원고를 정리, 편집하는 데 공헌하였다. 담당 분야 도서의 기획과 편집을 해가면서 동시에《백성욱 박사 전집》작업에도 헌신적으로 매진해주었다.

모두의 원이 모여서 이루어진 일이지만, 그 시작과 중심에는 김강유 회장이 있었다. 스승 백성욱 박사의 자취와 공부를 전하기 위해, 일찍이 1977년에 도반들과 함께 백성욱 박사의 《금강경》 법문 녹취록 작업을 진행했고, 1993년 2월 '백성욱 선생님 송덕문집 간행위원회'를 만들어 백 박사와 인연 있던 명사와 학인들의 글을 청탁해 받아 두었다. 또 이번에도 《백성욱 박사 전집》을 기획, 3년 전인 2019년 1월부터 인연 있던 분들을 수소문하고 연락해 발행의 취지를 알리고 협조를 구했으며, 방대한 분량의 자료를 수집하고, 작업중인 모든 원고를 수차례 재반복하여 구성, 윤문, 교정하는 수고를 마다하지 않았음은 물론 출판 전 과정을 지휘하였다.

무량 무수 무변한 삼천대천세계라지만 어느 한 중생, 어느 한 티끌도 이 한 마음과 인연 짓지 않은 이 없다. 삼라만상의 일거수일투족이 곧 이 한 마음, 한 중생, 한 부처님의 소식과 다르지 않다. 그 인연 모두에 깊은 감사의 인사를 올린다. 도움을 주신 분들에게 각각 인사를 드려야겠지만, 이렇게나마 고마운 마음을 대신한다. 이 모두가 부처님 기쁘게 해드리는 일이 되기를 발원. 미륵존여래불

참고문헌

1. 핵심 도서: 《백성욱 박사 전집 1~5》

백성욱 강설, 김강유·이광옥·김원수 받아적음,《전집 1. 백성욱 박사의 금강경 강화》(김영사, 2021)

백성욱 강의, 이광옥·김강유 받아적음,《전집 2. 불법으로 본 인류 문화사 강의》(김영사, 2021)

백성욱 법문,《전집 3. 분별이 반가울 때가 해탈이다:백성욱 박사 법문집》(김영사, 2021)

백성욱 지음,《전집 4. 백성욱 박사 문집》(김영사, 2021)

정종·김재웅·김원수 외 19인 지음,《전집 5. 금강산 호랑이: 내가 만난 백성욱 박사》(김영사, 2021)

2. 주요 도서와 논문

고영섭, 〈무호 백준(성욱)의 학문과 사상〉,《한국불교사연구》 제14호 (한국불교사학회, 2018. 12. 31.), 36~78쪽

국방부, 〈백성욱 내무부장관 증언〉, 《한국전쟁사》 제1권(개정판) (서울신문사, 1977)

김광식, 〈김일엽 불교의 재인식〉, 《불교학보 72집》 (동국대 불교문화연구원, 2015)

김광식, 〈백성욱의 금강산 수행 공동체 역사와 성격〉, 《민족사상 제15권 제1호》 (한국민족사상학회, 2021)

김광식 편자 · 윤창화 사진, 《한국 불교 100년(1900~1999)》 (민족사, 2000)

김광식, 《한국불교 100년 사진자료집》 (민족사, 2000)

김기룡, 《미륵부처님 친견기》 (불교통신교육원, 1983)

김동규 편, 《금강경 독송을 통한 불교 수행의 요체》 (금강경독송회, 1999)

김순석, 《불법으로 나라를 구하고자 한 불교인 김법린》 (역사공간, 2018)

김영진, 〈근현대 불교 인물 탐구 7. 백성욱〉, 《불교평론》, 2012

김원수, 《마음을 어디로 향하고 있는가》 (김영사, 1990)

김원수, 《붓다가 되신 예수님》 (공경원, 2008)

김원수, 《우리는 늘 바라는대로 이루고 있다》 (청우당, 2018)

김일엽, 《청춘을 불사르고》 (김영사, 2002)

김일훈, 《신약神藥》 (광재원, 1989)

김재웅, 《그 마음을 바쳐라》 (용화, 1995)

김재웅, 《닦는마음 밝은마음》 (용화, 2016)

김재웅, 《마음 닦는 법》 (용화, 2013)

김재웅,《머무는 바 없이 마음을 내라》(용화, 1992)

김정섭(김강유),《행복한 마음》(김영사, 2000)

김정섭(김강유),《행복한 공부》(김영사, 2007)

김종진, "《불교》지 문학 지면의 연대기적 고찰",《한국문학연구 51권》(한국문학연구소, 2016)

김창수,〈일제하 불교계의 항일민족운동〉,《가산 이지관 스님 화갑기념논총 - 한국불교문화사상사》(하)(기독교문화연구원, 1992)

(동국대) 70년사 편찬위원회,《동국대학교 70년사》(동국대학교, 1985)

동국대 100년사 편찬위원회,《동국대학교 100년사》(동국대학교, 2006)

동대신문사 편,《사진으로 본 동국대학교 80년》(동국대학교 출판부, 1986)

백성욱,〈모든 것을 부처님께 바쳐라:지상설법紙上說法〉,《법시》제112호 (법시사, 1974. 8.), 15~18쪽

백성욱 박사 송수기념사업회,《백성욱 박사 송수기념 불교학 논문집》(동국대학교, 1959)

부천문화원 향토문화연구소,《다시 찾은 부천 인물》(부천문화원, 2013)

서규리,《장욱진 그림으로 보는 선의 미학》(우리출판사, 2020)

서산 정석해 간행위원회 편,《서산 정석해 그 인간과 사상》(연세대학교출판부, 1989)

손정목,《서울도시계획 이야기 5》, (한울, 2003)

이미륵 지음, 박균 옮김,《압록강은 흐른다》(살림, 2016)

장욱진,《강가의 아틀리에》(열화당, 2018)

장정순,《진진묘-화가 장욱진의 아내 이순경》(태학사, 2019)

정상천,《파리의 독립운동가 서영해》(산지니, 2019)

정종,《내가 사랑한 나의 삶 80(상)》(동남풍, 1999)

정종 편,《나의 청춘 나의 이상:60인사의 인생 역정》(실학사, 1965)

정천구,《금강경 독송의 이론과 실체》(백성욱연구원, 2019)

정천구,〈백성욱 박사의 삶과 수행 정신〉,《민족사상》제14권 제2호 (한국민족사상학회, 2020)

조승미,〈백용성의 참선 대중화 운동과 부인선원〉,《대각사상 27집》(대각사상연구원, 2017)

최기영,〈독립신문 해제〉,《대한민국임시정부자료집》별책1. 91권

3. 신문 및 방송

《경향신문》, 1950년 2월 21일

《경향신문》1960년 9월 20일

《경향신문》1961년 2월 28일

《경향신문》1961년 3월 11~12일

《경향신문》1961년 7월 22일

《대한불교》1970년 3월 8일

《대한불교》1970년 5월 31일

《동대시보》1959년 1월 8일

《동대시보》1959년 7월 20일

《동아일보》1924년 10월 7일

《동아일보》1925년 1월 4일

《동아일보》1931년 5월 10일

《동아일보》1938년 6월 7일

《동아일보》1948년 7월 24일

《동아일보》1950년 2월 13일

《동아일보》1952년도 2월 21일

《동아일보》1976년 10월 20일

《조선일보》1948년 8월 1일

《조선일보》1961년 1월 30일

《조선일보》1961년 2월 21일

《조선일보》1961년 7월 22일

KBS, 〈3·1운동 100년〉[탐사K] "총독부가 만든 '3·1운동
　　계보도' 단독 발굴" 방송, 2019년 3월 1일

4. 참고 사이트 및 주요 자료집

국사편찬위원회 한국사데이터베이스(db.history.go.kr)

- 국내 항일운동 자료: 경성지방법원 검사국 문서

- 조선소요사건 관계 서류

- 국외 항일운동 자료: 일본 외무성기록

- 대한민국 임시정부 자료집
- 한민족 독립운동사 자료집
- 이승만 서한철
- 주한미대사관 자료

찾아보기